Unterstützungsbedarf
älterer Migrantinnen und Migranten

W0083675

Unterstützungsbedarf älterer Migrantinnen und Migranten

Eine theoretische und empirische Untersuchung

Dissertation zur Erlangung der Würde
einer Doktorin der Philosophie
vorgelegt der Philosophisch-Historischen Fakultät
der Universität Basel

von

Sylvie Kobi

von

Zürich

Basel 2008

Peter Lang
Bern

Genehmigt von der Philosophisch-Historischen Fakultät der
Universität Basel, auf Antrag von Prof. Dr. Ueli Mäder und
PD Dr. Johanna Rolshoven.

Basel, den 10. März 2008   Der Dekan
                                  Prof. Dr. Ueli Mäder

© Peter Lang AG, Internationaler Verlag der Wissenschaften, Bern 2008
Hochfeldstrasse 32, Postfach 746, CH-3000 Bern 9
info@peterlang.com, www.peterlang.com, www.peterlang.net

Alle Rechte vorbehalten.
Das Werk einschliesslich aller seiner Teile ist urheberrechtlich geschützt.
Jede Verwertung ausserhalb der engen Grenzen des Urheberrechts-
gesetzes ist ohne Zustimmung des Verlages unzulässig und strafbar.
Das gilt insbesondere für Vervielfältigungen, Übersetzungen, Mikro-
verfilmungen und die Einspeicherung und Verarbeitung in elektronischen
Systemen.

Printed in Germany

Inhalt

Abkürzungsverzeichnis

AHV	Alters- und Hinterlassenenversicherung
A-Interview	Interview mit Gruppe A, d.h. mit der Gruppe der älteren Migrantinnen und Migranten
B-Interview	Interview mit Gruppe B, d.h. mit der zweiten Generation
CH	Schweiz
DORE	Abkürzung für „do research". Forschungsförderungsfonds des Schweizerischen Nationalfonds für Forschungsprojekte, die an Fachhochschulen realisiert werden
ehJ	ehemaliges Jugoslawien
EKA	Ausländische Kommission für Ausländerfragen
EKFF	Eidgenössische Koordinationskommission für Familienfragen
HSK	Kurse in heimatlicher Sprache und Kultur
HSSAZ	Hochschule für Soziale Arbeit Zürich (seit September 2007 heisst die Schule neu „Zürcher Hochschule für Angewandte Wissenschaften, Departement Soziale Arbeit")
I	Interviewerin bzw. Interviewer
IP	Interviewpartnerin bzw. Interviewpartner
It	Italien
o.A.	ohne Angabe
o.O.	ohne Ort
o.S.	ohne Seitenangabe
PH	Privathaushalt
PRIAE	Policy Research Institute on Ageing and Ethnicity
Spitex	Spitalexterne Hilfe, Gesundheits- und Krankenpflege
SR	Systematische Sammlung des Bundesrechts
VZ	Volkszählung
ZH	Zürich
ZHAW	Zürcher Hochschule für Angewandte Wissenschaften

Abbildungs- und Tabellenverzeichnis

Tabellen

11

Abbildungen

15

Vorwort der Reihenherausgeber

Alt, migriert und fremd?

Sylvie Kobi befasst sich in ihrer vorliegenden Studie mit der Lebenssituation von Migrantinnen und Migranten, die im Rentenalter sind und in Zürich leben. Im Mittelpunkt ihrer Arbeit stehen der individuelle Unterstützungsbedarf sowie die intergenerativen Beziehungen von zwei ausgewählten Einwanderungsgruppen: den Migrantinnen und Migranten aus Italien und jenen aus Serbien/Montenegro. Sylvie Kobi richtet ihr Augenmerk auf die aktuelle Situation und die künftige Entwicklung der Bedarfe nach Hilfe und Unterstützung. Sie tut dies immer aus der Sicht der älteren Migrantinnen und Migranten sowie deren Angehörigen.

Sylvie Kobi unternimmt in ihrer Arbeit den Versuch, theoretische Reflexion mit empirischen Analysen zu verbinden. Aus dem komplexen Theorieangebot zu Alter und Migration wählt sie jene Konzepte aus, die zu einem besseren Verständnis unterschiedlicher Formen und Intensitäten der Unterstützung älterer Menschen dienen, die ausserhalb ihrer Geburtsländer leben. Sylvie Kobi verfolgt das Ziel, unter Rückgriff auf Ergebnisse und Interpretation der eigenen empirischen Erhebung zu zeigen, wie Lebenslage und sozio-kulturelle Lebensbedingungen der älteren Migrationsbevölkerung sich auf konkrete Bindungs- und Beziehungsformen in engen persönlichen Beziehungskontexten auswirken.

Im ersten Kapitel ihrer Arbeit gibt Sylvie Kobi einen Überblick über den derzeitigen Forschungsstand über Alter und Migration, aus dem sie Fragestellungen und Zielsetzung ihrer Arbeit entwickelt. Ihre Leitgedanken kreisen darum, wie erstens ältere Migrantinnen und Migranten ihre aktuelle Lebenssituation wahrnehmen und zweitens die Bedeutung familialer Netzwerke und Unterstützung – unter Berücksichtigung unterschiedlicher zeitlicher Perspektiven – beurteilen. Im zweiten Kapitel führt Sylvie Kobi in neuere Ansätze der Migrationssoziologie und -ethnologie sowie der Alterns- und Generationensoziologie ein. Das dritte Kapitel ist dem methodischen Vorgehen und wissenschaftstheoretischen Rahmen gewidmet. Zur Integration verschiedener Zugänge wählt Sylvie Kobi eine Triangulation, die es ihr ermöglicht, die Fragestellung ihrer Untersuchung aus unterschiedlichen Perspektiven und Winkeln zu betrachten: Mit Hilfe einer Spezialauszählung der Volkszählungsdaten 1990 und 2000 analysiert Sylvie Kobi sekundärstatistisch wichtige demografische Merkmale der untersuchten Migrantengruppen. Interviews mit Fachpersonen, die im Migrations- und Altersbereich tätig sind, eröffnen den Zugang zum Feld. Leitfaden gestützte Gespräche mit älteren Migrantinnen und Migranten und deren Angehörigen ermöglichen es, ihre Lebenssituationen und jeweilige Handlungen verstehend zu interpretieren. Das vierte Kapitel stellt die Hauptergebnisse aus den drei methodisch verschiedenen Erhebungsteilen vor. Im fünften Kapitel diskutiert Sylvie Kobi die Ergebnisse ihrer Untersuchung im Hinblick auf die Ausgangsfragen. Sie kommt zu dem Schluss, dass es die Alten ebenso wenig gibt wie die Migrantinnen bzw. Migranten. Unterschiede und Gemeinsamkeiten gehen quer durch alle Gruppen. Diese werden thematisch in vier Abschnitten vorgestellt: erstens in eine Prognose zur künftigen Anzahl älterer Migrantinnen und Migranten mit Pflegebedarf; zweitens in eine Beschreibung der subjektiven Bedeutung, die die älteren Migrantinnen und Migranten ihren Integrationsleistungen, ihrem Verhältnis zur Sprache der Aufnahmegesellschaft und ihren Bindungen zum Herkunftsland zuschreiben; drittens in eine Beurteilung des Potentials des familiären Hilfe- und Unterstützungsnetzwerks; viertens in eine Prognose des Bedarfs an familienexternen Unterstützungsangeboten. Das sechste Kapitel schliesst mit einer Zusammenfassung und gibt eine Liste von Fragen und Forschungsperspektiven, welche für die künftige Auseinandersetzung mit dem Thema Alter und Migration wichtig sind.

Sylvie Kobi schneidet in ihrer Studie zwei grundsätzliche Sachverhalte an, welche die Gesellschaft und ihre Entwicklung in Zukunft sozialpolitisch herausfordern. Zum einen ist dies der demographische Wandel, das heisst die Prognose der Alterung der westmitteleuropäischen Wohlstandsgesellschaften, und zum anderen die zunehmende kulturelle Durchmischung und Entnationalisierung dieser Gesellschaften. Beide Entwicklungen sind wichtige Zukunftsaufgaben, stellt Johanna Rolshoven von der ETH-Zürich in ihrer Würdigung fest. Sie stellen bislang nicht gekannte Anforderungen sowohl an die Materialität unserer Kultur, an Ressourcen und Infrastrukturen, als auch an die Mentalität unserer Kultur, an individuelles und staatsbürgerliches Denken und Handeln. Die Studie von Sylvie Kobi ermöglicht Einblicke in die Lebenslage von betagten Migrantinnen und Migranten, und zwar sowohl aus der Perspektive ihrer staatlichen Erfassung in Form von Grössenordnungen und Relationen als auch aus der lebensweltlichen Perspektive: dem Nahblick auf die Erfahrung, das Fühlen, die Bewertung, Einschätzung und Erwartung, welche die befragten Personen äussern. Damit verknüpft Sylvie Kobi laut Johanna Rolshoven wesentliche Planungsgrundlagen mit Sinnverstehen und sozialpolitische mit erkenntnistheoretischen Überlegungen.

Die vorliegende Studie von Sylvie Kobi zeichnet sich durch eine durchdachte Argumentationslinie aus. Sie überzeugt durch die Originalität der Idee und die Sorgfalt der Umsetzung. Um einzelne Argumentationslinien zu verdeutlichen, rekurriert Sylvie Kobi auf ein weites Spektrum kritischer Analysen. Teilergebnisse ihrer Untersuchung bezieht sie immer wieder auf ihre Grundthese. Theoretische Rekonstruktionen zeigen, wie aussagekräftig einzelne Konzepte des soziologischen Integrationsdiskurses sind. Sie weisen auch über die betagte Migrationsbevölkerung hinaus und regen zu weiter führenden Überlegungen an. Sie betreffen beispielsweise auch den Umgang mit Vorurteilen gegenüber so genannt Fremden.

Die Vorurteilsforschung beschäftigt sich seit geraumer Zeit damit, wie sich Vorurteile erkennen und abbauen lassen und welche Bedeutung hierbei der sinnlichen Wahrnehmung bei Begegnungen zukommt. Allport legt in seinem Werk über „Die Natur des Vorurteils" (1954) dar, wie wichtig Kontakte sind. Seine Kontakthypothese entstand nach dem Zweiten Weltkrieg. Die Annahme lautet, häufige Kontakte und gute Kenntnisse können Vorurteile auflösen. Wesentlich sind allerdings die Bedingungen, unter denen die Kontakte stattfinden. Hilfreich sind möglichst enge Kooperationen und persönliche Kontakte. Laut Adornos Werk über die „Autoritäre Persönlichkeit" (1950) entspringen Vorurteile indes keinem Mangel an Kontakt. Sie wurzeln vielmehr in der inner-psychischen Dynamik des Individuums, die es psychoanalytisch und sozialisationsbezogen zu deuten gilt. Weitere motivationspsychologische Betrachtungen zur Überwindung von Vorurteilen beziehen sich vorwiegend auf individuelle Möglichkeiten, die von beschränkter Reichweite sind. Auch neue Modernisierungstheorien betonen die Bedeutung von Haltungen. So gehe es heute vorwiegend darum, westliche Werte zu fördern, konstatiert Samuel P. Huntington in seinem Buch über den „Kampf der Kulturen" bzw. „Die Neugestaltung der Weltpolitik im 21. Jahrhundert" (1997). Huntington ortet zwischen dem Islam und Westen eine gegensätzliche Wesensverschiedenheit, die ihr Konfliktpotenzial in Zukunft weiter entfalten werde. Aber das ist eine andere Geschichte.

Georg Simmel betrachtete in seinem „Exkurs über den Fremden" (1907) die Fremdheit als eine Beziehung, in der sich Nähe und Distanz zu einer besonderen Form der Wechselwirkung verbinden. Robert Ezra Park bezog sich in seinem Aufsatz über den „Marginal Man" (1928) darauf. Er betrachtete die Kollision zwischen verschiedenen Kulturen auch als eine Chance, bestandene Traditionen kritisch zu befragen. Alfred Schütz diskutiert in seinem Aufsatz „Der Fremde" (1944) am Beispiel der Immigration, wie krisenanfällig das Aufeinandertreffen unterschiedlicher Kultur- und Zivilisationsmuster ist, das die Preisgabe eigener Bezugsschemata erfordert und das Vertrauen erschüttert, wobei sich die Fremdheit auch als eine Situation der Annäherung erweist.

Das Eigene und das Fremde sind keine festen Kategorien. Sie werden je nach historischen, sozialstrukturellen, kulturellen, milieu- und persönlichkeitsspezifischen Bedingungen wahrgenommen, konstruiert, instrumentalisiert oder diktiert. Die Definition des Eigenen und des Fremden unterliegt auch konkreten Interessen. In stark vertikal geschichteten Gesellschaften kann die Angst vor dem stereotypisierten Fremden dazu dienen, vorhandene Machtgefälle zu verdecken und zu stabilisieren. Unter solchen Bedingungen geht es primär darum, soziale Konflikte offen zu legen und direkt anzugehen. Der soziale Ausgleich ist wohl eine wichtige Voraussetzung, um

20

besser verstehen zu können, was das Eigene und das Fremde ausmacht. Wichtig sind ferner die Wahrnehmung kontextualer Prägungen und die von Adorno angeregte Bereitschaft, sich mit eigenen innerpsychischen Dynamiken auseinander zu setzen. Statt Konflikte zu verdrängen oder auf andere, zum Beispiel ältere Migrantinnen und Migranten, zu projizieren, lassen sie sich als wichtige Erkenntnisquelle und, je nach Umgang, als eine Kraft nutzen, die den gesellschaftlichen Zusammenhalt fördern kann, ohne andere auszugrenzen. Dabei gilt es Abstand von alten Identitätskonzepten zu halten, die unter sozialstrukturell relativ homogenen Wachstumsbedingungen entstanden sind und Identität als eine möglichst kongruente Übereinstimmung von Anspruch und Wirklichkeit betrachten. In pluralistischen Gesellschaften erfordern neue Identitäten vielmehr die Fähigkeit, Ambivalenzen zuzulassen und unabdingbare Widersprüche zu integrieren, und zwar ohne dabei in eine postmoderne Beliebigkeit abzudriften, deren kultureller Relativismus sich um Differenzen foutiert und - trotz Individualismustheorem - die spezifische Eigenständigkeit der Subjekte ignoriert.

Soweit, durch die vorliegende Studie angeregt, ein paar Gedanken. Im Vordergrund der Untersuchung steht die Lebenssituation der älteren Migrationsbevölkerung. Zum weiteren Kontext gehört auch unser Umgang mit dem Fremden. Wir wünschen Ihnen eine interessante Lektüre.

Ueli Mäder und Hector Schmassmann

Danksagung

Diese Publikation ist eine überarbeitete Version meiner Dissertation, die im März 2008 von der Universität Basel angenommen wurde. Für die motivierende Begleitung während des Dissertationsprojektes danke ich insbesondere meinem Referenten Herrn Prof. Dr. Ueli Mäder und der Korreferentin Frau PD Dr. Johanna Rolshoven.

Verschiedene Personen aus meinem beruflichen und privaten Umfeld haben mich fachlich und emotional tatkräftig unterstützt: Ruth Gurny, Barbara Baumeister und Rolf Nef von der Hochschule für Soziale Arbeit Zürich, Jean-Marcel Kobi, José Baños, Barbara Hollenstein sowie viele weitere Verwandte und Bekannte. Ihnen, wie auch den befragten Expertinnen und Experten aus dem Migrations- und Altersbereich, die im Rahmen des empirischen Teils dieser Arbeit wertvolle Erkenntnisse zur Fragestellung beitrugen und beim Zugang zum Feld hilfreich zur Seite standen, danke ich ganz herzlich.

Ein besonderer Dank gilt ausserdem den zwanzig älteren Migrantinnen und Migranten sowie den neunzehn befragten Personen der zweiten Generation, die bereit waren, in den Interviews über ihre Lebenssituation zu berichten.

1. Einleitung

Für die schweizerische Gesellschaft ist die Anwesenheit zugewanderter Menschen nichts Neues. Neu ist aber die Tatsache, dass im Vergleich zu früher mehr Migrantinnen und Migranten[1] in der Schweiz alt werden (vgl. Fibbi, Bolzman & Vial, 1999, S. 10; Höpflinger, 1999/2000, S. 10). Es sind dies insbesondere Personen, welche zwischen 1950 und 1970 als „Gastarbeiterinnen und Gastarbeiter" eingereist sind und nach der Pensionierung nicht ins Herkunftsland zurückkehrten. Weder diese Personen noch das Einwanderungsland hatten dies so vorgesehen (vgl. Mahnig & Piguet, 2003, S. 68), d.h. der Aufenthalt in der Schweiz wurde ursprünglich[2] als temporär angesehen. Auch ein Bleiben nach der Pensionierung war migrationspolitisch nicht geplant (vgl. Dietzel-Papakyriakou, 1993b, S. 8; Goldberg, 1996, S. 129), was dazu führte, dass sich die Gastländer lange nicht mit der Thematik des Alterns der eingewanderten Personen beschäftigten. Dietzel-Papakyriakou (1993b, S. 8) spricht vom „Alter als nicht vorgesehener Zustand für alle beteiligten Seiten". Diverse Studien (vgl. Bolzman, Fibbi & Vial, 1999; Dietzel-Papakyriakou, 2001; Sayad, 2001) belegten in der Zwischenzeit, dass ein Teil der Migrantinnen und Migranten im Alter im Aufnahmeland bleibt. Zusätzlich zu dieser Personengruppe gibt es Personen, die erst im Pensionsalter migrieren.

Inzwischen hat die Thematik sowohl wissenschaftliche als auch öffentliche Aufmerksamkeit erreicht. Die ersten Texte zum Thema „Alter und Migration" stammen hauptsächlich aus dem Bereich der Sozialen Arbeit (vgl. Bolzman, Fibbi & Guillon, 2001a, S. 7).

---

1   In der vorliegenden Untersuchung werden in Anlehnung an den „Leitfaden zur sprachlichen Gleichbehandlung von Frau und Mann" der Universität Zürich (2006, S. 6) entweder geschlechtsneutrale Formulierungen gewählt oder so genannte Vollformen (z. B. „Migrantinnen und Migranten") verwendet.

2   Bereits Anfang der 1960er Jahre räumte die Schweizer Regierung jedoch ein, dass es sich bei der Immigration nicht per se um ein temporäres Phänomen handle (vgl. Mahnig & Piguet, 2003, S. 73).

Was aber bedeutet es für Migrantinnen und Migranten konkret, in ihrem Aufnahmeland alt zu werden? Was heisst es für die Aufnahmegesellschaften, wenn ältere Migrantinnen und Migranten ihr Alter im Gastland verbringen? Ist der Aufnahmekontext auf die neue Bevölkerungsgruppe vorbereitet? Welches Unterstützungspotential liegt in den Familien von älteren Migrantinnen und Migranten? In der vorliegenden Arbeit soll diesen Fragen sowohl theoretisch als auch empirisch nachgegangen werden.

Theoretische Bezugspunkte des Textes sind migrationssoziologische und -ethnologische Ansätze zu Fragen der Ein- und Ausgrenzung von Migrantinnen und Migranten sowie familiensoziologische Arbeiten zu intergenerationellen Unterstützungsbeziehungen. Das empirische Material bezieht die Arbeit aus der Studie „Unterstützungsbedarf älterer Migrantinnen und Migranten: Die Sicht der Betroffenen", welche die Autorin von April 2005 bis Dezember 2007 an der Hochschule für Soziale Arbeit Zürich (HSSAZ)[3] durchführte und die vom Schweizerischen Nationalfonds im Rahmen der Forschungsförderung für Fachhochschulen (DORE) finanziell unterstützt wurde. Die Studie umfasste im Sinne einer Methodentriangulation verschiedene methodische Zugangsweisen und kombinierte qualitative und quantitative Ansätze. Den Fokus der Untersuchung bildeten ältere Menschen, die in der Stadt Zürich wohnhaft und als Migrantinnen und Migranten aus Italien oder dem ehemaligen Jugoslawien[4] (Schwerpunkt Serbien/ Montenegro) in die Schweiz eingewandert sind.

---

3   Seit September 2007 heisst die HSSAZ neu „Zürcher Hochschule für Angewandte Wissenschaften, Departement Soziale Arbeit".

4   In der vorliegenden Arbeit wird der Ausdruck „ehemaliges Jugoslawien" als Bezeichnung für ein Land verwendet, welches von 1963 bis 1992 aus folgenden Teilrepubliken bestand: Bosnien und Herzegowina, Kroatien, Mazedonien, Montenegro, Serbien und Slowenien.

1.1 Literatur- und Forschungsstand

Zahlreiche Artikel in Fachzeitschriften enthalten im Titel die Ausdrücke „ältere Migrantinnen und Migranten" (z. B. Adolph, 2001; Becker, 2000b; Dietzel-Papakyriakou, 2005), „Migrants âgés" (z. B. Bolzman, Fibbi & Vial, 1999c; Bolzman, Poncioni-Derigo & Vial, 2002; Dubus & Braud, 2001), „older migrants" respektive „elderly foreigners" (z. B. Dietzel-Papakyriakou, 2001; Warnes & Williams, 2006), „ältere Ausländerinnen und Ausländer" (z. B. Bundesministerium für Familie, Senioren, Frauen und Jugend, 2000b; 2000c), beziehungsweise es ist die Rede von „Alter und Migration" (z. B. Nationales Forum Alter & Migration, 2004; Olbermann, 2003; Repond & Werder, 2002). Nicht immer ist klar, welche Personen mit den oben genannten Bezeichnungen genau gemeint sind.

Bolzman, Fibbi und Vial (1996, S. 131) unterscheiden klärend zwischen den „retraités migrants" und den „migrants retraités". Im ersteren Fall sind Personen gemeint, die im Pensionsalter in ein anderes Land migrieren, im letzteren Fall geht es um Menschen, die in den Gastländern alt geworden sind. Ähnliche Unterscheidungen finden sich auch bei anderen Autorinnen und Autoren (z. B. Warnes & Williams, 2006, S. 1257).

Eine interessante Differenzierung von migrierenden Pensionierten („retraités migrants") bieten Longino und Bradley (2006). Sie unterscheiden innerhalb dieser Gruppe zwischen drei Typen. Es sind dies zum einen die „assistance immigrants" (ebd., S. 85). Diese Gruppe beinhaltet diejenigen Menschen, die im Alter zum Beispiel aufgrund einer Pflegebedürftigkeit zu ihren zuvor migrierten erwachsenen Kindern reisen. Des Weiteren nennen die beiden Autoren die „amenity[5] migration" (ebd., S. 86), zu welcher sie die Migrationsströme von Personen aus „entwickelten" Ländern in meist „weniger entwickelte" Länder rechnen, welche zum Beispiel aus Gründen des Klimas erfolgt. Der dritte Typus bei Longino und Bradley ist die „return migration" (ebd., S. 88). Zu diesen Rückkehrmigrantinnen und -mi-

---

5   Amenity bedeutet „Annehmlichkeit".

granten zählen Personen, die im Alter wieder in ihr Herkunftsland zurückreisen.

Wenn in der Fachliteratur von den pensionierten Migrantinnen und Migranten (den „migrants retraités") die Rede ist, geht es im europäischen Kontext bei den meisten Arbeiten um die „Gastarbeiterinnen" und „Gastarbeiter", die in den Jahrzehnten nach dem Zweiten Weltkrieg einreisten. Das Altwerden dieser Personengruppe wird in der bestehenden Fachliteratur in der Regel als „Problem" dargestellt. Auch bei den im Alter zugewanderten „assistance immigrants", deren Lebenssituation in der gesichteten Fachliteratur des europäischen Raumes seltener untersucht wird als die Situation der im Aufnahmeland alt gewordenen Personen, wird davon ausgegangen, dass ihre Lebenssituation von Schwierigkeiten verschiedener Art (z. B. Abhängigkeit von erwachsenen Kindern, gesundheitliche Probleme usw.) geprägt ist. Die „amenity migration" wird hingegen nicht problematisiert.

Tabelle 1 zeigt überblicksartig auf, wie hoch der „Problematisierungsgrad" in der Fachliteratur in Bezug auf den jeweiligen Typus von migrierten Personen ist, d.h. wie häufig die Lebenssituation der Personen aus dem betreffenden Typus als „problembehaftet" dargestellt wird.

Tabelle 1:   Typisierung älterer Migrantinnen und Migranten

Typen älterer Migrantinnen und Migranten	Beschreibung	Gründe für die Migration	Problematisierungsintensität in der Fachliteratur
Pensionierte Migrantinnen und Migranten	Personen, die im Aufnahmeland alt geworden sind.	unterschiedlich	hoch
Migrierende Pensionierte: *a) „Assistance migration"*	Personen, die im Alter z.B. aufgrund einer Pflegebedürftigkeit zu ihren erwachsenen Kindern migrieren.	Unterstützung der erwachsenen Kinder, Unterstützung durch erwachsene Kinder	hoch
b) „Amenity migration"	Personen, die im Alter in ein anderes Land migrieren, um dort den „Lebensabend" zu verbringen.	Klima, Lebensstil, niedrigere Lebenskosten im Aufnahmeland usw.	niedrig

Typen älterer Migrantinnen und Migranten	Beschreibung	Gründe für die Migration	Problematisierungsintensität in der Fachliteratur
c) „Return and cyclical migration"	Personen, die im Alter wieder in ihr Herkunftsland zurückkehren	unterschiedlich (je nach Art der Rückkehrmigration)	unterschiedlich (je nach Art der Rückkehrmigration)

1.1.1 Rekonstruktion eines Problemdiskurses

„Um nicht das Objekt der Probleme zu sein, die man zu seinem Objekt macht, muss man die Sozialgeschichte des *Auftretens* dieser Probleme studieren …" (Bourdieu, 1992, S. 272, Hervorhebung im Original).

Im Sinne von Bourdieu (ebd.) soll in diesem Abschnitt 1.1.1 aufgezeigt werden, in welchen Fachbereichen, zu welchem Zeitpunkt und in welchem geographischen Raum das Thema Alter und Migration Gegenstand wissenschaftlicher und öffentlicher Diskurse wurde.

Mit der Thematik befassen sich insbesondere folgende Fachbereiche und Disziplinen:

- Soziale Arbeit (z. B. sämtliche Beiträge der Zeitschrift „Migration und Soziale Arbeit")
- Soziologie (z. B. Bolzman et al., 1999c, 2002; Reinprecht, 2006; Sayad, 2001)
- Gerontologie als interdisziplinäres Feld (z. B. Höpflinger, 2002a; Samaoli, 1989a, 1989b, 1999a, 1999b, 1999c, 2001; Samaoli, Lindblad, Amstrup, Patel & Mirza, 2000)
- Ethnosoziologie, Ethnologie (z. B. Baldassar, 2007; Baldassar & Baldock, 2000)
- Erziehungswissenschaften (z. B. Dietzel-Papakyriakou, 1993b).

Im *europäischen Raum* ist die Thematik seit mehr als 30 Jahren Gegenstand von Fachpublikationen: In Frankreich begann der Diskurs bereits in den 1970er Jahren (vgl. Bernardot, 2001, S. 151; Dubus & Braud, 2001, 189), in Deutschland sind laut Fibbi et al. (1999, S. 15) seit ca. 1985 erste Publikationen zu verzeichnen.

In der Schweiz nahm seitens der grossen Leistungserbringer die Pro Senectute in der zweiten Hälfte der 1990er Jahre die Thematik

„Alter und Migration" auf. Sie bildete zusammen mit der Eidgenössischen Ausländerkommission EKA und dem Migros-Kulturprozent eine Trägerschaft mit dem Ziel, in enger Zusammenarbeit mit Migrantenorganisationen das Thema Alter und Migration in der Schweiz zu lancieren (Repond & Werder, 2002, S. 29). Ausserdem wurde bereits Anfang der 1990er Jahre im Rahmen des Nationalen Forschungsprogramms 32 (NFP 32) zur Thematik geforscht (z. B. Bolzman, Fibbi & Vial, 1993). Auch die Schweizer Presse hat sich vor allem in den letzten Jahren vermehrt mit der Thematik auseinander gesetzt. In der Neuen Zürcher Zeitung erschien z. B. am 27. September 2005 eine Sonderbeilage zum Thema Alter mit zwei Artikeln zu Alter und Migration (Frigerio, 2005; Seifert, 2005).

Die ersten Arbeiten im europäischen Raum stammen mehrheitlich aus dem Feld der „Sozialen Arbeit" (Dietzel-Papakyriakou, 1993b, S. 8).

Die Autorin der vorliegenden Arbeit hat die in Deutschland erscheinende Zeitschrift „Migration und Soziale Arbeit"[6] von 1985 bis 2002 detailliert nach Beiträgen zur Thematik analysiert und kommt zum Ergebnis, dass ein Hauptteil der erschienenen Artikel Situationsbeschreibungen sind, in welchen auf die „Relevanz des Problems" aufmerksam gemacht wird[7] (siehe Abbildung 1). Ein interessanter Indikator für die steigende Bedeutung des Themas Alter/Migration aus Sicht der Institutionen der Sozialen Arbeit ist der Wandel der The-

---

6   Von 1977 bis 1995 heisst die Zeitschrift „Informationsdienst zur Ausländerarbeit", von 1996 bis 2003 „iza: Zeitschrift für Migration und Soziale Arbeit" und ab 2004 „Migration und Soziale Arbeit".

7   In der Zeitschrift IZA sind von 1985 bis 2002 folgende 41 Veröffentlichungen zum Thema erschienen: Becker (1993), Becker und Heiko (1991), Bilal (1993), Bolzman, Fibbi und Vial (2001), Cryns und Gülay (1993), Dederer (1988), Dietzel-Papakyriakou (1988, 1993), Dietzel-Papakyriakou und Olbermann (1996), Enghardt (1993), Essen (2002), Fach (1999), Fuchs (2000, 2002), Hamburger (1996), Hammer (1994), Hielen (1996, 1998), Hofmann und Issi (1991), Holz & Scheib (1993), Hummel (1988), Jurecka (1998), Kauth-Kokshoorn (1998), Kürsat-Ahler (1990), Menke (1998), Pohlreich (1988), Polimeni (1988, 1993), Rawen und Huismann (1999), Repond und Werder (2002), Rothe (1993), Scheib (1995), Schleicher (1996), Schulte (1993), Schulte, Schumacher, Buz, Glinowiecki, Kavci, Fischer, Wessels, Widdel und Tan (1990), Tan (1993), Tufan (1999), Wedell (1993), Wietert-Wehkamp (1996), Winkler (1988), Zentrum für Türkeistudien (1993).

menschwerpunkte innerhalb der Sektion „Dokumentation Bücher/ Zeitschriften: Neue Bücher und Materialien" in der Zeitschrift „Migration und Soziale Arbeit". Die Literaturhinweise werden innerhalb dieser Sektion nach Themenschwerpunkten geordnet. Ab der zweiten Nummer[8] im Jahr 1992 taucht „Alter" als neuer Schwerpunkt auf.

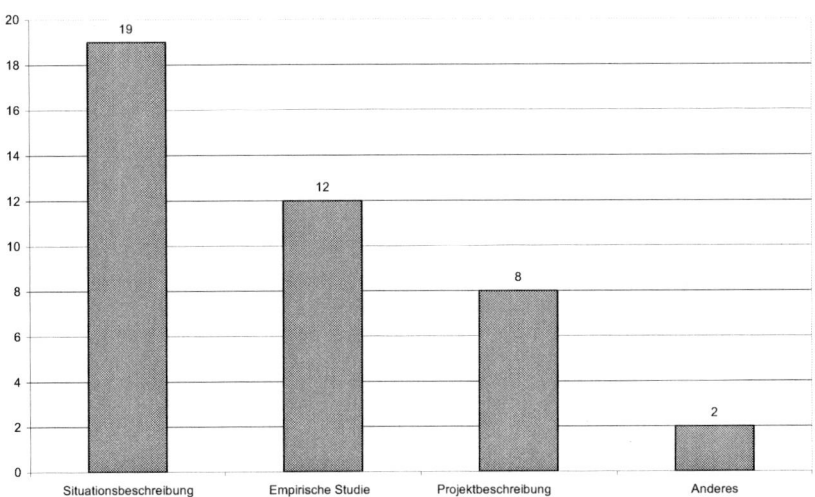

Abbildung 1: Anzahl der Artikel in der Zeitschrift IZA nach Artikeltyp (1985 bis 2002)

Der Grossteil der Beiträge aus dem Gebiet der Sozialen Arbeit befasst sich mit Migrantinnen und Migranten, die im Aufnahmeland alt geworden sind, und nicht mit den erst im Alter Migrierten. Zentrale Frage ist, ob und wie sich die Institutionen der Sozialen Arbeit auf diese neue Zielgruppe ausrichten können. Neben der wissenschaftlichen Auseinandersetzung mit der Frage des Alter(n)s von Migrantinnen und Migranten wird auch das Anliegen sichtbar, den bisherigen Kenntnisstand aus empirischen Untersuchungen dem Fachpersonal der Altershilfe bekannt zu machen und generell einen Austausch über ver-

8   Die Zeitschrift erscheint jeweils dreimal pro Jahr.

schiedene Projekte zu fördern, wobei vermehrt auch das Internet als Informationsmedium eingesetzt wird.[9]

In den USA setzt laut Dietzel-Papakyriakou (1993b, S. 12) die Diskussion um das „ethnische Alter" in den 1960er Jahren mit der Infragestellung von Ansätzen ein, die von einer „Assimilation" der Migrantinnen und Migranten im Generationenverlauf ausgingen. Im nordamerikanischen Raum wird die Thematik anders diskutiert als in Europa. Gemäss Bolzman, Fibbi und Guillon (2001a, S. 8) wird in den europäischen Immigrationsländern das Alter der Migrantinnen und Migranten stark mit einer Tendenz dieser Personen zur Rückkehrorientierung in Verbindung gebracht; dies ist in Nordamerika nicht der Fall. In der nordamerikanischen Forschung wird die Lebenssituation von ethnischen Minoritäten untersucht, für die eine Rückkehr in das Herkunftsland tendenziell keine Option darstellt (vgl. Bolzman et al., 1996, S. 128).

Zusammenfassend ergibt sich, dass die bisherige europäische Fachliteratur zur Thematik mehrheitlich aus dem Gebiet der Sozialen Arbeit stammt und tendenziell deskriptiv, anwendungs- und problemorientiert ist. Insbesondere die Problemorientierung ist nach Treibel (1988, S. 11) ein generelles Merkmal der „Ausländerforschung". Treibel untersucht in ihrem Buch von 1988 die These eines niedrigen Distanzierungsniveaus der soziologischen Ausländerforschung in der damaligen Bundesrepublik (ebd., S. 11). Die Forschung habe Ausländerinnen und Ausländer stets als soziales und politisches Problem wahrgenommen. In Anlehnung an Elias (1983) fordert sie eine grössere Distanzierung der Soziologinnen und Soziologen von den Problemstellungen der Gesellschaft (Treibel, 1988, S. 11). In neueren Publikationen zur Thematik Alter und Migration wird diese Problemorientierung vereinzelt aufgegeben.[10]

Olbermann (2003, S. 5) kritisiert zusätzlich, dass empirische Ergebnisse wenig mit theoretischen Ansätzen verknüpft würden.

---

9 Siehe z. B. folgende Internetseiten: <http://www.alter-migration.ch> (für die Schweiz), <http://www.kultursensible-altenhilfe.de> (für Deutschland) oder <http://www.migration-vieillesse.com> (für Frankreich).

10 In einer Publikation von Dietzel-Papakyriakou (2005, S. 396) wird der Wandel von der Problem- zur Ressourcenorientierung bereits im Titel „Potentiale älterer Migranten und Migrantinnen" sichtbar.

Der Hauptteil der Forschungen bezieht sich ausserdem auf die „migrants retraités". In den USA ist das Forschungsfeld heterogener, sowohl in Bezug auf die Disziplinen, die sich mit der Thematik befassen, als auch hinsichtlich der Migrantengruppen, die im Fokus der Aufmerksamkeit stehen (nicht nur alt gewordene Migrantinnen und Migranten, sondern auch Neuzuziehende).

1.1.2 Haupterkenntnisse bisheriger Arbeiten

Um eine bessere Übersicht zu gewährleisten, wird der Forschungsstand zur Thematik Alter und Migration in fünf Analyseebenen differenziert (siehe Tabelle 2). Die einzelnen Ebenen werden anschliessend detaillierter dargestellt.

Tabelle 2: Analyseebenen

Mikro-ebene	*Individuum* Allgemeine Lebenssituation, finanzielle Situation, Wohnsituation, Gesundheitssituation, Rückkehrorientierung und Bilder vom Ruhestand
	Primäre Netzwerke Familiäre Unterstützungsbeziehungen älterer Migrantinnen und Migranten
	Sekundäre Netzwerke Art, Umfang und Unterstützungspotential sekundärer Netzwerke von älteren Migrantinnen und Migranten
	Institutionen Zugang, Nutzung und Ausgestaltung von Angeboten der Altershilfe und der Sozialen Arbeit für ältere Migrantinnen und Migranten
Makro-ebene	*Diskurs* Öffentlicher Diskurs und Fachdiskurs zum Thema ältere Migrantinnen und Migranten

Individuum

Unter diese Kategorie fallen im Folgenden Studien, die sich mit der Lebenssituation, den Unterschieden zwischen verschiedenen Gruppen von Migrantinnen und Migranten, der finanziellen Situation, den Wohnbedingungen, der Gesundheit, der Rückkehrorientierung und den Bildern, welche diese Personengruppe vom Ruhestand hat, befassen.

Zahlreiche Untersuchungen beschäftigten sich allgemein mit der „*Lebenssituation*" älterer Migrantinnen und Migranten. Für Deutschland sind in dieser Hinsicht insbesondere die Arbeiten von Dietzel-Papakyriakou und Olbermann (Dietzel-Papakyriakou, 1993b, 2001, 2005; Dietzel-Papakyriakou & Olbermann, 1996a, 1996b; Olbermann & Dietzel-Papakyriakou, 1995, 2000) sowie die empirischen Untersuchungen des Bundesamtes für Familie, Senioren, Frauen und Jugend (2004) von Bedeutung. Für Österreich sind die umfangreichen Studien von Reinprecht (1998, 1999, 2000, 2006) zur Lebenssituation der älteren Migrantinnen und Migranten in Wien zentral. In der Schweiz wurde das Thema insbesondere im Rahmen des Nationalen Forschungsprogramms 32 (Alter) von einer Forschergruppe um Claudio Bolzman untersucht. Das Forschungsprojekt startete im Jahre 1993; bisher sind zahlreiche Veröffentlichungen zu dieser Studie erschienen (Bolzman et al., 1993, 1996, 1999b, 1999c, 2001b; Bolzman, Fibbi & Vial, 2001c, 2001d).

Die bisherigen Studien (vgl. Dietzel-Papakyriakou, 2001, S. 79) kommen übereinstimmend zum Ergebnis, dass es sich bei den älteren Migrantinnen und Migranten um eine sehr *heterogene Gruppe* handelt.

Wichtig ist zum Beispiel eine Differenzierung nach Länge des Aufenthaltes im Aufnahmeland, Geschlecht, sozioökonomischem Status, Wohn- und Gesundheitssituation und Rückkehrorientierung. Dietzel-Papakyriakou (ebd.) weist darauf hin, dass der grösste Teil der älteren Personen mit Migrationshintergrund in Deutschland ehemalige Gastarbeitende sind, d.h. bereits seit langer Zeit in Deutschland lebt. Die Zahl derjenigen, die erst im Alter migrieren, ist nach Dietzel-Papakyriakou (ebd.) relativ klein. Das Bundesministerium für Familie, Senioren, Frauen und Jugend (2000a, S. 119) sieht den wichtigsten Grund für eine Zuwanderung im Alter darin, dass Personen ausländischer Herkunft unter gewissen Bedingungen ihre Verwandten in aufsteigender Linie einreisen lassen können. Die Familienangehörigen im Aufnahmeland übernehmen jedoch alle notwendigen Garantien für die Existenzsicherung dieser neu migrierten Personen. Für die Schweiz besteht seit dem Freizügigkeitsabkommen mit der Europäischen Gemeinschaft und ihren Mitgliedstaaten die Möglichkeit, dass EU- bzw. EFTA-Bürgerinnen und -Bürger, die in der Schweiz ein Aufenthaltsrecht erworben haben, ihre Eltern nachziehen lassen können. Voraussetzung ist, dass den neu migrierten Personen Unterhalt gewährt wird.

In Texten aus Deutschland zu älteren Migrantinnen und Migranten werden oft auch die nach Deutschland zurückgekehrten Aussiedlerinnen und Aussiedler erwähnt, die zwar die deutsche Staatsbürgerschaft besitzen, aber ähnliche Charakteristiken wie die Gruppe der älteren Arbeitsmigrantinnen und -migranten aufweisen. Der zentrale Unterschied zwischen den beiden Gruppen bestehe jedoch darin, dass Aussiedlerinnen und Aussiedler definitiv nach Deutschland zurückkehren, während bei älteren Migrantinnen und Migranten die Rückkehroption bestehen bleibe (Dietzel-Papakyriakou, 2001, S. 79). Heterogenität findet sich auch in Bezug auf die Geschlechterverteilung. Bisherige Arbeiten zeigen, dass der Männeranteil bei den Migrantinnen und Migranten, die im Rentenalter sind, grösser ist als der Anteil der Frauen. In Frankreich sind laut Fibbi et al. (1999, S. 16) zwei Drittel der Personen aus den Maghreb-Ländern[11], die das Rentenalter erreicht haben, männlichen Geschlechts. In Deutschland beträgt der Anteil der Männer ebenfalls zwei Drittel. Auch in der Schweiz ist ein leichter Männerüberschuss auszumachen (ebd., S. 67).

Je nach Land sind es unterschiedliche Nationalitätengruppen, die den Grossteil der älteren Migrantinnen und Migranten ausmachen. In der Schweiz haben die italienischstämmigen Personen Ende Dezember 2005 den höchsten Altersquotienten[12] (23.4%), gefolgt von den Österreichern (23.2%).[13] Werden die absoluten Zahlen verglichen, zeigt sich, dass gesamtschweizerisch Ende 2005 Menschen aus Italien den grössten Anteil der älteren Migrantinnen und Migranten ausmachen, gefolgt von Personen aus Deutschland, Frankreich, Spanien

---

11 Marokko, Tunesien und Algerien.

12 Altersquotient: Anzahl der 65-Jährigen und Älteren pro 100 Erwerbspersonen (20- bis 64-Jährige).

13 Eigene Berechnungen aufgrund einer Tabelle des Bundesamtes für Statistik. *Quelle*: Bundesamt für Statistik: Ausländische Wohnbevölkerung nach detaillierter Staatsangehörigkeit und Alter, 2005. Tabelle petra P12 (abgerufen am 12.6.2008 über das statistische Lexikon der Schweiz: <http://www.bfs.admin.ch/ bfs/portal/de/index/infothek/lexikon.html>).

und Österreich sowie von Menschen aus Serbien/Montenegro.[14] In den USA hat bei den jüngeren wie auch bei den pensionierten Migrierten eine Verschiebung in Bezug auf die Herkunftsländer stattgefunden. Der Anteil der Personen mit einem asiatischen Hintergrund nimmt zu (vgl. Jackson, Brown, Antonucci & Daatland, 2005, S. 478).

Bezüglich des *sozioökonomischen Status* kommen bisherige Studien und Arbeiten (vgl. Dietzel-Papakyriakou, 2001, S. 85; Dietzel-Papakyriakou & Olbermann, 1996a, S. 143; Gerling, 2003, S. 218; Goldberg, 1996, S. 138; Jackson et al., 2005, S. 478; Reinprecht, 1999, S. 45; Schopf & Naegele, 2005, S. 387) übereinstimmend zum Schluss, dass die finanzielle Situation der älteren Personen mit Migrationshintergrund generell schlechter ist als diejenige der einheimischen älteren Personen und dass erstere eher von Armut betroffen sind. Ältere Migrantinnen und Migranten beziehen vielfach niedrige Renten und sind häufiger auf staatliche Transferleistungen angewiesen (vgl. Dietzel-Papakyriakou, 2001, S. 86; Reinprecht, 1999, S. 45). Rentenzahlungen sind oft die einzige Einnahmequelle (vgl. Olbermann & Dietzel-Papakyriakou, 1995, S. 143), während die einheimischen Seniorinnen und Senioren eher auf Kapitalerträge zurückgreifen können. Höpflinger und Stuckelberger (1999, S. 121 f.) rechnen damit, dass die Zahl einkommensschwacher bzw. auf Ergänzungsleistungen zur AHV angewiesener ausländischer Personen ansteigen wird. Dabei können objektive Angaben zur wirtschaftlichen Situation und das subjektive Empfinden der Migrantinnen und Migranten bezüglich ihrer eigenen wirtschaftlichen Lage divergieren. So kommt die Befragung der Federazione Colonie Libere Italiane (2000, o. S.)[15] zum Beispiel zum Ergebnis, dass die in der Studie befragten Italienerinnen und Italiener mehrheitlich (74%) mit ihren wirtschaftlichen Verhältnissen zufrieden sind.

---

14 Eigene Berechnungen aufgrund einer Tabelle des Bundesamtes für Statistik. *Quelle*: Bundesamt für Statistik: Ausländische Wohnbevölkerung nach detaillierter Staatsangehörigkeit und Alter, 2005. Tabelle petra P12 (abgerufen am 12.6.2008 über das statistische Lexikon der Schweiz: <http://www.bfs.admin.ch/bfs/portal/de/index/infothek/lexikon.html>).

15 o. S. = ohne Seitenangabe.

Bisherige Untersuchungsbefunde zeigen, dass sich die *Wohnsituation* älterer Migrantinnen und Migranten als problematisch und als nicht altengerecht erweist (vgl. Olbermann & Dietzel-Papakyriakou, 1995, S. 17). Reinprecht (1999, S. 48) spricht für Wien von überbelegten und schlecht ausgestatteten Wohnungen dieser Personengruppe. Er findet in seiner Untersuchung einen Unterschied zwischen der Wohnsituation der älteren Einheimischen und derjenigen der älteren Personen aus dem Ausland.

Die Datenlage zur *Gesundheitssituation* älterer Migrantinnen und Migranten war bisher schlecht. Weiss (2004) legt im Rahmen ihrer Sichtung und Dokumentation der internationalen wissenschaftlichen Arbeiten zum Thema Migration und Gesundheit dar, dass nur wenige empirische Daten zur körperlichen und psychischen Gesundheit älterer Migrantinnen und Migranten vorliegen (vgl. Taskin & Bisig, 2004). Durch die Strategie „Migration und Gesundheit" des Bundes (Bundesamt für Gesundheit, 2002) wurden Grundlagen für eine bessere Datenlage gelegt. Das in diesem Zusammenhang entstandene Gesundheitsmonitoring der schweizerischen Migrationsbevölkerung (GMM) (vgl. Eckert, Rommel & Weilandt, 2006, S. 15) ist ein wichtiger Schritt, um die gesundheitliche Situation der älteren Migrantinnen und Migranten besser zu verstehen und über die Zeit verfolgen zu können. Studien kommen übereinstimmend zum Schluss, dass es älteren Personen mit Migrationshintergrund gesundheitlich schlechter geht als Einheimischen. Die bisherige Forschung kommt zu folgenden zentralen Erkenntnissen:

- *Gesundheitszustand allgemein*: Im Vergleich zur einheimischen Bevölkerung schätzen die älteren Migrantinnen und Migranten ihre Gesundheit als schlechter ein als die einheimische Bevölkerung (vgl. Goldberg, 1996, S. 139 f.). Bei der Untersuchung von Olbermann und Dietzel-Papakyriakou (1995, S. 70) beurteilt fast die Hälfte (44.5%) der Untersuchungsgruppe den eigenen Gesundheitszustand als negativ. Die Ergebnisse der schweizerischen Gesundheitsbefragungen 1992/93 und 1997 zeigen, dass ältere Personen mit Migrationshintergrund ausserdem häufiger an psychischen Problemen leiden als gleichaltrige Schweizerinnen und Schweizer (vgl. Höpflinger, 2002a). Ähnlich ist die Situation in

Deutschland (vgl. Bundesministerium für Familie, Senioren, Frauen und Jugend, 2000a). Für die Schweiz wurde Ende der 1980er Jahre ein Zusammenhang zwischen der Dauer des Aufenthalts in der Schweiz und psychischen bzw. somatischen Beschwerden festgestellt (vgl. Meyer-Fehr & Bösch, 1988, S. 161). In dieser Studie konnte gezeigt werden, dass sich die Gesundheit der jüngeren Italienerinnen und Italiener kaum von derjenigen der gleichaltrigen Einheimischen unterschied. Die älteren Italienerinnen und Italiener fühlten sich hingegen gesundheitlich geschwächt, hatten mehr Beschwerden und waren häufiger als Schweizerinnen und Schweizer krankheitsbedingt arbeitsunfähig. Der Alterungsprozess vor dem 60. Lebensjahr geht bei italienischstämmigen Personen in weit stärkerem Masse mit einer Verschlechterung der Gesundheit einher als bei Schweizerinnen und Schweizern (vgl. Weiss, 2004, S. 235).

– *Besonders gefährdete Gruppen*: Bolzman (PRIAE Policy Research Institute on Ageing and Ethnicity, 2004, S. 7) stellt in seiner Forschung zu älteren Migrantinnen und Migranten aus Italien, Spanien und dem ehemaligen Jugoslawien einen besonders schlechten Gesundheitszustand bei Personen aus dem ehemaligen Jugoslawien fest.

– *Ursachen für den schlechten Gesundheitszustand*: Die verfügbaren Studien zeigen, dass sich die soziale Benachteiligung älterer Migrantinnen und Migranten (Alter, kulturelle und rassistische Diskriminierung, erschwerter Zugang zu Wohnungen und zum Gesundheitswesen) negativ auf die Gesundheit auswirkt. Lanfranchi (2002, S. 88) spricht in diesem Zusammenhang von „krankmachenden Lebensumständen".

Pendeln und Rückkehrorientierung: Laut Bolzman, Fibbi und Guillon (2001a, S. 8) wird in den europäischen Immigrationsländern das Alter der Migrantinnen und Migranten in der Forschung mit einer Tendenz dieser Personen zur „Rückkehrorientierung" in Verbindung gebracht.

Für die Frage, welche Bedeutung eine potentielle Rückkehr in das Herkunftsland für ältere Migrantinnen und Migranten hat, sind die Arbeiten von Dietzel-Papakyriakou besonders wichtig. Ihre Habilitation erschien im Jahre 1993 (Dietzel-Papakyriakou, 1993b) und gehört zu den ersten wissenschaftlichen Arbeiten zum Thema der älteren Migrantinnen und Migranten (Adolph, 2001, o. S.). Die Autorin befasst sich darin hauptsächlich mit den rückkehrorientierten Arbeitsmigrantinnen und -migranten. Dietzel-Papakyriakou (1993b) stellt in ihren Untersuchungen fest, dass auch bei denjenigen Personen, bei welchen eine Rückkehr unwahrscheinlich erscheint, die Rückkehroption erhalten bleibt. Laut Dietzel-Papakyriakou (ebd., S. 113) ist die Rückkehrorientierung im Alter als Anpassungstechnik zu interpretieren. Sie stellt den Versuch des Individuums dar, einen Gleichgewichtszustand zu erreichen, d.h. eine Balance zwischen den Ansprüchen der Person und dem Stand ihrer Erfüllung: „In diesem Sinne sind die Migranten bestrebt, bei ihrem Versuch, im Alter einen Gleichgewichtszustand zu erreichen, jene Paradigmen der Orientierung zu erhalten, denen das Migrationsprojekt folgte" (Dietzel-Papakyriakou, 1993b, S. 112). Die Rückkehrorientierung kann deshalb eine wichtige Ressource im Alter darstellen. Wenn sie aufgegeben werden muss, werden Anpassungen im Lebensentwurf notwendig.

Ergebnisse aus verschiedenen Studien belegen, dass ein Teil der im Rentenalter stehenden Migrantinnen und Migranten zwischen Aufnahme- und Herkunftsland pendelt, ein Teil im Alter in die Heimat zurückkehrt und ein Teil im Aufnahmeland bleibt. Fibbi et al. (1999, S. 10) geben für die von ihnen befragten Spanierinnen und Spanier sowie für Personen aus Italien an, dass die drei Formen je ca. einen Drittel ausmachen. Vor allem die so genannten jungen Alten pendeln häufig (Dietzel-Papakyriakou, 2001, S. 83). Krumme (2004, S. 138) zeigt in seiner qualitativen Untersuchung, dass das Pendeln im Ruhestand als „Fortsetzung einer Transnationalität der gesamten Migrationsbiographie" zu verstehen ist. Er unterscheidet zwischen drei Pendelmustern: dem „Pendeln als Ausdruck von Bilokalität", dem „Pendeln nach Rückkehr" und dem „Pendeln bei Verbleib" (ebd., S. 138). Auch Frankreich kennt die Pendelbewegungen der Migrantinnen und Migranten (vgl. Sayad, 2001).

Den eher problemzentrierten Fokus bisheriger Studien zur Thematik der älteren Migrantinnen und Migranten durchbrechen Bolzman et al. (2001b, S. 97), indem sie in ihrer Studie nach den *Bildern* fragen, die italienische und spanische Einwanderer allgemein vom Rentenalter haben. Die Antworten zeigen, dass die italienischen und spanischen Migrantinnen und Migranten ein positives Bild des Rentenalters besitzen: „Zwei Drittel der Befragten haben ein positives, 20 Prozent ein neutrales oder global ambivalentes Bild (in diese Kategorie fallen die Antworten, die sowohl eher negative als auch eher positive Aussagen beinhalten). Nur 13.5% haben ein negatives Bild des Ruhestandes" (Bolzman et al., 2001b, S. 97). Die genannten Forschenden erklären sich das Ergebnis mit dem relativ niedrigen sozio-professionellen Status der Migrantengruppe, der den „Rückgriff auf andere Legitimationskriterien als nur die Arbeit" ermöglicht (ebd., S. 101).

Primäre Netzwerke

Bisherige Studien zu Migrantenfamilien konzentrierten sich mehrheitlich auf jüngere Familien. Studien zu intergenerationellen Unterstützungsbeziehungen beschäftigen sich zwar mit intergenerationellen Beziehungen im Alter, sie legen jedoch den Schwerpunkt in der Regel nicht auf die Unterstützungsbeziehungen in der Migration (Brubaker, 1990, S. 976). Eine Ausnahme bilden die Arbeiten von Baldassar und Baldock (Baldassar, 2007; Baldassar & Baldock, 2000), in welchen Ansätze der Familiensoziologie und der Migrationsforschung kombiniert und intergenerationelle Unterstützungsbeziehungen über Ländergrenzen hinweg untersucht werden. Die Autorinnen stellen damit Arbeiten in Frage, die davon ausgingen, dass für Unterstützungsbeziehungen geographische Nähe eine notwendige Voraussetzung darstellt (Baldassar & Baldock, 2000, S. 61).

In bisherigen eher deskriptiven Forschungen gibt es einige Anhaltspunkte zu familiären Netzwerken von älteren Migrantinnen und Migranten. Diese Studien heben die Bedeutung der Familie für ältere Personen mit Migrationshintergrund hervor (vgl. PRIAE Policy Research Institute on Ageing and Ethnicity, 2004). In einem neueren Text macht Dietzel-Papakyriakou (2005, S. 400) auf die Bedeutung der Familie bei der Realisierung des Migrationsziels aufmerksam. Sie ist der Meinung, dass Migration oft ein Familienprojekt ist, das nur durch einen starken familiären Zusammenhalt erfolgreich sein kann. Die Familie werde ausserdem als „Ort der Identitätswahrung" empfunden, insbesondere, wenn der Aufnahmekontext als fremd wahrgenommen werde (ebd., S. 400).

In der Diskussion um den Unterstützungsbedarf älterer Migrantinnen und Migranten interessiert hauptsächlich die Frage, ob ältere Personen bei Pflegebedarf auf ihre Familien zurückgreifen können oder auf externe Unterstützung angewiesen sind beziehungsweise sein werden. Weder das Bild der „zerrissenen Migrationsfamilie" ohne Kohäsion und Unterstützung noch das Bild, wonach alle Hilfeleistungen bei Migrantinnen und Migranten im Familienverbund erbracht werden, wird der Realität gerecht. Olbermann (2003, S. 132) kritisiert derartige generalisierende Thesen.

Gerling (2003, S. 218) betont in ihrer Vergleichsuntersuchung zwischen Deutschland und England, dass Migrantinnen und Migranten nicht per se über höhere familiäre Unterstützungspotentiale verfügen als einheimische Personen. Ebenso kommt Jacobs Schmid (2001) in ihrer Spitexstudie[16] zum Ergebnis, dass die weit verbreitete Annahme, die Migrationsbevölkerung sorge aufgrund des traditionellen Familienverständnisses eher für hilfs- und pflegebedürftige Familienmitglieder, in Frage gestellt werden sollte. Wohnformen und Lebensumstände würden es oft nicht erlauben, die pflegebedürftigen Familienmitglieder zu betreuen.

Auch in der Studie des Bundesministeriums für Familie, Senioren, Frauen und Jugend (2004, S. 233) wird versucht, das Hilfspotential von Migrantenfamilien differenziert zu erfassen. In dieser Untersuchung werden Migrantinnen[17] in verschiedene Typen eingeteilt, die einen unterschiedlichen Unterstützungsbedarf aufweisen und deren familiäres Hilfspotential differiert. Es wird davon ausgegangen, dass bei Personen, die in intergenerativen Bezügen leben, vorhandene familiäre Netzwerke auch im Alter stabil bleiben, weshalb bei dieser Gruppe mit einer reduzierten Inanspruchnahme des Regelversorgungssystems zu rechnen ist. Bei den stärker individualisierten Migrantinnen besteht ein höherer Bedarf nach Unterstützungsleistungen. „Segregierte Migrantinnen" würden am meisten ausserfamiliäre Unterstützung in Anspruch nehmen.

Andere Studien (vgl. Krüger, 1995; PRIAE Policy Research Institute on Ageing and Ethnicity, 2004) beschäftigen sich weniger mit der

---

16   Spitex = spitalexterne Hilfe, Gesundheits- und Krankenpflege.
17   Die Studie untersucht nur die Situation von Frauen.

Frage des Unterstützungspotentials, als vielmehr mit den Pflegeerwartungen, wobei grundsätzlich davon ausgegangen wird, dass sich ältere Migrantinnen und Migranten im Alter hauptsächlich eine familiäre Unterstützung wünschen (PRIAE Policy Research Institute on Ageing and Ethnicity, 2004, S. 3): „most elders preferred to be looked after by their family in their own home." Die Studie von PRIAE war ländervergleichend[18] angelegt.

Sekundäre Netzwerke

Nach Dietzel-Papakyriakou (2005, S. 397) leben viele ältere Migrantinnen und Migranten innerhalb ihrer „ethnischen Gemeinschaft". Die Autorin geht davon aus, dass die Tendenz zu ethnisch homogenen Netzwerken im Alter verstärkt wird, was sie als „ethnischen Rückzug" bezeichnet (ebd., S. 401). Sie betrachtet diese ethnischen Gemeinschaften als Möglichkeit, zum Erhalt des Selbstwertgefühls und des subjektiven Wohlbefindens beizutragen, weist aber auch darauf hin, dass diese Gemeinschaften unter anderem aufgrund sozialer Exklusionsmechanismen entstehen. Ausserdem macht Dietzel-Papakyriakou (1993b, S. 93) in ihrer Habilitation auf den Zusammenhang zwischen Rückkehrorientierung und Bildung von ethnischen Kolonien aufmerksam. Ihrer Meinung nach führt die Rückkehrorientierung zu ethnischer Kolonienbildung. In anderen Studien wird die These des ethnischen Rückzugs für bestimmte Migrantengruppen jedoch relativiert (vgl. Bundesministerium für Familie, Senioren, Frauen und Jugend, 2004, S. 85).

Zusammenfassend kann aufgrund der obigen Ausführungen davon ausgegangen werden, dass sich ältere Migrantinnen und Migranten tendenziell eher in innerethnischen als in interethnischen Netzwerken bewegen.

Neben der Frage nach der Zusammensetzung von Netzwerken (innerethnisch, interethnisch) ist auch interessant, welche Grösse die Netzwerke von älteren Menschen mit Migrationshintergrund aufweisen. In einer Untersuchung von Dietzel-Papakyriakou und Olber-

---

18 Die Niederlande, Deutschland, Frankreich, Spanien, Grossbritannien, Bosnien/ Herzegowina, die Schweiz, Finnland, Kroatien und Ungarn wurden in die Untersuchung einbezogen.

mann (1996a), in welcher 120 Migrantinnen und Migranten im Alter von 50+ befragt wurden, kommen die Autorinnen zum Ergebnis, dass die Befragten zwar über grosse Netzwerke verfügen, vieles aber Geselligkeitskontakte seien. Ältere Menschen mit Migrationshintergrund haben nach Ansicht der beiden Forscherinnen ein geringes Potential an verlässlichen und vertrauensvollen Helferinnen und Helfern.

Institutionen

Zahlreiche – meist handlungsorientierte – Beiträge befassen sich mit der Frage, wie die Institutionen der Altenhilfe und der „Migrantensozialarbeit" von älteren Migrantinnen und Migranten genutzt werden, welche Zugangsprobleme bestehen und wie sich die betreffenden Institutionen auf die neue Klientel ausrichten können.
Drei Themenbereiche sollen hier besonders erwähnt werden:
- Bedarf nach Unterstützungsangeboten ausserhalb der Familie
- Inanspruchnahme von Angeboten durch ältere Migrantinnen und Migranten
- Ausrichtung der Angebote auf die neue Klientel.

Der *Unterstützungsbedarf* von älteren Migrantinnen und Migranten kann nicht ausschliesslich über familiäre Bezugspersonen gedeckt werden (vgl. Gerling, 2003, S. 218; Jacobs Schmid, 2001, S. 1). Es besteht deshalb ein Bedarf nach ausserfamiliären Unterstützungsangeboten. Gerling (2003, S. 218) rechnet in ihrer Vergleichsuntersuchung (Deutschland/England) damit, dass aufgrund der nachteiligen Lebenslagen älterer Migrantinnen und Migranten und der Zunahme dieser Bevölkerungsgruppe der Bedarf an sozialen Dienstleistungen im vorpflegerischen und pflegerischen Bereich wachsen wird. Die Autorin der erwähnten Studie sieht zudem einen spezifischen Bedarf, der sich für die Gruppe der älteren Migrantinnen und Migranten ergibt. Dieser resultiert ihrer Ansicht nach aus dem rechtlichen Status der Gruppe, dem jeweiligen kulturellen, ethnischen, religiösen und sprachlichen Hintergrund sowie aus den nachteiligen Lebenslagen (ebd., S. 218 f.).

Bisherige Studien gehen von einer geringen *Inanspruchnahme* der Angebote der Altenhilfe durch zugewanderte Ältere aus (vgl. Gerling, 2003, S. 221; Olbermann & Dietzel-Papakyriakou, 1995, S. 146; Schopf & Naegele, 2005, S. 388). In der Spitexstudie Basel (Jacobs

Schmid, 2001, S. 4) zeigt sich zum Beispiel, dass Ausländerinnen und Ausländer als Klientel der Spitex untervertreten sind. Hiebert-Gfeller (2004) untersuchte die Nutzung der Stadtzürcher Beratungsstelle Wohnen im Alter und zieht den Schluss, dass die Beratungsstelle von Migrantinnen und Migranten weniger genutzt wird, als dies aufgrund ihrer Bevölkerungszahl zu erwarten wäre. Formelle Dienstleistungen werden laut Olbermann (2003, S. 135) erst in Anspruch genommen, wenn die familiären Hilfspotentiale nicht vorhanden oder ausgeschöpft sind. Auch eine Befragung (Pfister & Wicki, 2001, S. 10) von verschiedenen Institutionen der Altenhilfe der Stadt Bern (Alters- und Pflegeheime, Spitex, Beratungsstellen für Migrantinnen und Migranten, Migrantenorganisationen, offene Altenarbeit) zeigt eine im Vergleich zur einheimischen Bevölkerung noch geringe Inanspruchnahme von Institutionen der Altenhilfe durch Migrantinnen und Migranten. Eher genutzt werden die Beratungs-, Freizeit- und Bildungsangebote der Migrantenorganisationen (ebd., S. 4).

Die Autorinnen und Autoren bisheriger Studien machen nicht den mangelnden Bedarf für die geringe Inanspruchnahme verantwortlich. Sie zeigen vielmehr auf, dass die fehlende Ausrichtung der Dienste auf die spezifischen sprachlichen, religiösen und ernährungsbedingten Bedürfnisse älterer Migrantinnen und Migranten und auf Seiten der älteren Menschen die fehlende Information über die Angebote, sprachliche Schwierigkeiten und bisherige negative Erfahrungen mit Institutionen zur geringen Inanspruchnahme führen (vgl. Bolzman et al., 2002, o. S.; Gerling, 2003, S. 221; Reinprecht, 1999, S. 125 f.). Das Bild, das Personen mit Migrationshintergrund von Dienstleistungen haben, ist laut ersten Ergebnissen der Untersuchung von Bolzman et al. (2002, o. S.) unter anderem abhängig vom Aufenthaltsstatus. So nehmen Personen mit einem unsicheren Aufenthaltsstatus Institutionen des Aufnahmekontextes negativer wahr als die befragten Migrantinnen und Migranten mit stabilem Status. Es zeigt sich, dass die bestehenden einheimischen Institutionen nicht davon ausgehen können, dass die neue Klientel „einfach kommt" (Bolzman et al., 2002, o. S.).

In Bezug auf die *Ausgestaltung und Ausrichtung* von Angeboten nimmt die „Information" einen wichtigen Stellenwert ein. In mehreren Beiträgen geht es um das Ziel, die Information über bestehende Angebote zu verbessern. Laut Bolzman, Poncioni-Derigo und Vial (2002) müssen die nötigen Erklärungen so aufbereitet werden, dass sie von den Migrantinnen und Migranten verstanden werden können. Andere Forschende betonen, dass schriftliche Informationen nicht ausreichen, um die Gruppe der älteren Migrantinnen und Migranten zu erreichen. Wichtig sei die Suche nach Multiplikatorinnen und Multiplikatoren, die eine stärkere Einbindung von älteren Personen mit Migrationshintergrund in die bestehenden Angebote fördern könnten (Bundesministerium für Familie, Senioren, Frauen und Jugend, 2004, S. 223). In einer Befragung von spanischen und italienischen Migrantinnen und Migranten und Personen aus dem ehemaligen Jugoslawien kommen Bolzman et al. (2002) zum Ergebnis, dass die befragten Gruppen ihre Informationen vor allem aus ihren informellen Netzwerken beziehen: „Si une personne, pour une raison ou pour une autre, vit isolée de sa communauté d'origine, elle n'a aucune chance d'avoir accès à ce type d'informations" (Bolzman et al., 2002, o. S.). Ein Projekt des Schweizerischen Roten Kreuzes (2006) befasst sich zurzeit mit der Frage, wie Informationen zu Angeboten der Altershilfe die älteren Migrantinnen und Migranten am besten erreichen könnten.

Neben den Bemühungen zur Verbesserung der Information über bestehende Angebote versucht sich die ambulante und stationäre Altenhilfe mit weiteren Massnahmen auf die neue Klientel auszurichten. In Deutschland wurden zum Beispiel bereits zahlreiche Projekte der ambulanten und stationären Altenhilfe für ältere Migrantinnen und Migranten lanciert (Bundesministerium für Familie, Senioren, Frauen und Jugend, 2000b; 2000c; Fibbi et al., 1999). Es wurden zudem Empfehlungen zur Versorgung dieser Bevölkerungsgruppe erarbeitet (vgl. Olbermann & Dietzel-Papakyriakou, 1995).

In der stationären Altenhilfe wird die Frage nach integrativen bzw. separativen Angeboten diskutiert: Soll die Pflege und Betreuung nach dem Motto „hier werden alle gleich behandelt" erfolgen oder soll der Grundsatz „Migrantinnen und Migranten brauchen eine Sonderbehandlung" gelten (Bundesministerium für Familie, Senioren, Frauen und Jugend, 2004, S. 231)? Für beide Richtungen finden sich Argumente.

In der Schweiz und insbesondere auch in der Stadt Zürich gibt es mehrere Institutionen und Projekte, die sich mit der neuen Zielgruppe auseinander setzen (für den stationären Bereich[19] siehe z. B. die mediterrane Abteilung Erlenhof in Zürich oder die Pflegewohnung OASI alloggio assistito per anziani[20] bzw. das Projekt „interkultureller Kontakt im Altersheim"[21]).

Diskurs

Einen weniger individuumzentrierten Fokus legte eine moraltheologische Arbeit, welche aus sozialkonstruktivistischer Sicht die Auswirkungen der Rede von „verschiedenen Kulturen" auf die Lebenssituation von älteren türkischen Migrantinnen[22] analysiert (Herberhold, 2002). Die Autorin geht von der Grundannahme aus, dass in den Diskursen der „Dominanzbevölkerung" die Rede von „verschiedenen Kulturen" eine zentrale Rolle spielt. Ältere türkische Migrantinnen seien von diesem Diskurs besonders betroffen, insbesondere dadurch, dass der Diskurs Diskriminierungen zur Folge habe. Die Autorin strebt mit ihrer Dissertation eine Dekonstruktion dieses Diskurses an, womit sie zu „Neukonstruktionen" beitragen möchte (ebd., S. 333).

1.1.3 Grenzen bestehender Untersuchungen

Bisherige Untersuchungen zu älteren Migrantinnen und Migranten waren, von wenigen Ausnahmen abgesehen, deskriptiv ausgerichtet und konzentrierten sich vor allem auf die individuelle Ebene. Familiäre Unterstützungsbeziehungen wurden bisher eher selten reflektiert und erforscht.

Die vorliegende Arbeit möchte die Erkenntnisse bisheriger Studien erweitern, indem familiäre Unterstützungsbeziehungen in den Vordergrund gerückt werden. Die Kombination der Erfassung der Sichtweisen von immigrierten Personen sowie von zentralen familiä-

---

19 Weitere Projekte befassen sich vor allem mit der Frage der Informationsvermittlung. Siehe hierzu z. B. den „Migrationsbus 2007" bzw. das Projekt „AltuM", welches von HEKS unterstützt wird.
20 Informationen zu diesem Angebot finden sich auf: <http://www.alter-migration.ch>
21 Siehe <http://www.alter-migration.ch>
22 Die Autorin (Herberhold, 2002) befasst sich in ihrer Arbeit ausschliesslich mit Frauen.

ren Bezugspersonen ist eine bisher kaum gewählte Strategie. Um das Unterstützungspotential der zweiten Generation zu erfassen, ist es jedoch unerlässlich, die Erwartungen der Seniorinnen und Senioren mit der Einschätzung der familiären Bezugspersonen hinsichtlich der zur Verfügung stehenden innerfamiliären Ressourcen zu ergänzen. Zudem soll im empirischen Teil eine bisher noch wenig erforschte Gruppe von Migrantinnen und Migranten, nämlich Personen aus Serbien und Montenegro, einbezogen werden. Abgesehen von wenigen Ausnahmen (z. B. Bolzman et al., 2002) liegen zu dieser Personengruppe erst wenige Erkenntnisse vor.

Lokale Bedarfsschätzungen gibt es selbst für die Stadt Zürich, die grösste Schweizer Stadt, bisher nicht. Da die Zusammensetzung der Bevölkerungsgruppe der älteren Migrantinnen und Migranten je nach Ort verschieden ist, sind Bedarfsabklärungen, welche sich einem bestimmten geographischen Raum widmen, von besonderer Wichtigkeit für die sozialpolitischen Akteure.

In der vorliegenden Arbeit sollen diese empirischen Resultate zudem mit theoretischen Erkenntnissen aus der Migrationssoziologie und -ethnologie sowie aus der Familiensoziologie vernetzt werden.

1.2   Fragestellung und Definition zentraler Begriffe

Die vorliegende Untersuchung befasst sich mit zwei Hauptthemen: zum einen mit der Lebenssituation der älteren Migrantinnen und Migranten, zum anderen mit der früheren, jetzigen und zukünftigen Bedeutung von (familiären) Unterstützungsbeziehungen. Die zentralen Ausgangsfragen sind:

–   Welches sind für ältere Migrantinnen und Migranten, die ihr Alter in der Schweiz verbringen, zentrale Anliegen und Themen? Wie erleben Sie die Altersphase?

–   Welche Unterstützungspotentiale weisen die Familien von älteren Migrantinnen und Migranten auf?

– Welchen ungedeckten Unterstützungsbedarf haben die in die empirische Untersuchung einbezogenen älteren Migrantinnen und Migranten gegenwärtig und in Zukunft?

Die in diesen Hauptfragen erwähnten Begriffe werden in der vorliegenden Studie folgendermassen definiert:

Migrant/Migrantin:
Für den Begriff „Migration" gibt es unterschiedliche Definitionen. In den meisten ist der „Aspekt des Wechsels oder der Bewegung" (Treibel, 1999, S. 19) enthalten. Die entwickelten Typologien von Migration nach räumlichen, zeitlichen und weiteren Aspekten (zu einer Darstellung von Typologisierungsversuchen siehe z. B. Treibel, 1999, S. 20) tragen nicht viel zur Klärung des Begriffs bei. Laut Treibel (ebd., S. 21) ist Migration „der auf Dauer angelegte bzw. dauerhaft werdende Wechsel in eine andere Gesellschaft bzw. in eine andere Region von einzelnen oder mehreren Menschen." Diese Definition soll in der vorliegenden Arbeit verwendet werden, da im Satzteil „bzw. dauerhaft werdend" enthalten ist, dass eine temporär angelegte Migration dauerhaft werden kann. Sie entspricht auch weitgehend der Definition des Bundesamtes für Statistik (2001, S. 50), das Migrantinnen und Migranten als Personen definiert, die ihren Wohnsitz (vorübergehend oder dauerhaft) von einem anderen Staat in die Schweiz verlegt haben. Eine interessante Überlegung zum Begriff „dauerhaft" in der Definition von internationaler Migration als „dauerhafter Wechsel des Wohnsitzes von einem Land in ein anderes" findet sich bei Pries (2006, S. 19 f.). Seiner Ansicht nach hat das Wort zwei Bedeutungen, zum einen die Konnotation „für längere Zeit, permanent", zum anderen die Bedeutung „häufig, auf Dauer gestellt". Im Falle von Migrantinnen und Migranten, die zahlreiche transnationale Bezugspunkte haben, hat das Wort „dauerhaft" eher die zweite Bedeutung. In der hier vorliegenden Arbeit wird der Begriff „dauerhaft" mit beiden Konnotationen verwendet.

„Ältere" Migrantinnen und Migranten:
Für die vorliegende Studie werden diejenigen Personen zu den „Älteren" gezählt, die nicht mehr im Erwerbsleben stehen. Diese Definition von Alter als nachberufliche Phase wurde in Anlehnung an

Kohli (2000, S. 10 f.) gewählt. Hinter dieser Wahl steht die Annahme, dass sich nicht mehr erwerbstätige Migrantinnen und Migranten eher mit Fragen eines potentiellen Unterstützungs- und Pflegebedarfs auseinander setzen als Personen, die noch im Erwerbsleben stehen.

In der vorliegenden Arbeit wird synonym entweder von „älteren Migrantinnen und Migranten", „Personen aus Italien" oder „Personen aus Serbien/Montenegro", „Personen mit Migrationshintergrund" oder „italienischstämmigen Menschen" gesprochen. Die Begriffe „Ausländerinnen" und „Ausländer" werden nur verwendet, wenn es ausschliesslich um Personen geht, die keine schweizerische Staatsbürgerschaft besitzen.

Unterstützungsbedarf:
Während unter Bedarf in der Regel die „Art und Menge der Güter und Dienstleistungen, die zur Befriedigung von Bedürfnissen oder für das erfolgreiche Funktionieren von privaten und öffentlichen Betrieben erforderlich sind" (Hillmann, 1994, S. 74), verstanden wird, meint Bedürfnis eher ein „Mangelerleben" (ebd., S. 105) oder ein „Mangelgefühl" (Deutscher Verein für öffentliche und private Fürsorge, 2002, S. 105) des Individuums. In der Alltagssprache werden die beiden Begriffe „Bedarf" und „Bedürfnis" jedoch häufig synonym verwendet (ebd., S. 100). Ein Bedarf kann zur Nachfrage einer bestimmten bezahlten Dienstleistung führen; dies muss aber nicht der Fall sein, zum Beispiel, wenn die Bedarfsdeckung über die Familie erfolgen kann.

Im vorliegenden Text wird unter Unterstützungsbedarf das verstanden, was die älteren Migrantinnen und Migranten an Unterstützung brauchen bzw. brauchen werden. Unter den Begriff „Unterstützung" werden verschiedene Unterstützungsarten subsumiert (vgl. Olbermann, 2003, S. 15). Für die vorliegende Arbeit werden folgende Hilfeformen unterschieden:

– administrative Unterstützung

– Hilfe bei der Alltagsbewältigung

– pflegerische Unterstützung

– emotionale Unterstützung

In der Typologie von Szydlik (2000, S. 38 f.) sind die ersten drei Unterstützungsarten Inhalte von „funktionaler Solidarität", während die letzte Unterstützungsart zur „affektiven Solidarität" gezählt werden kann. Zu Szydliks Typologie gehört ausserdem die „assoziative Solidarität" (Szydlik, 2000, S. 39). Diese bezieht sich auf gemeinsame Aktivitäten (z. B. Häufigkeit von Kontakten).

Neben der Hauptfragestellung sind für die Untersuchung mehrere Unterfragen von Bedeutung. In Bezug auf die Lebenssituation der älteren Migrantinnen und Migranten sind es die folgenden Fragen:

– *Biographie*: Welches sind zentrale Themen in der Biographie und der momentanen Lebenssituation der älteren Migrantinnen und Migranten?

– *Kernthemen Alter*: Lassen sich Themen ausmachen, die für die Lebensphase Alter bestimmend sein könnten?

In Bezug auf Unterstützungsnetzwerke sollen folgende Unterfragen beantwortet werden:

– *Strukturelles Unterstützungspotential*: Welches ist das „strukturelle Unterstützungspotential" der älteren Migrantinnen und Migranten? Künemund und Hollstein (2000, S. 226) verstehen diese Art von Unterstützungspotential als „das im Prinzip verfügbare Unterstützungspotential im Alter", d.h. die Verfügbarkeit von Personen (im familiären oder nicht-familiären Umfeld), die als Unterstützende in Betracht kommen könnten.

– *Momentane familiäre Unterstützungsbeziehungen*: Welche intergenerationellen Unterstützungsbeziehungen bestehen zurzeit (seitens der älteren Migrantinnen und Migranten und seitens ihrer erwachsenen Kinder)? Wie werden diese von den interviewten Personen bewertet? Die vorliegende Arbeit beschränkt sich auf intergenerationelle Unterstützungsbeziehungen. Andere familiäre Hilfebeziehungen werden nur am Rande behandelt.

– *Unterstützungserwartungen*: Sind bei den älteren Migrantinnen und Migranten Erwartungen an ihre erwachsenen Kinder vorhanden in Bezug auf familiäre pflegerische Unterstützung, falls eine selbstständige Alltagsbewältigung nicht mehr möglich sein sollte? Wie können diese Erwartungen bzw. Nicht-Erwartungen interpretiert werden?

- *Familiäre Unterstützungsbereitschaft*: Inwiefern sind die erwachsenen Kinder bereit und in der Lage, in Zukunft eine mögliche
  Unterstützung pflegebedürftiger Eltern zu übernehmen? Wo liegen Grenzen der Unterstützung? Was sind mögliche Beweggrün-
  de dafür, Unterstützung zu leisten bzw. nicht zu leisten?
- *Alternative Betreuungsszenarien*: Gibt es für die Migrantinnen
  und Migranten und ihre Kinder Alternativen zur familiären Unterstützung?

Beim empirischen Teil dieser Untersuchung handelt es sich um eine
quantitativ-qualitativ ausgerichtete Auswertung, bei der insbesondere
der Lebenssituation der älteren Migrantinnen und Migranten und derjenigen der zweiten Generation eine besondere Bedeutung beige-
messen werden soll. Es geht unter anderem darum, die Gründe für Unterstützungsbedürfnisse und -bereitschaft zu verstehen.

Der Begriff der „zweiten Generation" wird in dieser Arbeit verwendet, wenn die Rede ist von den Kindern der älteren Migrantinnen
und Migranten. Diese Personen sind zum Teil in der Schweiz geboren
und/oder aufgewachsen, zum Teil sind sie aber – wie ihre Eltern – Migrantinnen und Migranten.

1.3 Ziele

Die Ziele der vorliegenden Untersuchung sind die folgenden:
- Eine bis jetzt noch wenig einbezogene Sichtweise, nämlich diejenige der älteren Migrantinnen und Migranten und der zweiten Generation, soll Interessierten bekannt gemacht werden. Hier geht es
  vor allem um das Verstehen der Perspektive dieser Personen.
- Die Erkenntnisse aus den Interviews sollen Planungsverant-
  wortlichen aus dem Gesundheits- und Sozialbereich und den
  Praxispartnern der Untersuchung (Dienstabteilungen Altersheime
  und Pflegezentren der Stadt Zürich) Hinweise geben, was „mi-
  grantengerechte" Angebote beinhalten könnten.

- Die Arbeit soll zu einem Erkenntnisgewinn in Bezug auf das Unterstützungspotential von Migrantenfamilien führen und zur Theorieentwicklung in diesem Themenbereich beitragen.

- Durch die Einbeziehung von Migrantinnen und Migranten aus Serbien/Montenegro, die in der Stadt Zürich leben, soll eine noch kaum untersuchte Personengruppe erschlossen werden, d.h. es können somit Hinweise zur lokalen Bedarfsabklärung geliefert werden.

- Zusätzlich zu den bereits genannten Zielen soll das methodologische Wissen in Bezug auf die Befragung von älteren Personen mit Migrationshintergrund durch Erkenntnisse aus der vorliegenden Arbeit vertieft und erweitert werden.

1.4 Gliederungsübersicht

Der vorliegende Text gliedert sich in sechs Kapitel. Nach diesem ersten einleitenden Kapitel werden im zweiten Kapitel die theoretischen Bezüge dargestellt. In einem ersten Teil (2.1) geht es um die Darstellung von Ansätzen zur Frage nach der gesellschaftlichen Eingliederung und Ausgrenzung der Gruppe der Migrantinnen und Migranten. Im zweiten theoretischen Bezugspunkt (Kapitel 2.2) werden der Solidaritäts- und der Ambivalenzansatz, zwei viel diskutierte theoretische Stränge zur Erklärung von intergenerationellen Beziehungen, beschrieben. In beiden Unterkapiteln (2.1 und 2.2) werden in der zweiten Hälfte die theoretischen Bezüge im Hinblick auf die hier interessierende Gruppe der älteren Migrantinnen und Migranten reflektiert und jeweils mit einem Fazit abgerundet.

Die Untersuchungsanlage des empirischen Teils wird im dritten Kapitel detailliert beschrieben, wobei nach einer kurzen Einführung zum wissenschaftstheoretischen Rahmen (3.1) die einzelnen Teile der empirischen Untersuchung einzeln vorgestellt werden: In Kapitel 3.2 wird das Vorgehen bei der sekundärstatistischen Auswertung der Volkszählungsdaten von 1990 und 2000 beschrieben; in Kapitel 3.3

wird das Ziel der Gespräche mit den Expertinnen und Experten aus dem Alters- und Migrationsbereich vorgestellt, und es werden ausserdem genaue Angaben zur Auswahl der Befragten und zur Durchführung der Interviews gemacht. Kapitel 3.4 stellt das methodische Vorgehen bei der Durchführung der qualitativen Interviews mit älteren Migrantinnen und Migranten und mit der zweiten Generation vor. In diesem Unterkapitel werden das Ziel des qualitativen Untersuchungsteils, die Merkmale der Interviewerinnen und Interviewer, die Kriterien zur Auswahl der Befragten, der Zugang zum Feld sowie die Ausgestaltung des Interviewleitfadens thematisiert. Ausserdem werden Angaben zur konkreten Durchführung der Interviews, zur Datenaufbereitung und -auswertung und zu Gütekriterien in der qualitativen Forschung gemacht.

In Kapitel vier werden die Ergebnisse aus der sekundärstatistischen Auswertung, den Interviews mit Expertinnen und Experten aus dem Migrations- und Altersbereich und den qualitativen Interviews mit den älteren Migrantinnen und Migranten und der zweiten Generation präsentiert. Die Darstellung der Ergebnisse erfolgt getrennt nach Herkunftsland der Interviewpartnerinnen und Interviewpartner.

Im fünften Kapitel werden die Haupterkenntnisse der Studie interpretiert und diskutiert. Der Bezug zur Fragestellung und zu den theoretischen Bezügen wird dort explizit hergestellt.

Das letzte Kapitel sechs beinhaltet eine Zusammenfassung der Haupterkenntnisse und verweist auf weiterführende Fragen.

2. Theoretische Bezüge

In die vorliegende Arbeit wurden verschiedene theoretische Ansätze einbezogen. Um eine möglichst grosse Transparenz und Nachvollziehbarkeit zu garantieren, werden die zwei wichtigsten Theoriebezüge näher dargestellt. Dieser theoretische Rahmen dient als Orientierungspunkt und Hilfsmittel, um bei der Analyse der empirischen Daten Schwerpunkte setzen zu können. Die Offenheit für neue Bezüge und neue Erkenntnisse soll durch den theoretischen Rahmen jedoch nicht eingeschränkt werden.

In Kapitel 2.1 wird das Thema der Ein- bzw. Ausgrenzung von älteren Migrantinnen und Migranten behandelt. Kapitel 2.2 widmet sich den theoretischen Bezügen der intergenerationellen Beziehungen. Am Schluss der beiden Kapitel wird jeweils aufgezeigt, welche Elemente der vorgestellten Bezugspunkte die vorliegende Arbeit hauptsächlich beeinflussen.

2.1 Eingliederung und Ausgrenzung

Migrantinnen und Migranten waren und sind in der Schweiz verschiedenen Ein- und Ausgrenzungsmechanismen ausgesetzt. In einem ersten Kapitel (2.1.1) wird der migrationspolitische Kontext in der Schweiz ab dem Zweiten Weltkrieg beleuchtet. In Kapitel 2.1.2 wird die integrationstheoretische Sicht von Hartmut Esser vorgestellt, und es werden Kritikpunkte an diesem Ansatz aufgeführt. In Kapitel 2.1.3 geht es um Modelle und Konzepte, welche als weiterführende und alternative Ansätze zu Esser entwickelt wurden. Kapitel 2.1.4 thematisiert „Integrationsfragen" aus gerontologischer Sicht. Das Fazit (Kapitel 2.1.5) fasst die Erkenntnisse aus bisherigen Theorien, die für diese Arbeit von Bedeutung sind, zusammen.

2.1.1 Kontext: Migration und die Schweiz

Im Folgenden werden die Migrationsströme in der Schweiz aufgezeigt und es wird dargestellt, wie das Land migrations- und integrationspolitisch betrachtet den verschiedenen Gruppen von Migrantinnen und Migranten begegnete.

Nach dem Zweiten Weltkrieg sind insbesondere Personen aus Italien und Spanien in die Schweiz eingewandert, um hier als „Gastarbeiterinnen" und „Gastarbeiter" einer Arbeit nachzugehen. Da nach dem Zweiten Weltkrieg in der Schweiz für bestimmte Tätigkeitsbereiche ein Arbeitskräftemangel bestand, wurden Abkommen zwischen der Schweiz und den Sendeländern getroffen, um Arbeitskräfte „importieren" zu können, wobei von einem temporären Aufenthalt dieser ausländischen Arbeitskräfte ausgegangen wurde, der sich auch in der Zuwanderungspolitik niederschlug (Rotationssystem etc.) (vgl. D'Amato, 1998, S. 46). In den 1980er Jahren nahm die Einwanderung ein anderes Gesicht an: Arbeitsmigrantinnen und -migranten stammten nun auch aus Portugal, der Türkei und dem ehemaligen Jugoslawien. Sie wurden zunehmend von ihren Familienmitgliedern begleitet. Ausserdem war zu diesem Zeitpunkt eine Fluchtmigration aus Indochina, Sri Lanka und weiteren Ländern zu verzeichnen (vgl. Haug, 2003, S. 7).

Mahnig und Piguet (2003, S. 66) befassen sich in ihrem Buchbeitrag insbesondere mit der „Zuwanderungspolitik" (der „immigration policy"). Der „immigrant policy", d.h. der Politik, die sich den bereits ins Land Zugewanderten widmet, wenden sie sich nur am Rande zu.

Von 1948 bis ca. 1960 herrschte eine eher liberale Zulassungspolitik, die ab Beginn der 1960er Jahre jedoch durch Massnahmen zur Eindämmung der Zuwanderung abgelöst wurde. Gründe waren der nachlassende Wirtschaftsboom und die sich entwickelnde Feindlichkeit gegenüber Ausländerinnen und Ausländern in der Öffentlichkeit (ebd., S. 69). Der Bundesrat beschränkte die Einwanderung von ausländischen Arbeitskräften, indem Aufenthaltsbewilligungen nur noch unter bestimmten Bedingungen erteilt wurden. Diese und weitere Massnahmen führten jedoch nicht zur gewünschten Reduktion der Anzahl ausländischer Arbeitskräfte.

Mit dem „Abkommen zwischen der Schweiz und Italien über die Auswanderung italienischer Arbeitskräfte nach der Schweiz" vom 10.

August 1964[1] ergaben sich für die italienischen Arbeitskräfte vereinzelt Verbesserungen in ihrer rechtlichen Stellung (z. B. erleichterter
Familiennachzug). In der Botschaft des Bundesrates zum neuen Abkommen wird zudem deutlich, dass die Schweizer Regierung die
Gastarbeiterinnen und Gastarbeiter zu jenem Zeitpunkt nicht mehr als
temporäre Gäste betrachtete, sondern von einem dauerhaften Aufenthalt ausging:

> Entgegen der ursprünglichen Annahme hat die günstige wirtschaftliche Ent-
> wicklung Dauercharakter angenommen, was nicht nur zu einer ständigen Ver-
> mehrung der Zahl der ausländischen Arbeitskräfte, sondern auch zu einer Ver-
> längerung ihrer Anwesenheit in der Schweiz führte. Es war deshalb unerlässlich,
> die rechtliche und soziale Stellung dieser für längere Zeit in der Schweiz anwe-
> senden Arbeitskräfte neu zu überprüfen und den gegenwärtigen Erfordernissen
> anzupassen (Schweizerischer Bundesrat, 1964, S. 1002).

Der Soziologe Hettlage (1984) bringt diese neue Einsicht treffend auf
den Punkt: „Sporadisch blitzt den Gastgebern die Erkenntnis auf, dass
die Sache mit den Gästen doch auf einem Missverständnis beruhen
muss" (Hettlage, 1984, S. 343).

Im Jahre 1965 wurde, im Anschluss an das Abkommen zwischen
der Schweiz und Italien, die erste Volksinitiative gegen Überfremdung
eingereicht. Die Initianten verlangten, dass der Ausländeranteil 10%
der gesamten Wohnbevölkerung nicht überschreitet (Mahnig &
Piguet, 2003, S. 75). Die Initiative wurde im März 1968 zurückgezo-
gen, da der Bundesrat Massnahmen zur Reduktion der Anzahl von
Ausländerinnen und Ausländern ankündigte (ebd., S. 76). 1967 wurde
die zweite Initiative (Schwarzenbach-Initiative) eingereicht, die noch
restriktiver als die erste war (ebd., S. 77). Sie wurde knapp verwor-
fen.[2] Ab diesem Zeitpunkt verfolgte die Regierung laut Mahnig und
Piguet (ebd., S. 79) eine „Stabilisationspolitik", d.h. es waren jährliche
Einwanderungsquoten festgelegt. Im Jahre 1970 wurde die EKA (Eidgenössische Ausländerkommission) gegründet, um „in Zeiten von
Überfremdungsdiskussionen und -initiativen fachliche und sachliche
Beratung für einen emotionell geführten politischen Diskurs zu erhalten" (Steiner, 2006, S. 94). Sie verwaltet heute den Integrationskredit

---

1 SR 0.142.114.548
2 Bis zum Jahre 1974 folgten weitere Initiativen (Treibel, 1999, S. 177).

des Bundes (ebd.). Die EKA sah insbesondere die „Eingliederung der Ausländer" als Ziel für ein besseres Zusammenleben zwischen ausländischen und einheimischen Personen und distanzierte sich vom Begriff der Assimilation, welcher die politische Debatte damals prägte (Steiner, 2006, S. 94). Die Kommission definierte „Eingliederung" folgendermassen:

Unter Eingliederung verstehen wir die Aufnahme der Ausländer in unsere Gemeinschaft im Bereiche der menschlichen und gesellschaftlichen Beziehungen. Der Ausländer soll ein ebenbürtiges Mitglied unserer Gesellschaft werden, sich bei uns heimisch fühlen und an unserem Gesellschaftsleben teilnehmen können. Dabei soll er seine angestammte kulturelle Eigenart nicht verlieren und seine Staatszugehörigkeit nicht aufgeben müssen (Eidgenössische Kommission für Ausländerprobleme, 1976, S. 94; zitiert in Steiner, 2006, S. 94).

„Eingliederung" wurde schon damals als gesamtgesellschaftliche Aufgabe betrachtet (Steiner, 2006, S. 95).

Seit 2001 unterstützt die EKA konkrete Integrationsprojekte, obschon die Organisation selbst auf eine Definition von „Integration" verzichtet. In einem Papier wird die Bedeutung des Begriffs nur angedeutet: „Integration bedeutet [...], dass die verschiedenen Teile der Gesellschaft, aber auch die einzelnen Menschen zum Gelingen des gemeinschaftlichen Handelns beitragen" (Eidgenössische Ausländerkommission, 2004, o.S.).

Im „Bundesgesetz über die Ausländerinnen und Ausländer" vom 16. Dezember 2005, welches im Jahr 2008 in Kraft getreten ist, ist dem Thema „Integration" ein Artikel (Art. 4) gewidmet. In vier Punkten wird konkretisiert, was unter Integration verstanden werden soll. In Punkt eins wird das Ziel der Integration dargelegt, in Punkt zwei die Funktion der Integration („[...] soll längerfristig und rechtmässig anwesenden Ausländerinnen und Ausländern ermöglichen, am wirtschaftlichen, sozialen und kulturellen Leben der Gesellschaft teilzuhaben"), in Punkt drei wird betont, dass auch die „Offenheit der schweizerischen Bevölkerung" eine Voraussetzung von Integration ist, und in Punkt vier ist das Lernen einer Landessprache als Voraussetzung für „Integration" angeführt.

Zusammenfassend lässt sich sagen, dass die Migrationspolitik der Schweiz ab dem Zweiten Weltkrieg geprägt war von der Vorstellung eines temporären und provisorischen Aufenthaltes von Zuziehenden. Diese Vorstellung führte laut Niederberger (2004, S. 41) zu einer „Politik der Nicht-Integration". Die Annahme des provisorischen Charakters der Migration musste in den 1960er Jahren jedoch revidiert werden. Ab dann bestand von Seiten des Aufnahmelandes ein Interesse an einer „Integration" der Zuziehenden (vgl. Wicker, 2003, S. 47), und es sind mit der Einrichtung der EKA auch erste Bemühungen in Richtung einer „Eingliederung" von Migrantinnen und Migranten auszumachen. Ab Ende der 1960er Jahre prägten verschiedene Initiativen zur Reduzierung des Ausländeranteils das politische Klima und erschwerten vielen Migrantinnen und Migranten den Aufenthalt in der Schweiz.

Der Begriff der „Integration" blieb sowohl in der politischen als auch in der wissenschaftlichen Diskussion vage und normativ (vgl. Imbusch & Rucht, 2005, S. 66).

2.1.2 Sozialintegration nach Hartmut Esser

Der Soziologe Hartmut Esser hat sich in zahlreichen Veröffentlichungen der Frage der „Integration" von Migrantinnen und Migranten gewidmet. In seinem 2006 erschienenen Werk thematisiert er den Zusammenhang von Sprache und Integration (Esser, 2006). Da der Ansatz von Esser in der Wissenschaftsgemeinde eine hohe Bedeutung hat und viele Kontroversen auslöste bzw. immer noch auslöst (siehe zum Beispiel Amos, 2006; Mecheril, 2006; Opielka, 2006; Pries, 2006), soll er im folgenden Abschnitt dargestellt und diskutiert werden.

In einer allgemein gehaltenen Definition spricht Esser (2006, S. 23) von Integration als „Existenz von systematischen Beziehungen von Teilen zueinander und in Abgrenzung von einer Umgebung, woraus diese Beziehungen auch immer bestehen." Esser verwendet in Bezug auf Individuen den Begriff der „Sozialintegration" und in Bezug auf soziale Systeme den Ausdruck „Systemintegration". An dieser Stelle sollen nur seine Überlegungen zur Sozialintegration dargestellt werden. Sozialintegration bedeutet „die Beteiligung von individuellen Akteuren an bereits bestehenden sozialen Systemen und den sich daraus ergebenden Eigenschaften, Fertigkeiten und Ressourcen" (Esser, 2006, S. 24). Integrationsbezüge können zum einen die ethnische Gruppe, zum anderen die Aufnahmegesellschaft oder auch beide sein.[3] Esser unterscheidet je nach Art der Bezüge zwischen folgenden Typen der individuellen Sozialintegration: Multiple Inklusion (Integration in ethnische Gruppe und Aufnahmegesellschaft), Segmentation (Integration in ethnische Gruppe, aber nicht in Aufnahmegesellschaft), Assimilation (Integration in Aufnahmegesellschaft, aber nicht in ethnische Gruppe), Marginalität (Integration weder in ethnische Gruppe noch in Aufnahmegesellschaft) (ebd., S. 25). Esser geht davon aus, dass in Bezug auf „intergenerationale Integration" nach wie vor eine Tendenz zur Assimilation bestehe (ebd., S. 27). Diese Einschätzung von Esser wird verschiedentlich kritisiert (vgl. Mecheril, 2006). Assimilation ist laut Esser (2001, S. 18) eine Art „Angleichung der ethnischen Gruppen, etwa im Verlaufe mehrerer Generationen". Esser betont, dass sein Konzept der Assimilation rein deskriptiv und nicht normativ sei (vgl. Esser, 2001, S. 18; Kalter, 2003, S. 329).

Als die vier Grundprozesse der individuellen Sozialintegration nennt Esser (ebd., S. 27) Kulturation (Übernahme von Wissen, Fertigkeiten, Lebensstil), Platzierung (Rechte, Bildung, Einkommen), Interaktion (Freundschaften, Familie, Heirat) und Identifikation (Identität, Solidarität, Werte).

Die Ansätze von Esser werden zum Teil als „neo-assimilationistisch" bezeichnet (vgl. Baros, 2006, S. 61; Nieke, 2006, S. 44), da sie das Konzept der Assimilation, welches das Wissenschaftsfeld bis in die 1960er Jahre beeinflusste[4] (vgl. Wicker, 1996, S. 23), wieder in den wissenschaftlichen Diskurs einbringen. Bommes (2005, o. S.) bezeichnet Esser als „assimilationist", Giordano (1984, S. 439) spricht in einem frühen Text von „integrationistischen Theorien", von denen er sich als Ethnosoziologe abgrenzt. Er kritisiert insbesondere die An-

---

3   In einem früheren Text spricht Esser (2001, S. 19) von Integration in *drei* verschiedene Systeme: Aufnahmegesellschaft, ethnische Gemeinde im Aufnahmeland und Herkunftsland. In seinem Werk von 2001 fasst er in seinem Vierfelderschema die Sozialintegration in die Herkunftsgesellschaft und ethnische Gemeinde jedoch zu *einem* Bezugspunkt zusammen.

4   Für eine Übersicht zu früheren Assimilationstheorien siehe z. B. Treibel (1999) oder Hettlage (1984).

nahme eines unilinearen Charakters von „Akkulturationsmechanismen" sowie die Unumgänglichkeit der „kulturellen Uniformierung einer Gesamtgesellschaft" (ebd., S. 457). Der Autor stellt demnach „Assimilation", wie sie Esser versteht, in Frage. An dieser Stelle muss jedoch angemerkt werden, dass der Text von Giordano aus dem Jahre 1984 stammt. In den neueren Texten von Esser (2006, S. 27) ist nicht von der Unumgänglichkeit der Assimilation die Rede, sondern nur von der Tendenz zur Assimilation im intergenerationalen Verlauf.

Auch in neueren Arbeiten wird das Wiederaufleben des Konzeptes der „Assimilation" kritisiert (vgl. Amos, 2006; Mecheril, 2006). Hauptkritikpunkt ist in diesen Texten, wie bereits bei Giordano (1984), die Annahme von Esser, dass es für Migrantinnen und Migranten in der Regel keine Alternative zur Assimilation gebe (vgl. Bommes, 2005, o.S.). Nach Bommes (ebd.) ist diese Kritik jedoch unberechtigt, da Assimilation ein per se unausweichlicher Prozess sei, da Individuen, wenn sie sich innerhalb von Organisationen bewegen, bestimmte Rollenerwartungen erfüllen müssen. In der Konklusion von Bommes heisst es deshalb: „This is to say that all individuals in modern society must assimilate" (Bommes, 2005, o.S.). Das Problem der Kritik von Bommes scheint die fehlende Übereinstimmung seines Assimilationsbegriffs mit demjenigen von Esser zu sein. Assimilation bedeutet bei Esser (2001, 2006), wie bereits erwähnt, eine Integration *ausschliesslich* in die Aufnahmegesellschaft. Der Assimilationsbegriff bei Bommes ist hingegen vager und undifferenzierter, da keine Aussagen zur „Sozialintegration" in den Herkunftskontext bzw. die ethnische Gruppe gemacht werden.

An der Kritik von Bommes (2005) wird deutlich, dass eine unterschiedliche Verwendung von Begrifflichkeiten und eine Vermischung von Alltagsbedeutungen und wissenschaftlichen Definitionen von „Integration" und „Assimilation" zu Schwierigkeiten bei der Beurteilung von Ansätzen führen.

Bei Esser wird nicht zwischen positiver und negativer Integration unterschieden. Ansätze, welche dies tun (z. B. Imbusch & Rucht, 2005, S. 61), könnten deshalb die Perspektive von Esser erweitern und ergänzen. Imbusch und Rucht (ebd.) warnen vor einer vorschnellen Gleichsetzung von Stabilität und Integration bzw. von Integration und Konfliktfreiheit. Sie vertreten die Position, dass es einerseits eine positive Integration gibt, die Stabilität und Sicherheit zur Folge hat, andererseits aber auch eine negative Integration, die Zwang und Kontrolle bedeutet. Ausserdem unterscheiden sie zwischen positiver Desintegration (verbunden mit sozialem Wandel und innovativen Abweichungen) und negativer Desintegration (Ausgrenzung und Gewalt) (ebd., S. 19).

Eine zusätzliche neue Perspektive ist in Überlegungen zu finden, die das Zusammengehen von Integration und Ausschluss betonen, wie dies Mäder (2005, S. 95) am Beispiel der Armutsforschung erläutert. Ein Ausschluss aus der Erwerbsarbeit kann zum Beispiel zugleich eine Möglichkeit bieten, sozial integrierter zu werden. Ausschluss kann demnach Integration fördern.

Esser beschäftigt sich hauptsächlich mit dem Typus derjenigen Migrantinnen und Migranten, deren Aufenthalt im Aufnahmeland dauerhaft ist. In der Typologie von Pries (2006, S. 20) entspricht diese Art der Migration dem Idealtypus der Emigration/Immigration. Pries (ebd.) unterscheidet weitere Idealtypen. Es sind dies die Rückkehrmigration, die Diaspora-Migration und die Transmigration (ebd.). Je nach Migrationstypus ergeben sich unterschiedliche Bezüge zum Herkunfts- und Aufnahmeland. Mit dem Ausdruck „Transmigration" haben sich ab den 1990er Jahren in der Migrationsforschung neue Ansätze etabliert. Diese sollen im folgenden Kapitel dargestellt werden.

2.1.3 Transnationalismus und Ethnizität

Im Folgenden wird zum einen der Transnationalismusansatz, in welchem Migration neu konzipiert wurde, vorgestellt und kritisch diskutiert. Zum anderen wird auf Ansätze zur Ethnizität eingegangen, da diese in den bisherigen Arbeiten zu Alter und Migration eine bedeutende Rolle spielen (z. B. bei Dietzel-Papakyriakou, 1993b).

Der Transnationalismusansatz

Anfang der 1990er Jahre stellten Glick-Schiller, Basch und Blanc-Szanton (1992b) einen neuen Ansatz der Migrationsforschung vor, den so genannten Transnationalismusansatz. Die Vertreterinnen und

Vertreter dieser Perspektive gehen davon aus, dass bei Migrantinnen und Migranten ein neuer Typus entstehe, nämlich die „Transmigrantin" bzw. der „Transmigrant". Bisherige Konzepte seien davon ausgegangen, dass jemand dauerhaft seinen Wohnort verlasse und sich an einem neuen Ort mehr oder weniger definitiv niederlasse. Neuere Entwicklungen hingegen zeigten, dass es sich beim neuen Typus von Migrantinnen und Migranten um Personen handle, die zahlreiche Beziehungen sowohl zum Herkunfts- als auch zum Aufnahmeland pflegten. Transnationalismus wird von Glick-Schiller, Basch und Blanc-Szanton definiert als „the processes by which immigrants build social fields that link together their country of origin and their country of settlement" (1992b, S. 1). Die Autorinnen (Glick-Schiller, Basch & Blanc-Szanton, 1995, S. 58) sind der Ansicht, dass die Signifikanz nationaler Grenzen abnehme. Migration wird in diesem Ansatz nicht mehr als unidirektionale Verschiebung des Lebensmittelpunktes verstanden, sondern als multidirektionaler Prozess. Die Akteurinnen und Akteure halten am Zielort ihre Verbindung zum Herkunftsort in vielfältiger Weise aufrecht und organisieren ihr Leben deshalb „zwischen zwei oder gar mehreren Kulturen" (Kalter, 2003, S. 327, Hervorhebung im Original). Der Fokus liegt bei den Ansätzen des Transnationalismus deshalb auf den transnationalen Kontakten der Migrantinnen und Migranten, d.h. auf dem Prozess der „migrancy" anstatt auf „migration" (vgl. Harney & Baldassar, 2007, S. 195).

Faist (2000, S. 195) spricht vom Bedeutungszuwachs der so genannten „transnational social spaces", mit welchen er transnationale Verwandtschaftsgruppen, transnationale wirtschaftliche Organisationen und transnationale Gemeinschaften wie zum Beispiel Diaspora-Gemeinschaften meint. Er (ebd., S. 211) kritisiert an bisherigen Assimilationskonzepten die Vorstellung, dass im Aufnahmeland eine in sich abgeschlossene Kultur bestehe. Er gebraucht für diese Sichtweise den Ausdruck „container concept of culture". Im „container concept of culture" werde Kultur als etwas betrachtet, das geographisch an einen bestimmten Raum gebunden sei, auf einer gemeinsamen Sprache beruhe und statisch sei (ebd., S. 215). Faist (ebd., S. 214) geht hingegen eher davon aus, dass es bei transnationaler Migration zu einer Vermischung von kulturellen Elementen, d.h. zu einer Art „transnationalem Synkretismus" (transnational syncreticism), kommt.

Er schreibt hierzu: „Fluidity and not fixity, spatiality and not locality mark this notion" (Faist, 2000, S. 215).

Treibel (1999, S. 236) kritisiert den Transmigrationsansatz, da er die sozialen, rechtlichen und ökonomischen Bedingungen der Migration aus den Augen verliere und zum Beispiel die Fluchtmigration ausschliesse. Andere Autorinnen und Autoren (vgl. Lauria-Perricelli, 1992, S. 252; Portes, Guarnizo & Landolt, 1999, S. 218) betonen, dass „Transnationalismus" keine so neue Sichtweise sei, wie dies in den Ansätzen von Glick-Schiller und ihrem Forschungsteam dargestellt werde. Ansätze, die transnationale Aspekte von Migration betonen, finden sich im europäischen Kontext zum Beispiel bei Giordano (1984), der bereits 1984 auf die transnationalen Bezugspunkte von italienischen Gastarbeiterinnen und Gastarbeitern und auf die Rolle des Pendelns aufmerksam machte.

Ethnizität und Ethnisierung

Treibel (1999, S. 186) gibt in ihrem Überblickswerk eine knappe Definition von Ethnizität. Sie versteht unter diesem Begriff „weniger die faktische als die gefühlsmässige Volkszugehörigkeit". Die Theoretiker der Chicagoer Schule gingen Anfang des letzten Jahrhunderts aufgrund des Assimilationskonzeptes noch davon aus, dass ethnische Identifikationen spätestens in der zweiten oder dritten Einwanderer-Generation verschwinden würden. Entgegen dieser Annahme hat sich aber gezeigt, dass dies nicht der Fall ist (Treibel, 1999, S. 188). Zur Erklärung dieses Phänomens bieten sich zwei Ansätze an: eine Interpretation von Ethnizität als Persönlichkeitsmerkmal oder eine Interpretation, die eher die Konstruktion von Ethnizität, d.h. den Prozess der Ethnisierung, hervorhebt (ebd., S. 199).

In Bezug auf Ethnizität und Ethnisierung vertreten Bukow und Llaryora (1998) einen Ansatz, der sich an der Labeling-Theorie orientiert. Sie sprechen von „Ethnisierung" als einem Konstruktionsprozess. Die Autoren gehen davon aus, dass ethnische Differenzen in „fortgeschrittenen Industriegesellschaften" belanglos sind (Bukow & Llaryora, 1998, S. 52). Ethnizität ist nicht einfach etwas Gegebenes, sondern wird erzeugt, indem eine Bevölkerungsgruppe als fremd etikettiert wird und sich aufgrund dieser Etikettierung letztendlich selber

„ethnisiert" (ebd., S. 19). „Was liegt dann näher, als sich der individuellen Vergangenheit zuzuwenden, die lebensgeschichtlichen Bezüge überprägnant zu reaktivieren" (ebd., S. 98). Kulturelle Unterschiede gibt es nach Meinung von Bukow und Llaryora per se nicht. Diese These halten z. B. Treibel (1999, S. 204) und Karrer (2002, S. 11) für überspitzt. Sie sind beide der Meinung, dass der Prozess der Ethnisierung nicht unterschätzt werden könne, dass Ethnizität aber auch nicht alleine durch Zuschreibungsprozesse erklärt werden könne. In der vorliegenden Arbeit wird von einer ähnlichen Position ausgegangen, wie sie Treibel (1999) und Karrer (2002) vertreten: Ethnische Unterschiede sind teilweise, aber nicht gänzlich konstruiert.

2.1.4 Spezialfall Altern in der Migration

Was bedeutet „Integration" für ältere Migrantinnen und Migranten? Welche Bezugspunkte (Aufnahmekontext? Ethnische Gruppe?) weist „Integration" bei dieser Gruppe von Personen auf?

Dietzel-Papakyriakou (1993b, S. 19) verwendet in ihrer Habilitation ein dynamisches Konzept von Ethnizität. Sie untersucht das Verschwinden und Wiederaufleben von Ethnizität bei älteren Arbeitsmigrantinnen und Arbeitsmigranten, die rückkehrorientiert sind. Die Rückkehrorientierung dieser Migrantinnen und Migranten begünstigt die Bildung so genannter ethnischer Kolonien (ebd.) bzw. die „ethnische Insulation", d.h. diese Menschen haben vor allem innerethnische Kontakte. Auch Heinz (2000, S. 103) stellt diesen Zusammenhang zwischen Rückkehrorientierung und innerethnischen Netzwerken fest.

Die US-amerikanische Forschung machte bei älteren Migrantinnen und Migranten allgemein einen „ethnischen Rückzug" im Alter aus, den auch Dietzel-Papakyriakou (1993b, S. 11) in ihrer Untersuchung vorfand.

Aufgrund der obigen Anmerkungen zur Bedeutung der ethnischen Insulation im Alter geht Dietzel-Papakyriakou (1993b, S. 1) davon aus, dass Sozialintegration bei älteren Migrantinnen und Migranten nur eine Integration in die eigenen ethnischen Bezüge sein könne und solle. Im Sinne von Esser könnte man hier vom Typus der „Segmentation" sprechen (individuelle Sozialintegration in die ethnische Gruppe, aber nicht in die Aufnahmegesellschaft).

Da sich Dietzel-Papakyriakou (1993b) in ihrer Habilitation mit einer speziellen Gruppe, nämlich den Arbeitsmigrantinnen und -migranten, befasst, sind ihre Überlegungen auch nur für diesen Typus von Migrantinnen und Migranten gültig. Offen bleibt die Frage, ob der ethnische Rückzug im Alter, wie ihn Dietzel-Papakyriakou (ebd.) bei der von ihr untersuchten Gruppe festgestellt hat, auch bei anderen Migrationsgruppen vorzufinden ist.

2.1.5 Fazit

In den vorherigen Abschnitten wurde zum einen die traditionelle Integrationstheorie von Esser vorgestellt, andererseits wurden weiterführende Konzepte des Transnationalismus und der Ethnizität bzw. Ethnisierung diskutiert. In einem letzten Abschnitt wurde darauf eingegangen, welche Bedeutung Ethnizität bei älteren Migrantinnen und Migranten haben kann.

In der vorliegenden Arbeit wird ein Konzept der Integration vertreten, welches sich hauptsächlich mit demjenigen der „individuellen Sozialintegration" bei Esser (2001, 2006) deckt. Zudem wird unter Bezugnahme auf den Transnationalismusansatz versucht, die transnationalen Bezugspunkte der älteren Migrantinnen und Migranten im empirischen Teil nicht aus den Augen zu verlieren. Ausserdem soll der Frage des ethnischen Rückzugs Aufmerksamkeit geschenkt werden.

2.2 Intergenerationelle Unterstützung

Im Folgenden werden theoretische Ansätze zu intergenerationellen Unterstützungsbeziehungen dargestellt, die für die vorliegende Arbeit von Bedeutung sind. Dabei geht es um „familiäre Generationen" und nicht um „historisch-gesellschaftliche Generationen" (zur Unterscheidung dieser zwei Generationentypen siehe z. B. Attias-Donfut & Arber, 2000, S. 9; Höpflinger, 1999, S. 6; Jureit, 2006, S. 10; Szydlik, 2000, S. 19–23).

Familiäre Generationen sind nach Szydlik (2000, S. 21) auf der Mikroebene zu verorten. Sie bezeichnen die „Glieder der Abstammungslinien (lineage): Enkel, Kinder, Eltern, Grosseltern usw." (ebd., S. 21) oder nach Höpflinger (1999, S. 9) „Abfolgen von Familienangehörigen". Laut Szydlik (2000, S. 21) werden die Generationenbeziehungen oft in Dyaden (zwei Mitglieder familiärer Generationen) oder Triaden (drei Mitglieder familiärer Generationen) analysiert.

Historisch-kulturelle Generationen meinen „gesamtgesellschaftliche Gruppierungen [...], denen historisch, kulturell oder sozial spezifische Gemeinsamkeiten zugeordnet werden" (Höpflinger, 1999, S. 10).

In einem ersten Unterkapitel (2.2.1) werden zwei familiensoziologische Ansätze diskutiert, die intergenerationelle Beziehungen erklären. Im zweiten Teil (Kapitel 2.2.2) werden theoretische Überlegungen zu intergenerationellen Unterstützungsbeziehungen dargestellt, d.h. es wird insbesondere der Frage nachgegangen, weshalb Hilfeleistungen zwischen den Generationen zustande kommen und weshalb nicht. In einem dritten Teil (Kapitel 2.2.3) werden die theoretischen und empirischen Erkenntnisse zu intergenerationellen Unterstützungsbeziehungen bei Migrantinnen und Migranten dargelegt. Das Fazit (Kapitel 2.2.4) fasst zusammen, welche Erkenntnisse aus bisherigen Theorien für die vorliegende Arbeit von Bedeutung sind.

2.2.1 Intergenerationelle Beziehungen

Für die Analyse von intergenerationellen Beziehungen im Alter sind insbesondere zwei Ansätze erwähnenswert: Der Solidaritätsansatz und der Ambivalenzansatz. Diese beiden Ansätze und ihre Weiterentwicklungen werden in der Folge dargestellt. Der Solidaritätsansatz ist insbesondere auf Bengtson (Bengtson, 1975; Bengtson & Roberts, 1991) zurückzuführen und bestimmte die Analyse intergenerationeller Beziehungen über Jahrzehnte. Der Ambivalenzansatz wurde im Jahre 1998 von Lüscher und Kollegen (Lüscher, 2000, 2002; Lüscher & Liegle, 2003; Lüscher & Pillemer, 1998) als Alternative zum Solidaritätsansatz propagiert.

Der Solidaritätsansatz

Das Konzept der Solidarität wurde Anfang der 1970er Jahre von einer Forschergruppe um Bengtson in die Generationenforschung eingebracht (Giarrusso, Silverstein, Gans & Bengtson, 2005, S. 414; Lüscher & Liegle, 2003, S. 264). Bengtson formulierte eine erste Version seines Solidaritätsansatzes im Jahre 1975 (Bengtson, 1975). Er unterscheidet zu diesem Zeitpunkt zwischen drei Dimensionen der Solidarität. In späteren Publikationen (Bengtson & Roberts, 1991, S. 857) differenziert er zwischen den folgenden sechs Dimensionen von „intergenerationeller Solidarität" in Eltern-Kind-Beziehungen:

- Associational solidarity: Häufigkeit und Art der Interaktionen zwischen den Familienmitgliedern

- Affectual solidarity: Art der positiven Gefühle, die zwischen den Familienmitgliedern bestehen

- Consensual solidarity: Übereinstimmung in zentralen Werten und Vorstellungen

- Functional solidarity: Hilfe- und Austauschbeziehungen

- Normative solidarity: Stärke des „Commitments" bezüglich familiärer Rollen und familiärer Verpflichtungen

- Structural solidarity: Opportunitätsstrukturen für intergenerationelle Beziehungen (Anzahl Familienmitglieder, geographische Nähe zwischen den Generationen etc.)

Bengtson gibt in seinen Werken keine allgemeine Definition von Solidarität, er führt jeweils lediglich die sechs Dimensionen mit ihren Operationalisierungen auf. Diese Dimensionen wurden in zahlreichen Studien verwendet, u.a. auch in ländervergleichender Perspektive, wobei insbesondere die OASIS-Studie „Old Age and Autonomy: The Role of service systems and intergenerational family solidarity" zu nennen ist (Lowenstein, 1999, 2002, 2005, 2007; Lowenstein & Daatland, 2006; Lowenstein & Ogg, 2003). In die erwähnte Studie wurden sowohl der Solidaritäts- als auch der Ambivalenzansatz als theoretische Bezugspunkte integriert.

Ein wichtiges Anliegen des Solidaritätsansatzes ist die Erforschung und Erklärung von Zusammenhängen zwischen den verschiedenen Dimensionen der Solidarität (vgl. Bengtson & Roberts, 1991). Konsens zwischen Eltern und Kindern führt z. B. nicht, wie ursprünglich angenommen, zu höherer „affectual solidarity" bzw. höheren Werten bei der „associational solidarity" (ebd., S. 860). Opportunitätsstrukturen (structural solidarity), wie zum Beispiel die geographische Distanz, vermindern die „associational solidarity" und die „functional solidarity" (ebd., S. 861). Dem Zusammenhang zwischen struktureller Solidarität und funktionaler Solidarität widmete sich auch Baldassar (Baldassar, 2007; Baldassar & Baldock, 2000) in ihren Studien zu transnationalen Unterstützungsbeziehungen von älteren Migrantinnen und Migranten. Sie stellt mit ihren Ergebnissen in Frage, dass geographische Nähe eine in jedem Fall notwendige Voraussetzung von „caregiving" ist, da sie in ihren Studien umfangreiche Unterstützungsbeziehungen auf Distanz feststellen konnte.

Bengtson und sein Forschungsteam erweiterten ihr Konzept später, indem sie auch den „Konflikt" in das Modell einbrachten und auf negative Wirkungen von Solidarität aufmerksam machten (vgl. Silverstein, Chen & Heller, 1996).

Während auf der einen Seite vielfach betont wurde, dass das Konzept ein brauchbares Instrument ist, um familiäre Beziehungen zu untersuchen (vgl. Lowenstein & Ogg, 2003), wurde auf der anderen Seite Kritik am Begriff „Solidarität" laut, da er normativ sei und Konsens impliziere (vgl. Connidis & McMullin, 2002, S. 558; Lowenstein, 1999, S. 101). Ausserdem werden die zu einfachen Operationalisierungen der Solidaritätsdimensionen kritisiert (vgl. Lüscher & Liegle, 2003, S. 268). Szydlik (2000, S. 36) bemerkt zudem, dass die drei Dimensionen der strukturellen, normativen und konsensuellen Solidarität missverständlich seien und sich auf einen zu breiten Solidaritätsbegriff beziehen würden (vgl. auch Grünendahl & Martin, 2005, S. 247).

Szydlik (2000, S. 39) unterscheidet in seinen Arbeiten deshalb nur noch zwischen funktionaler, affektiver und assoziativer Solidarität.

Die Einbeziehung der Konfliktebene wird ebenfalls kritisiert (vgl. Connidis & McMullin, 2002, S. 560), da Konflikt eher auf der Einstellungs- als auf der Verhaltensebene gemessen werde.

Trotz dieser Kritiken wurde der Ansatz vielfach verwendet und als nützlich beurteilt, insbesondere bei der Analyse ländervergleichender Unterschiede.

Der Ambivalenzansatz

Lüscher und Pillemer (1998) stellten in einem Artikel im Jahre 1998 den Ambivalenzansatz zum ersten Mal vor. Die beiden Autoren machten damals darauf aufmerksam, dass es erst einmal um eine „general orientation" gehe und die vorgeschlagene Definition von Ambivalenz eine „working definition" sei (Lüscher & Pillemer, 1998, S. 414). Die Betonung der Vorläufigkeit und Unfertigkeit des Konzeptes wird auch in einer Aussage von Lüscher (2002) in einem vier Jahre später erschienenen Artikel deutlich. Lüscher (ebd., S. 585) erwähnt dort, dass die Herausforderung der Ambivalenz in seiner Ambiguität liege. Lüscher und Pillemer stellten den Ambivalenzansatz als Alternative zum Solidaritätsansatz, der die theoretische Diskussion um familiäre Beziehungen im späteren Leben[5] bisher prägte, dar (ebd.).

Die beiden Autoren schlagen folgende Definition von intergenerationeller Ambivalenz vor: „As a general concept, we use the term ‚intergenerational ambivalence' to designate contradictions in relationships between parents and adult offspring that cannot be reconciled" (Lüscher & Pillemer, 1998, S. 416).

Vier Jahre später konkretisiert Lüscher diese Definition. Ambivalenz liege vor, „when polarized simultaneous emotions, thoughts, social relations, and structures that are considered relevant for the constitution of individual or collective identities are (or can be) interpreted as temporarily or even permanently irreconcilable" (Lüscher, 2002, S. 587). Die Interpretation, ob eine Ambivalenz vorliegt, könne durch die Betroffenen selbst oder durch Dritte erfolgen (Lüscher &

---

5   Die Autoren (Lüscher & Pillemer, 1998, S. 417) sprechen jeweils von „parent-child relations in later life".

70

Liegle, 2003, S. 288). Ambivalenzen sind laut Lüscher (2002, S. 587) unvermeidlicher Teil des Alltags und nicht notwendigerweise als negativ zu betrachten.

Nach Lüscher können Ambivalenzen auf einer institutionellen und auf einer individuellen Ebene verortet werden. Bei ersteren geht es z. B. um Rollenkonflikte, bei letzteren z. B. um emotionale und motivationale Ambivalenzen (Lüscher & Pillemer, 1998, S. 416). Um den Zusammenhang zwischen den zwei Ebenen zu verdeutlichen, entwickelten die Autoren ein Modell der Generationenambivalenz, welches aus vier Feldern besteht und die Beziehungen zwischen Eltern und Kindern verdeutlicht. Auf der individuellen Ebene wird zwischen Konvergenz und Divergenz unterschieden, innerhalb der institutionellen Dimension zwischen Innovation und Reproduktion (siehe Tabelle 3).

Tabelle 3: Modell der Generationenambivalenz

	Institutionelle Dimension	
Individuelle Dimension	*Innovation*	*Reproduktion*
Konvergenz *Ähnlichkeit, Nähe*	Emanzipation (einvernehmlich entwickeln)	Solidarität (übereinstimmend bewahren)
Divergenz *Differenz, Distanz*	Atomisierung (unversöhnlich lossagen)	Kaptivation (uneinig ausharren)

Quelle: Eigene Darstellung in Anlehnung an eine Grafik von Lüscher (2002, S. 588)[6]

Im Jahre 2002 wurden in der Zeitschrift „Journal of Marriage and the Family" ausführliche Kontroversen zum Solidaritäts- und Ambivalenzansatz geführt (vgl. Bengtson, Giarrusso, Mabry & Silverstein, 2002; Connidis & McMullin, 2002; Lüscher, 2002; Pillemer & Suitor, 2002). Kritik am Ambivalenzansatz wurde auf der einen Seite von Vertretern des Solidaritätsansatzes laut, die Ambivalenz als Ergänzung zum bestehenden Solidaritätsparadigma und weniger als Ersetzung dieses Ansatzes betrachteten (vgl. Bengtson et al., 2002, S. 570). Von Seiten der Solidaritätstheoretiker wird darauf hingewiesen, dass Ambivalenz einerseits von früheren Konzepten (z. B. von Rollen-

---

6   Eine ähnliche Darstellung des Modells von Lüscher als Vierfeldertabelle findet sich bei Heuer (2004, S. 97).

konflikttheorien) abgegrenzt und andererseits messbar gemacht werden müsse (vgl. Bengtson et al., 2002, S. 574).

Andere Autoren kritisieren am Ambivalenzansatz die fehlende Einbeziehung von Macht in sozialen Beziehungen (vgl. Connidis & McMullin, 2002, S. 561). Heuer (2004) erweitert das Ambivalenzmodell um diesen Aspekt, wobei er Macht definiert als

> [...] die Fähigkeit zur Realisierung des Ressourcenpotentials, jemanden anderen befähigen bzw. einschränken (oder mit ihm zusammen in den Strom der Ereignisse eingreifen) zu können, wodurch Machtstrukturen zugleich hergestellt und reproduziert werden (Heuer, 2004, S. 98).

Szydlik (2000, S. 40) beurteilt den Ambivalenzansatz in positiver Weise als „fruchtbare Hypothese". Es werde deutlich, dass Generationenbeziehungen gleichzeitig harmonisch und konfliktbeladen sein und Widersprüche beinhalten können.

2.2.2 Intergenerationelle Unterstützung im Alter

Empirisch gut belegt ist die hohe Bedeutung der familiären Unterstützung bei älteren Personen (vgl. Blaumeiser & Klie, 2002, S. 159; Lowenstein, 1999, S. 402; Mancini & Blieszner, 1989, S. 279). Als Hauptunterstützende sind Partnerinnen und Partner bzw. Ehepartnerinnen und -partner, erwachsene Kinder und zum Teil sogar Enkelkinder zu nennen (ebd.).

Warum aber wird Unterstützung geleistet? Diese Frage kann aus unterschiedlichen Perspektiven beleuchtet werden: Wird eine strukturelle Sicht eingenommen, so richtet sich ein zentraler Fokus auf das Verhältnis zwischen privaten und öffentlichen Leistungen und die Auswirkungen bzw. Nicht-Auswirkungen öffentlicher Leistungen auf private Unterstützungsbereitschaft (zum Verhältnis dieser beiden Leistungsbereiche siehe z. B. Künemund & Rein, 1999). Auf der Ebene des Individuums geht es eher darum, die „Motive" für intergenerationelle Unterstützungsleistungen zu verstehen (vgl. Künemund & Motel, 2000, S. 122). Im Folgenden werden theoretische Ansätze vorgestellt, die sich mit diesen Motiven beschäftigen.

Der Begriff „Motiv" stammt vom Lateinischen „motivum", was so viel wie „bewegend" heisst. Unter Motiv kann deshalb „Beweggrund" oder „Antrieb" für eine Handlung verstanden werden. Diese Bedeutung soll für die folgenden Zeilen verwendet werden.

Kohli und Künemund (2003, S. 125) stellen sich im Rahmen eines Buchbeitrags die Frage, weshalb Motive bei der Untersuchung von intergenerationellen Unterstützungsleistungen analysiert werden sollen. Die beiden Autoren sind sich bewusst, dass der Zusammenhang zwischen Motiven und tatsächlichen Handlungen nicht perfekt ist, dass es aber gleichwohl Sinn macht, Motive zu untersuchen, da so genannte objektive Kriterien (z. B. soziodemographische Charakteristiken von Gebenden und Empfangenden) alleine nicht ausreichen würden, um Unterstützung zu erklären (ebd.). Sie betonen ausserdem, dass bestimmten Handlungen jeweils mehrere Motive zugrunde liegen, die sich auch widersprechen können (vgl. Kohli & Künemund, 2003, S. 126; Künemund & Motel, 2000, S. 134).

Wie Motive forschungsmethodisch am besten erfasst werden sollen, darüber bestehen unterschiedliche Sichtweisen. Spector und Kitsuse (1987, S. 91 f.) zum Beispiel machen auf die Problematik von direkten Fragen nach Motiven aufmerksam. Künemund und Motel (2000, S. 129 f.) wendeten hingegen ebendiese Strategie an und fragten in ihrer Untersuchung die Betroffenen direkt nach vier Motiven für Unterstützungsleistungen (Zuneigung, Reziprozität, Verpflichtung, Altruismus).

Neben der Frage nach der Erforschbarkeit von Motiven sind theoretische Ansätze zur Erklärung der Motive von intergenerationellen Unterstützungsbeziehungen entstanden. In Übersichtsarbeiten werden jeweils unterschiedliche theoretische Stränge unterschieden. Suitor, Pillemer, Keeton und Robison (1995, S. 234) differenzieren beispielsweise zwischen den Haupttheorien „Norm der Reziprozität", „soziale Verpflichtung" und „Attachment". Künemund und Motel (2000, S. 125 f.) unterscheiden zwischen Zuneigung, Reziprozität, Verpflichtung und Altruismus. Bei Silverstein (2006) finden sich folgende Kategorien: Altruismus, Macht und Reziprozität.

Die Norm der Reziprozität ist bei allen konsultierten Werken ein theoretischer Strang zur Erklärung intergenerationeller Unterstützungsbeziehungen. Sie soll an dieser Stelle deshalb besonders ausführlich behandelt werden. Neben der Reziprozität werden andere „Normen" diskutiert, wobei unter dem Begriff „Norm" eine Regel, ein Gesetz, eine Vorschrift oder ein Prinzip verstanden wird. Die Norm „ist dadurch charakterisierbar, dass in ihrer sprachlichen Formulierung Ausdrücke wie ‚müssen', ‚sollen', ‚dürfen', ‚richtig', ‚falsch', ‚gut' und ‚schlecht' vorkommen" (Hoerster, 1994, S. 231).

Norm der Reziprozität

Ein gemeinsamer Nenner von Reziprozitätstheorien ist, dass erwachsene Kinder Unterstützung für ihre Eltern leisten, um sich für empfangene Unterstützungsleistungen in der Vergangenheit zu revanchieren, beispielsweise um zukünftig erwartbare Leistungen der Eltern (z. B. Erbschaften) abzugelten (Schooler, Revell & Caplan, 2007, S. 165).

Die Norm der Reziprozität wurde im Jahre 1925 von Marcel Mauss (1994) in seinem „Essay sur le don" in (schreibtisch)ethnologischer[7] Vorgehensweise aufgearbeitet. Er widmete sich dem Austausch in so genannten archaischen Gesellschaften und verstand diesen als totales gesellschaftliches Phänomen (Mauss, 1994, S. 17): „total" deshalb, weil es sich bei Austauschhandlungen gleichzeitig um ein ökonomisches, juristisches, moralisches, ästhetisches, religiöses etc. Phänomen handle. Eine Gabe verpflichtet den Empfänger nach Mauss (ebd., S. 25) zu einer Gegengabe. Der Austausch von Gaben beinhaltet deshalb drei Verpflichtungen: eine Gabe zu erwidern, Geschenke zu machen und Geschenke anzunehmen (ebd., S. 36).

1960 erschien ein viel zitierter Artikel[8] von Gouldner mit dem Titel „The norm of reciprocity: A preliminary statement" (Gouldner, 1960). In diesem Artikel geht Gouldner davon aus, dass die Norm der Reziprozität zwei wichtige Prämissen beinhaltet. Die eine besagt, dass Menschen denjenigen helfen sollen, die ihnen geholfen haben. Die

---

7   Siehe hierzu auch die deutschsprachigen Ausgaben seines Werkes zur Gabe (Mauss, 1994). Mauss war selber nicht „im Feld" (siehe Vorwort von Evans-Pritchard in der Suhrkamp-Ausgabe von 1994), weshalb er hier als „Schreibtischethnologe" bezeichnet wird.

8   Im Social Sciences Citation Index finden sich 1397 Nennungen dieses Artikels (Stand: August 2007).

zweite Prämisse lautet, dass Personen denjenigen nicht schaden sollen, die ihnen geholfen haben (ebd., S. 171).

Nach Gouldner (ebd.) ist die Reziprozitätsnorm ein universelles Phänomen „although, similarly, its concrete formulations may vary with time and place" (Gouldner, 1960, S. 171). Der Autor bezieht sich nicht ausdrücklich auf Generationenbeziehungen, sondern auf soziale Beziehungen jeglicher Art. Hollstein und Bria (1998) hingegen widmen sich in einem Artikel von 1998 der Norm der Reziprozität mit Blick auf Pflegebeziehungen zwischen Eltern und Kindern. Die beiden Autorinnen definieren Reziprozität ähnlich wie Gouldner, fügen aber Konkretisierungen dazu auf, in welchen Situationen die Norm der Reziprozität insbesondere vorkommt. Reziprozität ist gemäss der Definition der beiden Autorinnen eine

–   „universelle, sozialen Austausch und soziale Beziehungen strukturierende Norm",
–   die insbesondere „in unterbestimmten und unklaren Situationen wirksam ist, in denen andere Normen oder soziale Rollen (noch) nicht verfügbar sind" (Hollstein & Bria, 1998, S. 8).

Reziprozität tritt nach Meinung von Hollstein und Bria (ebd.) demnach vor allem dann in Erscheinung, wenn die Situationen vage und unbestimmt sind.

Verschiedene Theoretikerinnen und Theoretiker nehmen in ihren Arbeiten auf den Begriff „Reziprozität" Bezug, wobei das Wort vielfach nur synonym zu „Austausch" verwendet wird (Hollstein & Bria, 1998, S. 9). In den folgenden Ausführungen werden nur diejenigen Arbeiten (z. B. Klein Ikkink & van Tilburg, 1999; Wentowski, 1981) einbezogen, welche sich explizit auf eine *Norm* der Reziprozität im Sinne von Gouldner (1960) beziehungsweise Hollstein und Bria (1998) beziehen.

Meist wird zwischen verschiedenen Arten von Reziprozität unterschieden. Wentowski (1981, S. 603 f.) zum Beispiel macht die Unterscheidung zwischen ausgeglichener Reziprozität (balanced reciprocity) und generalisierter Reziprozität (generalized reciprocity). Bei der ausgeglichenen Reziprozität wird das, was erhalten wurde, in ähnlichem Ausmass und während einer beschränkten Zeitspanne zurückgegeben. Bei der generalisierten Reziprozität muss nicht exakt genau gleich viel zurückgegeben werden wie erhalten wurde. Zudem ist der Zeitpunkt der Rückgabe offener. Es wird davon ausgegangen, dass sich die Austauschleistungen über die Zeit ausbalancieren: „The assumption is that relationships will balance themselves over the very long term" (Wentowski, 1981, S. 604).

In zahlreichen Werken wird die Bedeutung der Norm der Reziprozität zur Auslösung von intergenerationellen Transfers hervorgehoben (vgl. Mancini & Blieszner, 1989, S. 279). Szydlik (2000, S. 125) ist zum Beispiel der Ansicht, dass die Norm der Reziprozität ein wichtiger Auslöser von privaten Generationentransfers ist. Es wird nicht nur aus altruistischen Motiven heraus unterstützt. Auch Hollstein und Bria (1998, S. 15) zitieren Studien, in welchen bei pflegenden Angehörigen der Rückgriff auf eine Norm der Reziprozität festgestellt wurde. Andere Theoretikerinnen und Theoretiker gehen davon aus, dass die generalisierte, nicht aber die balancierte Reziprozität bei Eltern-Kind-Beziehungen vorkommt. Balancierte Reziprozität ist in dieser Argumentationsweise eher eine Austauschform bei nicht-verwandten Personen (vgl. Wentowski, 1981, S. 604).

Es stellt sich die Frage, welche Art der Reziprozitätsnorm in Eltern-Kind-Beziehungen zu erwarten ist.

Laut Wentowski (1981) unterstützen Kinder ihre Eltern im Alter, da sie diesen „the gift of life" schulden: „Children, because they owe their parents the gift of life itself, are ultimately responsible for making decisions when a parent becomes incapacitated or terminally ill" (Wentowski, 1981, S. 605). Hollstein und Bria halten diese Sichtweise für übertrieben, da die Empfängerin oder der Empfänger eine Leistung aktiv und willentlich annehmen muss, damit die Norm zur Reziprozität wirken kann. Beim „gift of life" sei dies jedoch nicht der Fall, da Kinder nicht entscheiden können, ob sie das „gift" annehmen möchten oder nicht (Hollstein & Bria, 1998, S. 13). Die beiden Autorinnen gehen jedoch davon aus, dass eine lebensgeschichtlich generalisierte Reziprozität vorhanden ist, wenn Kinder ihre pflegebedürftigen Eltern pflegen und dabei auf Gefühle der Dankbarkeit verweisen (Hollstein & Bria, 1998, S. 16). Bei Antonucci, Fuhrer und Jackson (1990, S. 520) wird die soziale Unterstützung zwischen den Generationen ebenfalls als eine Art Langzeitressource angesehen. Antonucci verwendet dafür das Konzept der „support bank": Leistungen, die in der Vergangenheit erbracht wurden, bilden eine Art „Unterstützungskonto", welches bei Bedarf wieder eingesetzt werden kann, um Hilfe zu erhalten (ebd., S. 477).

Lüscher und Pillemer (1998) machen auf eine Form der Ambivalenz in intergenerationellen Beziehungen des Erwachsenenalters aufmerksam, die entsteht, wenn konfligierende Normen bezüglich intergenerationeller Beziehungen vorhanden sind. Die Solidaritätsnorm und die Reziprozitätsnorm sind ihres Erachtens zwei konkurrierende Normen. Mit „Solidaritätsnorm" meinen Lüscher und Pillemer (ebd., S. 418) ein Geben ohne die Erwartung einer Gegenleistung.

Zum Teil wird aber auch in Frage gestellt, ob die Norm der Reziprozität in Eltern-Kind-Beziehungen wirklich wirkt oder ob für Unterstützungsleistungen nicht vielmehr andere Mechanismen verantwortlich sind. Klein Ikkink und van Tilburg (1999, S. 133) zum Beispiel gehen davon aus, dass soziale Normen in familiären Beziehungen wichtigere Auslöser von Unterstützungsleistungen sind als die Norm der Reziprozität: „children are generally expected to give their parents support regardless or [sic] what they receive themselves" (Klein Ikkink & van Tilburg, 1999, S. 144).

Empirische Untersuchungen zeigen gemischte Resultate in Bezug auf die Norm der Reziprozität. Im OASIS-Projekt zum Beispiel zeigte sich die Wirkung einer Reziprozitätsnorm bei Personen in Spanien und Israel, hingegen nicht bei Personen aus Norwegen und Deutschland (vgl. Katz, Lowenstein, Phillips & Daatland, 2005, S. 402). Silverstein, Gans und Yang (2006, S. 168) fanden in ihrer Langzeitstudie heraus, dass Eltern, die für ihre Kinder finanzielle Unterstützung geleistet hatten, in der Regel mehr von diesen zurückerhielten, wenn sie selbst bedürftig waren.

Hollstein und Bria (1998, S. 19) weisen insbesondere darauf hin, dass Forschungsbedarf in Bezug auf „kulturelle" Unterschiede im Umgang mit Reziprozität bestehe. Auf welchen Kulturbegriff sich die Autorinnen stützen, wird nicht ersichtlich.

„Verwandtschaftsnormen"

Rossi und Rossi (1990), die eine der detailliertesten Studien zu inter-generationellen Beziehungen durchgeführt haben (vgl. Burr & Mutchler, 1999, S. 676), definieren „Verwandtschaftsnormen" (kin norms) als

> [...] culturally defined rights and duties that specify the ways in which any pair of kin-related persons is expected to behave toward each other, ranging from prescribed terms of address through rights of access, to obligations to exchange and provide support (Rossi & Rossi, 1990, S. 155 f.).

Bei Bengtson und seinem Forschungsteam (Bengtson & Roberts, 1991) finden sich Angaben zu den „filial norms" in der Dimension der „normativen Solidarität". Im Forschungsprojekt OASIS ist von „Familienkultur" die Rede. Gemeint sind Normen und Haltungen innerhalb von Familien in Bezug auf Verantwortlichkeiten hinsichtlich von Pflegeleistungen (Tesch-Römer, 2001, S. 29). Obschon Tesch-Römer davor warnt, einem einzelnen Land *eine* Familienkultur zuzuschreiben, bewegt sich das Konzept der „Familienkultur" im Projekt OASIS eher auf der strukturellen Ebene.[9] Unterschieden werden „kollektivistische Kulturen" und „individualistische Kulturen" (Tesch-Römer, 2001, S. 29). In „kollektivistischen Kulturen" fühlen sich die Familienmitglieder nach Meinung der Forschenden verpflichtet, Unterstützung zu leisten, wenn ein Bedarf besteht. In „individualistischen Kulturen" hingegen stehen die Ziele des einzelnen Familienmitglieds an erster Stelle (ebd.). Mit der gleichen Unterscheidung individualistisch/kollektivistisch arbeiten auch Pyke und Bengtson (1996, S. 385). Sie befinden sich mit ihren Ausführungen jedoch eher auf der Ebene der einzelnen Familie und nicht von „Familienkulturen" eines ganzen Landes.

In eine ähnliche Richtung gehen die Überlegungen von Blaumeiser und Klie (2002) zu pflegekulturellen Orientierungen. Diese Orientierungen beinhalteten die Präferenz für bestimmte Pflegearrangements (selber pflegen oder Heimpflege) (Blaumeiser & Klie, 2002, S. 166). Die Autoren fanden in ihrer Studie heraus, dass ein Zu-

---

9   Die „family culture" wird deshalb auch zusammen mit dem „welfare system" dem „context of caregiving" zugeordnet (Tesch-Römer, 2001, S. 29).

sammenhang zwischen sozialem Milieu (gemessen mit Hilfe einer Einschätzung des „strukturellen Kapitals"[10] und des „symbolischen Kapitals"[11]) und pflegekultureller Orientierung besteht. Die grösste Bereitschaft, selbst die Pflege einer verwandten Person zu übernehmen, findet sich bei Menschen mit geringem symbolischem und kulturellem Kapital, die höchste Bereitschaft zur Heimpflege bei Personen mit hohem Sozialstatus und „modernem" Lebensentwurf (ebd., S. 168).

2.2.3 Spezialfall Migration

In Kapitel 1.1.2 wurde unter dem Aspekt „primäre Netzwerke" bereits zusammengefasst, welches die wichtigsten *empirischen* Resultate zu Migrationsfamilien und Unterstützungsbeziehungen von älteren Migrantinnen und Migranten sind. Hier werden nur noch Ansätze dargestellt, die Beziehungen in Migrationsfamilien auch theoretisch zu erklären versuchen.

Nach Reinprecht (2006, S. 200) stellen intergenerationelle Beziehungen von älteren Migrantinnen und Migranten ein komplexes Phänomen dar, das sich jeder vereinfachenden Darstellung entzieht.

Um die Beschreibung theoretischer Zugänge zu erleichtern, werden im folgenden Abschnitt nur intergenerationelle Beziehungen fokussiert, bei welchen die älteren Migrantinnen und Migranten und ihre Kinder im Aufnahmeland leben. Die transnationalen Unterstützungsbeziehungen sollen an dieser Stelle nicht thematisiert werden (zur Analyse von transnationalen Unterstützungsbeziehungen im Alter siehe z. B. Baldassar, 2007; Baldassar & Baldock, 2000; Harney & Baldassar, 2007).

Zentrale Ausgangsfrage ist, ob sich Migrationsfamilien von einheimischen Familien unterscheiden und wenn ja, aus welchen Gründen. Migrationsfamilien werden hier in Anlehnung an die Eidgenössische Koordinationskommission für Familienfragen definiert als „Fa-

---

10   Zum Beispiel Einkommen, Schulabschluss (vgl. Blaumeiser & Klie, 2002, S. 165).
11   Zum Beispiel Lebensentwurf, Wertorientierung, Frauenbild (vgl. Blaumeiser & Klie, 2002, S. 165).

milien, die ihren Wohnsitz in der Schweiz haben, bei denen ein oder beide Elternteile ausländischer Herkunft sind, unabhängig von deren Geburtsort, Aufenthaltsstatus und -dauer in der Schweiz" (Eidgenössische Koordinationskommission für Familienfragen EKFF, 2002, S. 7). Nauck (1990, S. 89) und z. B. auch Burr und Mutchler (1999, S. 675) warnen davor, Unterschiede zwischen Migrationsfamilien und einheimischen Familien vorschnell auf „kulturelle Differenzen" zurückzuführen. Rahmenbedingungen im Aufnahmeland (Opportunitätsstrukturen u.a.) und die soziale Schicht der betreffenden Gruppen sind ebenfalls Gründe für Unterschiede in familiären Unterstützungsbeziehungen. Blaumeiser und Klie (2002) konnten zum Beispiel zeigen, dass die soziale Lage einen signifikanten Einfluss auf intergenerationelle Unterstützung im Alter hat.

In Bezug auf die Ausgestaltung von intergenerationellen Beziehungen werden nachstehend zwei Bereiche, von denen vermutet wird, dass sie einen Einfluss auf das Generationenverhältnis innerhalb von Familien haben, detaillierter dargestellt:

- *„Migrationsprojekt"*: Welchen Einfluss hat die Art des Migrationsprojektes (Migration als „Alleinunternehmen" oder als „Familienprojekt") auf das Generationenverhältnis?

- *Sozialintegration der ersten und zweiten Generation*: Hat die unterschiedliche Sozialintegration der ersten und zweiten Generation einen Einfluss auf intergenerationelle Beziehungen von Migrantinnen und Migranten? Wenn ja, in welcher Weise?

Migrationsprojekt

In mehreren Werken wird hervorgehoben, dass die Art und Weise der Migration Auswirkungen auf intergenerationelle Beziehungen und die Struktur der jeweiligen Familien hat (vgl. Heinz, 2000, S. 101; Lüscher & Liegle, 2003, S. 151). Insbesondere die Tatsache, dass Migration vielfach kein Projekt von isolierten Individuen ist (vgl. Kalter, 2003, S. 328), sondern ein „Familienprojekt" (vgl. Adolph, 2001, o.S.; Dietzel-Papakyriakou, 2005, S. 400), hat Auswirkungen auf intergenerationelle Beziehungen. Migration lässt sich vielfach nur als Familienprojekt realisieren: „In diesem Sinne wirkt die gesamte Familie als Produktionseinheit für die Erreichung der Ziele der Migration"

(Dietzel-Papakyriakou, 1993b, S. 52). Ein Mitwirken an der Errei-chung der Ziele der Migration kann zum Beispiel beinhalten, dass Grosseltern im Herkunfts- oder Aufnahmeland die Betreuung der En-kelkinder übernehmen und ihren Kindern damit Entlastung anbieten und die Möglichkeit, sich im Aufnahmeland beruflich und sozial zu positionieren (ebd.). Laut Dietzel-Papakyriakou (ebd.) ergibt sich daraus ein hoher Status für die älteren Personen.

Wenn die Migration einer einzelnen Person oder Familie als „Fa-milienprojekt" betrachtet wird, hat dies auch Auswirkungen auf die Beurteilung von Trennungserfahrungen. Lorenz-Meyer und Grotheer (2000) stellten in ihrer Studie die Vermutung auf, dass Personen, die nicht bei den Eltern sondern bei Verwandten aufgewachsen sind, im Erwachsenenalter nicht bereit seien, Unterstützungsleistungen zu er-bringen, da sie die Migration der Eltern und das getrennte Aufwach-sen als Vernachlässigung empfunden hätten. Diese Annahme trafen die Forschenden mit Rückgriff auf die Norm der Reziprozität. Doch die Annahme traf nicht zu. Die erwachsenen Kinder beurteilten die Trennung von den Eltern als notwendig für das Erreichen eines besseren Lebensstandards für die ganze Familie. Trennungen zwischen Eltern und Kindern im Kindes- und Jugendalter durch die Migration führen deshalb nicht unbedingt dazu, dass Kinder keine Unterstützungsbereitschaft zeigen, sollten ihre Eltern Bedarf haben[12] (vgl. Lorenz-Meyer & Grotheer, 2000, S. 200 f.). Die Studie von Lorenz-Meyer und Grotheer (ebd.) zeigt eindrücklich, wie wichtig die Sichtweise von Migration als „Familienprojekt" bei der Beurteilung von Unterstützungsleistungen im Alter ist.

In einer Untersuchung von Nauck (1990, S. 97) wird zwischen Familien, die im Herkunftsland gegründet wurden und die dann zusammen oder nacheinander migrierten, und solchen, die erst im Aufnahmekontext entstanden, unterschieden. Die Migration ist insbe-sondere im ersteren Fall ein „Familienprojekt", das als solches Aus-wirkungen auf intergenerationelle Beziehungen hat.

---

12 In der erwähnten Studie wurde jedoch ein Zusammenhang zwischen Trennung im Kindesalter und Nähe der Beziehung zwischen Eltern und Kindern festge-stellt.

Hinzuweisen ist auch darauf, dass die Migration Familien zu unterschiedlichen Zeitpunkten im Familienzyklus trifft, was wiederum verschiedene Effekte auf intergenerationelle Beziehungen hat (vgl. Morgenroth & Merkens, 1997, S. 321).

Sozialintegration der ersten und der zweiten Generation

Wie bereits in Kapitel 2.1 gezeigt wurde, unterscheiden sich je nach Migrationstypus die Verhältnisse der Migrantinnen und Migranten zur Herkunfts- und Ankunftsregion (vgl. Pries, 2006, S. 20).

Pries differenziert drei Idealtypen der Migration: Emigration/ Immigration, Rückkehr-Migration, Diaspora-Migration (ebd., S. 20). Zur „Rückkehr-Migration" sind laut Pries die so genannten Gastarbeiterinnen und Gastarbeiter zu zählen, da ihr Aufenthalt bei der Einreise bereits auf die Rückkehr ausgerichtet war.[13] Bei dieser Gruppe ist das Verhältnis zur Herkunftsregion bestimmt von der Einstellung „Dauerbezug/Identität wahren", während die Beziehung zum Aufnahmeland geprägt ist von „Differenz". Das Aufnahmeland ist das „Gastland". Wie bereits Dietzel-Papakyriakou (1993a) gezeigt hat, ist bei vielen Personen, die als Arbeitsmigrantinnen und -migranten in die Aufnahmeländer gereist sind, auch im Alter die Rückkehrorientierung von hoher Bedeutung. Es besteht ausserdem ein enger Kontakt zum Herkunftsland, der sich auch in transnationalen Beziehungen manifestiert (vgl. Adolph, 2001, o.S.).

Für die meist in den Aufnahmeländern aufgewachsene zweite Generation ist die Situation komplexer und heterogener, und eine Rückkehrorientierung ist nur noch zum Teil vorhanden. So kann unterschieden werden zwischen dem Verhältnis einer rückkehrorientierten ersten Generation und einer nicht rückkehrorientierten zweiten Generation oder einer rückkehrorientierten ersten Generation und einer rückkehrorientierten zweiten Generation (vgl. Dietzel-Papakyriakou, 1993b, S. 45). Möglich sind auch Beziehungen zwischen einer nicht-rückkehrorientierten ersten Generation und einer

---

13 Pries vertritt hier eine von der Meinung anderer Autorinnen und Autoren abweichende Definition von Rückkehrmigration. Longino und Bradley (2006, S. 88) z. B. verstehen unter Rückkehrmigration die Rückkehr der Migrantinnen und Migranten in ihre Herkunftsländer.

rückkehrorientierten zweiten Generation oder von zwei nicht-rückkehrorientierten Generationen.

Wenn die zweite Generation keine Heimkehrpläne hat, wirft dies laut Dietzel-Papakyriakou (1993b, S. 50) Probleme für den familiären Generationenvertrag auf.

Neben der Rückkehrorientierung gibt es andere Normen und Werte, in welchen Eltern der ersten Generation und ihre Kinder über-einstimmen oder nicht übereinstimmen können. Dietzel-Papakyriakou (2005, S. 399) formuliert in einem neueren Text die These, dass bei „kultureller Nähe" zwischen den Migrantengenerationen davon auszu-gehen ist, dass die innerfamiliären Hilfspotentiale stärker sind als bei „kultureller Dissonanz". Mit ihrem Gegensatzpaar kulturelle Nähe / kulturelle Dissonanz kommt die Autorin der Dimension der „norma-tiven Solidarität" bei Bengtson (Bengtson & Roberts, 1991, S. 857; Bengtson & Schrader, 1982, S. 117) nahe. Mit „kultureller Nähe" meint die Autorin mit grosser Wahrscheinlichkeit die „normative Soli-darität" zwischen den Generationen. Diese Dimension widmet sich der Frage nach der Beurteilung der Wichtigkeit von Familie und inter-generationellen Verpflichtungen (vgl. Bengtson & Roberts, 1991, S. 857).

Laut Reinprecht (2006, S. 198) hat die Migrationsforschung das Thema der Generationenbeziehungen bisher eher als konfliktiv be-trachtet, indem von einem Ablösungsprozess zwischen Eltern und Kindern die Rede war (traditionsverhaftete Eltern vs. unter Akkultura-tionsdruck stehende Kinder). Ähnlich argumentiert das Bundesmini-sterium für Familie, Senioren, Frauen und Jugend (2001) in Deutsch-land: Eine Angleichung der Lebensentwürfe und Normen der Migran-tinnen und Migranten der zweiten Generation an die Lebensformen des Aufnahmelandes führt nach Meinung der Autorinnen und Autoren einer Studie des erwähnten Bundesministeriums dazu, dass die inner-familiäre Betreuung im Alter nicht mehr ohne weiteres vorausgesetzt werden kann.

Die Frage nach der Beibehaltung bzw. Aufgabe von bisherigen „kulturellen Orientierungen" im Aufnahmeland ist auch in der US-amerikanischen Forschung ein Thema. In Zusammenhang mit „ethni-schen Minderheiten" ist vielfach vom Konzept der „filial piety" die Rede. Insbesondere bei Migrantinnen und Migranten mit asiatischem

Migrationshintergrund wird davon ausgegangen, dass familiäre Unterstützung aufgrund der „filial piety" geleistet werde (vgl. Hashimoto & Ikels, 2005; Johnson, 1995; Wong, Yoo & Stewart, 2006). Filial piety wird definiert als „the expression of responsibility, respect, sacrifice, and family harmony that regulates children's attitudes and behavior towards family-based support" (Wong et al., 2006, S. 4). Wong et al. (ebd.) sind der Frage nachgegangen, ob die Werte der „filial piety" auch im Migrationskontext erhalten bleiben. In ihrer qualitativen Untersuchung kommen sie zum Ergebnis, dass bei den von ihnen befragten älteren Personen aus Korea und China eher ein „bikultureller Bezugsrahmen" entstanden sei und Werte der „filial piety" nicht mehr so umgesetzt werden wie im Herkunftsland.

Johnson (1995) befasst sich mit der Frage, ob und wenn ja, wie verschiedene Arten von Verwandtschaftsstrukturen im Migrationskontext erhalten bleiben. Er geht davon aus, dass Personen, die sich in der Migration hauptsächlich in ihren ethnischen Gruppen bewegen, einige ihrer bisherigen Verwandtschaftsstrukturen beibehalten. Er unterscheidet zwischen vertikal und kollateral orientierten Familien. Bei den vertikalen Beziehungen liegt der Fokus auf der intergenerationellen Beziehung, bei den kollateralen Netzwerken hat die eheliche Beziehung Priorität vor der intergenerationellen Bindung (vgl. Johnson, 1995, S. 317). Johnson (ebd., S. 311) führt neben dem Gegensatz vertikal/kollateral auch weitere Wertorientierungen auf, die den Status älterer Familienmitglieder beeinflussen: egalitär vs. hierarchieorientiert, soziozentrisch vs. egozentrisch usw.

Bestimmte Familienstrukturen und Formen der Unterstützung lassen sich aber nicht alleine aufgrund von Normen erklären, sondern sie entstehen aufgrund einer wirtschaftlichen Notwendigkeit (vgl. Literatur- und Forschungsüberblick bei Burr & Mutchler, 1999, S. 677). Burr und Mutchler (ebd., S. 685) zum Beispiel führen die erhöhte „filial responsibility" bei den von ihnen untersuchten afroamerikanischen Minoritätengruppen auf deren prekäre Lebenssituation (Armut, schlechter Gesundheitszustand und Diskriminierung) und nicht auf eine bestimmte „Kultur" zurück. Bukow und Llaryora (1998) vertreten sogar die Position, dass „kulturelle Unterschiede" belanglos seien. Sie warnen deshalb davor, Unterschiede in Familienstrukturen als kulturspezifisch zu kodieren.

Die vorherigen Ausführungen haben gezeigt, dass die Überein-
stimmung vs. Nichtübereinstimmung zwischen der ersten und zweiten
Generation in normativen Vorstellungen ein Erklärungsmerkmal für
Unterstützungsleistungen der zweiten an die erste Generation sein
kann. Daneben gibt es aber ebenso schichtspezifische Aspekte bzw.
andere Erklärungsformen für intergenerationelle Unterstützung bei
Migrantinnen und Migranten, die eher im zuerst behandelten Punkt
(Migrationsprojekt) zu finden sind.

Die im Rahmen dieser Arbeit durchgeführte empirische Studie
möchte in der Frage der Unterstützungsbereitschaft der zweiten Generation zu ersten Thesen gelangen.

2.2.4 Fazit

In der vorliegenden Untersuchung wird insbesondere auf den Solidaritätsansatz (vgl. Bengtson, 1975, 2001; Bengtson et al., 2002;
Bengtson & Martin, 2001; Bengtson & Roberts, 1991; Bengtson &
Schrader, 1982) Bezug genommen, wenn es um die Dimension der
strukturellen und der normativen Solidarität geht.

Der Ambivalenzansatz soll im Sinne einer „generellen Orientierung", wie dies Lüscher und Pillemer (1998) vorschlagen, auf Ambi-
valenzerfahrungen in intergenerationellen Beziehungen aufmerksam
machen. Ambivalenz im Sinne von Lüscher wird nicht als negative
Eigenschaft verstanden, sondern als alltägliche Herausforderung. Dabei wird angenommen, dass Migrantinnen und Migranten in ihren intergenerationellen Beziehungen aufgrund zahlreicher und zum Teil
wahrscheinlich unterschiedlicher Normbezüge möglicherweise stärker
von Ambivalenzen betroffen sind als einheimische Familien.

Sowohl der Begriff der Solidarität als auch derjenige der Ambivalenz beinhalten das Problem der Alltagsnähe. Beide Begriffe werden
in der Alltagssprache und in der Wissenschaftssprache verwendet. Lüscher (2002, S. 587) ist sich dieses Problems bewusst. Auch Bourdieu,
Chamboredon und Passeron (1991, S. 16) thematisieren die Problematik der Alltagsbegriffe: „Der Einfluss der Alltagsbegriffe ist derart
stark, dass alle Objektivierungstechniken eingesetzt werden müssen,
um einen wirklichen Bruch mit ihnen zu vollziehen." In der vorliegen-

den Untersuchung wird versucht, diesen Bruch durch die detaillierte Darstellung der Ansätze zu erreichen.

In Bezug auf intergenerationelle Unterstützungsbeziehungen wurden verschiedene Motive für Unterstützung vorgestellt. Ein besonderer Fokus lag auf der Norm der Reziprozität. Die empirischen Daten werden zeigen, ob bei Migrationsfamilien eventuell andere Interpretationen für intergenerationelle Unterstützungsbeziehungen entwickelt werden können. Für die vorliegende Arbeit wird davon ausgegangen, dass immer mehrere Motive zusammen eine Bereitschaft zur Unterstützung erklären können.

3. Methode

Ausgangspunkt für den empirischen Teil dieser Untersuchung war das Anliegen der Dienstabteilungen Altersheime und Pflegezentren der Stadt Zürich, den Unterstützungsbedarf von älteren Migrantinnen und Migranten besser einschätzen zu können.

Verschiedene Autorinnen und Autoren (vgl. Ciarlo, Tweed, Shern, Kirkpatrick & Sachs-Ericsson, 1992, S. 116) betonen die zunehmende Bedeutung von Bedarfsanalysen beziehungsweise „needs assessments".[1]

Unter dem Begriff „needs assessment" beziehungsweise „Bedarfsanalyse" wird Unterschiedliches verstanden (vgl. Reviere, Berkowitz & Carolyn, 1996, S. 6). Wittchen (1988, S. 124) zum Beispiel definiert „need assessment" als „the effort to determine the appropriate number, structure, quality and ‚mix' of services." Diese Definition ist sehr dienstleistungsbezogen. Andere Autorinnen und Autoren betonen in ihren Definitionen weniger stark den Aspekt der „services". McKillip (1987, S. 20), der in vielen Werken zitiert wird, ist ein Beispiel für diese Vorgehensweise. Für ihn bezeichnet needs assessment „the process of evaluating the problems and solutions identified for a target population." Diese Definition von „Bedarfsabklärung" wird in der vorliegenden Arbeit verwendet, da sie sehr offen ist.

Ausgehend vom Praxisanliegen der Bedarfsabklärung wurde die Studie konzipiert. Neben den Aspekten, die normalerweise in einer Bedarfsabklärung untersucht werden, beinhaltete die Untersuchung aber weitere Themen, so zum Beispiel das Ziel, die „Motive" für Unterstützungsleistungen zwischen den Generationen besser zu verstehen und die zentralen Aspekte der Biographien älterer Migrantinnen und Migranten möglichst detailliert zu erfassen.

Die Studie dauerte von April 2005 bis März 2007, umfasste drei Teile und kombinierte quantitative und qualitative Forschungsansätze.

---

1   Die Begriffe „needs assessment" und „Bedarfsanalyse" werden in dieser Arbeit synonym verwendet.

Der Schlussbericht zum Forschungsprojekt ist in elektronischer Form verfügbar (siehe Kobi, 2007b). Ausserdem wurde eine Kurzfassung zum Projekt erstellt (siehe Kobi, 2007a).

Der *erste Teil* der Studie beinhaltete eine sekundärstatistische Auswertung der Volkszählungsdaten 1990 und 2000 bezogen auf die Stadt Zürich. Im *zweiten Teil* wurden Expertinnen und Experten aus dem Alters- und Migrationsbereich befragt. Im *dritten Teil* der Studie, welcher das Kernstück der Untersuchung bildet, wurden mithilfe leitfadengestützter qualitativer Interviews Seniorinnen und Senioren aus Italien und Serbien/Montenegro sowie Personen befragt, deren Eltern bzw. Schwiegereltern im Pensionsalter sind und aus den genannten Herkunftsländern stammen (in der vorliegenden Arbeit wird für diese Gruppe der Ausdruck „zweite Generation" verwendet).

Tabelle 4 zeigt auf, zu welchem Zeitpunkt welche Projektteile durchgeführt wurden.

Tabelle 4:   Zeitplan für die verschiedenen Projektteile

	2005									2006											
	04	*05*	*06*	*07*	*08*	*09*	*10*	*11*	*12*	*01*	*02*	*03*	*04*	*05*	*06*	*07*	*08*	*09*	*10*	*11*	*12*
Teil 1		■	■	■																	
Teil 2						■	■	■	■												
Teil 3														■	■	■	■	■			

An der Untersuchung waren verschiedene Personen beteiligt: Prof. Dr. Ruth Gurny, Leiterin des Bereichs Forschung und Entwicklung der Hochschule für Soziale Arbeit Zürich (HSSAZ), war für die Koordination des Projektes zuständig,[2] Sylvie Kobi hatte die operative Leitung inne. Prof. Rolf Nef, Dozierender an der HSSAZ, stellte den Zugang zu den Volkszählungsdaten 1990 und 2000 für die interessierenden Variablen her. Im dritten Teil wurde Barbara Baumeister, Leiterin

---

2   Frau Gurny war zudem Hauptgesuchsstellerin dieses Projektes beim Schweizerischen Nationalfonds, Projektförderung DORE (Projektnummer 13DPD3-1075271).

des Certificate of Advanced Studies (CAS) „Soziale Gerontologie" und Mitarbeiterin des Bereichs Forschung und Entwicklung der HSSAZ, hinzugezogen. Sie führte einen Grossteil der Interviews mit der zweiten Generation aus Italien. Für die Interviews mit den Migrantinnen und Migranten und vereinzelt auch mit den Personen aus der zweiten Generation wurden vier externe Interviewerinnen und ein Interviewer hinzugezogen, welche die Gespräche in der Muttersprache der Interviewten führen konnten.

Durch die drei Teile der Studie und die unterschiedlichen Forschungszugänge in den jeweiligen Projektphasen konnte die Thematik des „Unterstützungsbedarfs" älterer Migrantinnen und Migranten aus unterschiedlichen Blickwinkeln und mit verschiedenen methodischen Zugängen erforscht werden. Die Methodentriangulation (vgl. Flick, 1996, S. 249), wie sie hier angewendet wurde, schuf eine Erweiterung der Erkenntnismöglichkeiten. Es geht bei der Kombination der beiden methodischen Zugänge in der vorliegenden Arbeit aber nicht um eine gegenseitige Validierung der Ergebnisse, sondern um eine gegenseitige Ergänzung, d.h. es werden unterschiedliche Aspekte desselben Phänomens erfasst (vgl. Kelle & Erzberger, 2000, S. 303).

In den folgenden Kapiteln wird das methodische Vorgehen für die drei Teile der Untersuchung beschrieben, wobei der dritte Teil besonders detailliert dargestellt wird, da er das Kernstück der Untersuchung ausmacht.

3.1 Wissenschaftstheoretischer Rahmen

Im Anschluss an die vorherige theoretische Positionierung sollen nun die wissenschaftstheoretischen Bezüge bzw. soll das „Forschungsparadigma" (inquiry paradigm), welches der vorliegenden Untersuchung zugrunde liegt, expliziert werden. Guba und Lincoln (1994, S. 107, Hervorhebungen im Original) verstehen unter Paradigma „a set of *basic beliefs* (or metaphysics) that deals with ultimates or first princeples. It represents a *worldview* that defines, for its holder, the nature of the ‚world'."

Die Position, die in der vorliegenden Arbeit vertreten wird, ist am ehesten dem „transcendental realism", wie ihn auch Miles und Huberman (1994) vertreten, zuzuordnen. Miles und Huberman (ebd., S. 4) gehen von der Annahme aus, dass „social phenomena exist not only in the mind but also in the objective world – and that some lawful and reasonably stable relationships are to be found among them." Das Verstehen und Herausarbeiten dieser Muster und Beziehungen ist nach Ansicht der Autoren komplex, aber nicht unmöglich (ebd., S. 4). In der vorliegenden Untersuchung wird unter Bezugnahme auf Karrer (2000, S. 63) und Bourdieu (2005, S. 405) ausserdem davon ausgegangen, dass man sich als Wissenschaftlerin oder Wissenschaftler bei der Rekonstruktion von Zusammenhängen „nicht allein auf die Logik verlassen [kann], die die Akteure ihren eigenen Handlungen zuschreiben" (Karrer, 2000, S. 63), sondern dass es einer Analyse bedarf „denn die gesellschaftlichen Akteure haben die Weisheit hinsichtlich dessen, was sie sind und was sie tun, nicht mit Löffeln gefressen; genauer gesagt, sie haben nicht notwendigerweise Zugang zum Ursprung ihrer Unzufriedenheit oder ihrer Malaise" (Bourdieu, 2005, S. 405). Diese Auffassung impliziert, dass es nicht als möglich erachtet wird, Daten alleine für sich sprechen zu lassen. Diese müssen vielmehr analysiert und interpretiert werden, damit Zusammenhänge und Muster entdeckt werden können.

3.2 Sekundärstatistische Analysen

In diesem Kapitel werden das Ziel, die Datengrundlage und die analysierten Hauptvariablen der sekundärstatistischen Auswertung der Volkszählungsdaten 1990 und 2000 vorgestellt.

3.2.1 Ziel

Das Ziel der sekundärstatistischen Auswertung bestand zum einen darin, die Entwicklung und die demographischen Charakteristiken der älteren „Ausländerinnen" und „Ausländer" für die Stadt Zürich aufzuzeigen. Zum anderen sollten Aussagen zum „strukturell verfügbaren Unterstützungspotential" der Zielgruppe gemacht werden können. Künemund und Hollstein (2000, S. 226) verstehen – wie bereits erwähnt – unter „strukturell verfügbarem Unterstützungspotential" die Verfügbarkeit von Personen im familiären oder nicht-familiären Umfeld, die theoretisch als Unterstützende in Betracht kommen könnten. Das „strukturell verfügbare Unterstützungspotential" wurde vor allem über die Angaben zur Haushaltszusammensetzung erschlossen.

3.2.2 Datengrundlage

Die sekundärstatistische Analyse bezog sich auf die Volkszählungsdaten 2000 und 1990. Die Volkszählung ist eine Vollerhebung. Sie beinhaltete für das Jahr 2000 folgende Elemente:

– *Personenfragebogen*: Der Fragebogen enthielt 21 Fragen und musste von allen zum Erhebungszeitpunkt in der Schweiz wohnhaften Personen ausgefüllt werden.

– *Haushaltsfragebogen*: Er umfasste Fragen zur Zusammensetzung des Haushalts und wurde von den Haushaltsvorständen ausgefüllt.

– *Gebäudefragebogen*: Er wurde von Eigentümern von zu Wohnzwecken dienenden Gebäuden und Wohnungen ausgefüllt und enthielt Fragen zu Merkmalen der Gebäude bzw. der Wohnungen, wie Anzahl Zimmer, Wohnflächen, Mieten etc.

Andere Datenkörper (z. B. schweizerische Gesundheitsbefragung, schweizerische Arbeitskräfteerhebung SAKE, schweizerisches Haushaltspanel) kamen für eine Auswertung nicht in Frage, da jeweils zu wenige Personen auf die Stadt Zürich entfielen und detailliertere Analysen, beispielsweise nach Alter und Nationalität, wie sie im Rahmen der vorliegenden Arbeit interessierten, nicht vorhanden sind.

3.2.3 Analysierte Hauptvariablen

Die Auswertung der Volkszählungsdaten bezog sich auf folgende Personengruppen und folgenden geographischen Raum:
- drei Nationalitätengruppen: Schweizerinnen und Schweizer, Personen italienischer Nationalität und Personen mit Staatsangehörigkeit Serbien/Montenegro
- Personen, die 55-jährig und älter sind
- die Stadt Zürich

Die Auswahl dieser drei Hauptvariablen erfolgte aufgrund verschiedener theoretischer und forschungspraktischer Überlegungen, die im Folgenden detaillierter ausgeführt werden.

Ausländerinnen und Ausländer versus Eingebürgerte:
Die hier interessierende Gruppe der älteren Migrantinnen und Migranten umfasst verschiedene Gruppen:
- Personen mit *ausländischer Staatsbürgerschaft* („Ausländerinnen" und „Ausländer"): Den Definitionen des Bundesamtes für Statistik (2004, S. 79) zufolge gilt die Bezeichnung „Ausländer" für Personen, die einzig die Staatsbürgerschaft eines ausländischen Staates besitzen.

- *Eingebürgerte*: Personen, welche die schweizerische Staatsbürgerschaft erworben haben. Ein Teil der Eingebürgerten hat eine Doppelbürgerschaft. Eingebürgerte werden in den Auswertungen des Bundesamtes für Statistik in der Regel zu den Schweizerinnen und Schweizern gezählt, ebenso Doppelbürgerinnen und -bürger. Die Zahl der eingebürgerten Personen lässt sich nicht genau bestimmen (siehe Tabelle 5).

Tabelle 5:   Anzahl der Personen 55+ nach Staatsangehörigkeit, Stadt Zürich

Konzept	Italien	Serbien/ Montenegro
„Ausländerinnen" und „Ausländer" (Personen mit nur einer Nationalität)	4 414	1 352
Eingebürgerte mit zweiter Staatsangehörigkeit Italien oder Serbien/Montenegro	827	121
Personen mit Doppelbürgerschaft Italien/Schweiz bzw. Serbien/ Montenegro und Schweiz[3]	1 070	123
Personen mit Geburtsort Italien oder Serbien/Montenegro, die eine CH-Nationalität haben[4]	1 596	264

Quelle: VZ[5] 2000

Die sekundärstatistische Auswertung bezieht sich nur auf die so genannten „Ausländerinnen" und „Ausländer", d.h. auf diejenigen Personen, die einzig eine ausländische Staatsbürgerschaft besitzen. Diese Auswahl ist geleitet von der Vermutung, dass der Unterstützungsbedarf eingebürgerter Personen weniger von dem der schweizerischen Bevölkerung abweicht als derjenige von nicht eingebürgerten Personen. Diese Annahme wird auf gesamtschweizerischer Ebene auch in einer Publikation des Bundesamtes für Statistik (Wanner, Sauvain-Dugerdil, Guilley & Hussy, 2005, S. 93) gestützt. Die Analysen des Bundesamtes für Statistik auf gesamtschweizerischer Ebene zeigen, dass sich die Eingebürgerten im Alter 50+ von den „Ausländerinnen" und „Ausländern" unterscheiden. In der Haushaltsstruktur zum Beispiel nähern sich die eingebürgerten Personen stark derjenigen der Schweizerinnen und Schweizer an; dies gilt ähnlich für die Variable Bildungsniveau.

Die Schwierigkeit, zwischen eingebürgerten Personen und Ausländerinnen und Ausländern zu unterscheiden, wurde schon von

---

3   In dieser Zahl enthalten sind sowohl Eingebürgerte als auch Schweizerinnen und Schweizer, die seit Geburt eine zweite Staatsangehörigkeit haben.

4   In dieser Gruppe sind auch die im Ausland geborenen Schweizerinnen und Schweizer enthalten.

5   VZ = Volkszählung

Adolph (2001) in seinem Text zum Deutschen Altenbericht erwähnt: Die Altenberichte erheben Anspruch auf repräsentative Daten für Deutschland. Dieser Anspruch ist aber für die Gruppe der älteren Migrantinnen und Migranten schwer einzulösen, da eine schlechte Datengrundlage vorhanden ist. Zudem bestehen Probleme in amtlichen Statistiken: Diese unterscheiden zwischen Deutschen und ausländischen Staatsangehörigen, es existieren jedoch keine Daten, die Auswertungen für die Gesamtheit der Migrantinnen und Migranten ermöglichen.

Alter 55+:
In die Auswertung einbezogen wurden Ausländerinnen und Ausländer, die 55-jährig und älter sind. Wo möglich, wurden die Daten detailliert nach Altersklassen (in 5er-Stufen) ausgewertet. Das tiefe Ansetzen der Altersstufe hat folgende zwei Gründe: Die Volkszählung 2000 lag zum Zeitpunkt der Auswertung bereits fünf Jahre zurück. Die damals 55-Jährigen waren im Jahre 2005 bereits 60-jährig. Ausserdem zeigte die Literatur zur Thematik, die von Kobi (2004) im Rahmen des Forschungsgesuchs an den Schweizerischen Nationalfonds gesichtet und zusammengestellt wurde, auf, dass Migrantinnen und Migranten früher unterstützungs- und pflegebedürftig werden als Schweizerinnen und Schweizer im selben Alter.

Stadt Zürich:
Die hier vorliegende Arbeit hat unter anderem das Ziel, eine Bedarfsschätzung für die zwei Migrationsgruppen (Italien, Serbien/Montenegro) für die Stadt Zürich vorzunehmen. Die Auswertungen beziehen sich deshalb, wenn nicht anders angegeben, auf die Stadt Zürich.

3.3 Interviews mit Expertinnen und Experten

In Abschnitt 3.3.1 wird zum einen der in dieser Arbeit verwendete Expertenbegriff dargelegt und zum anderen das Ziel der Gespräche mit den Expertinnen und Experten vorgestellt. In Kapitel 3.3.2 finden sich

Angaben zur Auswahl der Befragten. In Abschnitt 3.3.3 geht es um die Darstellung der Durchführung und Auswertung der Interviews.

3.3.1 Expertenbegriff und Ziel

Die Wahl der Erhebungsmethode „Expertinnen- und Expertengespräche" wirft die Frage auf, welcher Expertenbegriff dieser Untersuchung zugrunde liegt und mit welchem Ziel die Interviews mit diesen Personen in der vorliegenden Arbeit geführt wurden. Im Gegensatz zu Gläser und Laudel (2004), die einen weiten Begriff von Expertinnen und Experten vertreten und diese Zielgruppe definieren als „Menschen, die ein besonderes Wissen über soziale Sachverhalte besitzen" (Jochen & Gläser, 2004, S. 10), wird in dieser Arbeit ein engerer Begriff des Expertentums vertreten. Experten und Expertinnen sind im Rahmen dieser Untersuchung Personen, von denen angenommen wird, dass sie über besonders detaillierte Informationen über die Gruppe der älteren Migrantinnen und Migranten verfügen. Dieses Konzept kommt der Definition von Meuser und Nagel (2005, S. 73) nahe, wonach eine Expertin oder ein Experte ist, „wer in irgendeiner Weise Verantwortung trägt für den Entwurf, die Implementierung oder die Kontrolle einer Problemlösung oder wer über einen privilegierten Zugang zu Informationen oder Personengruppen oder Entscheidungsprozessen verfügt".

Mit den Expertengesprächen wurden drei verschiedene Ziele verfolgt:

– Informationen zur Gruppe der älteren Migrantinnen und Migranten ermitteln (Rückkehr- und Verbleibpläne, familiäre Unterstützung, Nutzung von Angeboten im Altersbereich)

– Informationen zur Auswahl von Migrantinnen und Migranten für die qualitativen Interviews gewinnen

– den Zugang zum Feld sicherstellen

Befragt wurden Personen aus dem Alters- und Migrationsbereich, die für die Stadt Zürich Aussagen machen konnten zur Zielgruppe und zu bestehenden Projekten für die anvisierte Gruppe. Die Expertinnen und Experten wurden als Repräsentantinnen und Repräsentanten ihrer Organisation angesprochen und nicht als Individuen (vgl. Meuser & Nagel, 2005, S. 74).

Im Rahmen der Befragung wurden auch Vertreterinnen und Vertreter der spanischen Migrationsbevölkerung einbezogen, da es in der Stadt Zürich mehrere Angebote gibt, die sich speziell an die ältere Spanisch sprechende Bevölkerung richten[6] und weil die Spanierinnen und Spanier zum Zeitpunkt der Projekteingabe die drittgrösste Gruppe der älteren Personen in der Stadt Zürich darstellten. Aus Ressourcengründen konnte diese Gruppe in der dritten Phase nur noch für die Pretests einbezogen werden.

3.3.2 Auswahl der Befragten

Bei den Gesprächen mit den Expertinnen und Experten wurde ein mehrstufiges Auswahlverfahren gewählt, wobei zuerst zwei Personen befragt wurden, die ihrerseits wiederum weitere Expertinnen und Experten für den Bereich „Migration" und für den Bereich „Alter" nennen konnten. Es handelte sich dabei um eine Vertreterin der „Integrationsförderung Zürich" (Bereich Migration) und um die Leitung der „Beratungsstelle Wohnen im Alter"[7] (Bereich Alter).

In einem ersten Schreiben wurden zwölf Expertinnen und Experten über das Projekt informiert und um ein Interview gebeten. Dieser Brief wurde von der HSSAZ, den Dienstabteilungen Altersheime und Pflegezentren der Stadt Zürich und der Integrationsförderung der Stadt Zürich unterschrieben. Mit den zwölf angeschriebenen Personen wurde anschliessend telefonisch Kontakt aufgenommen und ein Gesprächstermin vereinbart.

Durch Angaben der ersten zwölf Expertinnen und Experten zu wichtigen Personen im Feld wurde das Sample schrittweise erweitert, bis eine Art „theoretische Sättigung" (Glaser & Strauss, 1998, S. 68) erreicht war. Vor allem für die Gruppe aus Serbien/Montenegro

---

6 Siehe z. B. das Projekt „Interkultureller Kontakt im Altersheim", an welchem eine Gruppe Spanisch sprechender Personen beteiligt ist. Informationen finden sich unter: <http://www.alter-migration.ch/>

7 Die Beratungsstelle „Wohnen im Alter" ist in der Stadt Zürich die zentrale Anlaufstelle für Wohnfragen im Alter.

mussten im Verlauf der Untersuchung weitere Expertinnen und Experten hinzugezogen werden, damit Kenntnisse zu verschiedenen ethnischen Gruppen dieses Landes gesammelt werden konnten.

3.3.3 Durchführung und Auswertung der Interviews

Sylvie Kobi führte vom 3.8.2005 bis zum 24.11.2005 insgesamt 21[8] auswertbare Einzelinterviews mit Expertinnen und Experten. 19 dieser Interviews wurden auf Tonband aufgezeichnet und vollständig in der jeweiligen Sprache (Sprache des Interviews) transkribiert. Zwei Interviews wurden nicht aufgenommen, da bei diesen hauptsächlich die Frage nach weiteren Expertinnen und Experten diskutiert wurde. Die Interviews mit den Expertinnen und Experten für die Gruppe der Spanierinnen und Spanier wurden mehrheitlich in spanischer Sprache durchgeführt. Die folgende Tabelle 6 zeigt die Anzahl der Gespräche pro Hauptfunktion auf.

Die Gespräche dauerten durchschnittlich eine Stunde, das kürzeste 20 Minuten, das längste 2 Stunden 20 Minuten.[9]

Die Auswertung der Interviewtranskriptionen erfolgte in Anlehnung an die strukturierende Inhaltsanalyse nach Mayring (1997), d.h. das Interviewmaterial wurde mit Hilfe eines zuvor bestehenden Kategoriensystems, welches die zentralen Themen des Interviewleitfadens beinhaltete, analysiert. Nach der Kategorisierung des Materials im qualitativen Auswertungsprogramm Atlas-ti 5.2.9 wurden die Textstellen paraphrasiert und anschliessend themenbezogen zusammengefasst. Man kann beim gewählten Auswertungsvorgehen auch von einer „Themenanalyse" im Sinne von Froschauer und Lueger (2003) sprechen.

---

8   Ein Gespräch mit einer Expertin für die Situation von Personen aus Bosnien wurde geführt, aber aufgrund der Zielgruppenabweichung nicht ausgewertet.

9   Da die Interviews mit den Expertinnen und Experten auf Mikrokassetten und nicht digital aufgenommen wurden, wird die Aufnahmezeit, d.h. die Gesprächszeit, die auf Tonband aufgenommen ist, hier nicht angegeben. Die Angaben zur Dauer beziehen sich auf die gesamte Dauer des Gesprächs, inkl. Vor- und Nachgesprächen, die nicht auf Tonband aufgezeichnet sind.

Tabelle 6: *Anzahl der Interviews mit Expertinnen und Experten nach Hauptfunktion der Interviews*

Interviewgruppe	Anzahl der Interviews	Prozent
Vermittlung von Expertinnen und Experten	3	14%
Informationsermittlung: Alter/Migration	6	29%
Informationsermittlung: Migrationsgruppe Italien	3	14%
Informationsermittlung: Migrationsgruppe Spanien	4	19%
Informationsermittlung: Migrationsgruppe Serbien/Montenegro (Fokus: Serbisch sprechende Bevölkerung)	3	14%
Informationsermittlung: Migrationsgruppe Serbien/Montenegro (Fokus Kosovoalbanerinnen und -albaner)	2	10%
Gesamt	21	100%

3.4 Interviews mit älteren Migrantinnen und Migranten und Personen der zweiten Generation

Für diesen dritten Teil der Studie wurde ein qualitatives Vorgehen gewählt. In der qualitativen Forschung existiert kein einheitliches theo-
retisches und methodisches Verständnis, sondern es sind verschiedene
Ansätze vorhanden (für eine Übersicht zu verschiedenen Ansätzen
siehe z. B. Guba & Lincoln, 1994). In dieser Untersuchung erfolgt eine
allgemeine Anlehnung an qualitatives Denken bzw. eine Bezugnahme
auf den „konstitutiven Kern qualitativer Forschung", wie ihn Hollstein
und Ullrich (2003, S. 29) in ihrem Artikel herauskristallisieren. Zu
diesem konstitutiven Kern gehören nach Hollstein und Ullrich (ebd.)
folgende Charakteristiken:

- *Sinnverstehen*: Das Besondere qualitativer Zugänge ist nach Meinung der beiden Forschenden (Hollstein & Ullrich, 2003, S. 36),
  dass bei diesem Zugang das Ziel besteht, den Sinn einer sozialen
  Realität durch methodisch kontrolliertes Fremdverstehen nachzu-

vollziehen. Der Sinn einer Handlung kann nur mit Bezug auf den Kontext verstanden werden (Kontextualität). Offenheit für den Gegenstand (und damit die Vorläufigkeit bestimmter Vorannahmen) ist für ein Fremdverstehen zusätzlich wichtig, wobei die Vorannahmen über den Gegenstand expliziert werden sollen (ebd., S. 35–38). Auch von Kardorff (1991, S. 4) nennt als „kleinsten gemeinsamen Nenner" qualitativer Forschung den deutenden und sinnverstehenden Zugang zur sozialen Wirklichkeit.

– *Offenheit bei der Erhebung*: Dieses Kriterium bedeutet, dass die Erhebungsinstrumente so gestaltet sein sollen, dass sie es den Befragten ermöglichen, im Interview ihre subjektiven Deutungen darzustellen (ebd., S. 38). Dies impliziert wenig standardisierte Erhebungsinstrumente und eine geringe Steuerung durch die Forschenden während der Datenerhebung (ebd., S. 38 f.). Die Offenheit bei der Erhebung führt nach Matthews (2005, S. 802) zu reichhaltigen Daten und „rich data are the crux of good qualitative research."

– *Interpretative Methoden bei der Datenauswertung*: Dieses Kriterium bedeutet, dass bei der Datenanalyse Kategorien mehrheitlich induktiv entwickelt werden. Aus diesem Grund betrachten Hollstein und Ullrich (ebd., S. 41) die Inhaltsanalyse nach Mayring (2002, S. 91) als „Grenzfall zu quantitativen Verfahren", da sie innerhalb der „strukturierenden Analyse" auf einem deduktiven Kategorienraster beruht.

Die drei von Hollstein und Ullrich (2003, S. 36–41) erwähnten Charakteristiken, die ihrer Ansicht nach zum konstitutiven Kern qualitativer Forschung gehören, sind auch für den qualitativen Teil der vorliegenden Arbeit forschungsleitend. Einzig in Bezug auf den dritten Punkt, welcher die interpretativen Methoden der Datenauswertung betrifft, wird eine etwas offenere Position vertreten, d.h. die Datenanalyse erfolgt ausgehend von einigen deduktiven Kategorien[10], die anschliessend durch induktiv gebildete Kategorien ergänzt werden.

---

10 Die deduktiven Kategorien wurden aus den Hauptthemen des Interviewleitfadens gebildet.

3.4.1 Ziel

Die leitfadengestützten Gespräche mit älteren Migrantinnen und Migranten sowie mit der zweiten Generation hatten zum einen das Ziel, die Lebenssituation der Befragten zu verstehen, zum anderen sollten die potentiellen Denk- und Handlungsweisen dieser Personen in Bezug auf einen möglichen Unterstützungs- und Pflegebedarf rekonstruiert werden können.

Zur Erreichung dieses Ziels eignet sich ein qualitativer Zugang besonders gut, zumal zu intergenerationellen Beziehungen bei älteren Migrantinnen und Migranten erst wenige Untersuchungen vorliegen, so dass sich ein Verfahren, das in erster Linie der Exploration dient, anbietet.

3.4.2 Interviewerinnen und Interviewer

Aufgrund der Erkenntnisse aus den Interviews mit den Expertinnen und Experten sowie der Resultaten bisheriger Studien (vgl. Bundesministerium für Familie, Senioren, Frauen und Jugend, 2004, S. 106 f.) kann davon ausgegangen werden, dass bei den ehemaligen „Gastarbeiterinnen" und „Gastarbeitern" die Deutschkenntnisse zum Teil eher gering sind. Für die Durchführung und Transkription der Gespräche wurden deshalb externe Interviewende angestellt, deren Muttersprache Italienisch oder Serbisch ist. Für die Gespräche in italienischer Sprache wurden zwei Interviewerinnen und ein Interviewer und für die Interviews in serbischer Sprache zwei Personen hinzugezogen. Drei dieser Interviewenden sind Studierende, die von der Leiterin einer Forschungsabteilung des Departements Linguistik der Zürcher Hochschule Winterthur (ZHW) für die Untersuchung empfohlen wurden. Zwei Personen wurden über andere Kontakte ausgewählt. Drei der Befragenden haben selber einen Migrationshintergrund.

Die Interviewenden unterzeichneten zu Beginn des Einsatzes eine Datenschutzvereinbarung bezüglich der Vertraulichkeit der Daten. Ausserdem verfassten sie einen ca. einseitigen Kurzaufsatz zu den Annahmen und Thesen, die sie vor der Durchführung der Gespräche zum Forschungsgegenstand hatten, um sich ihrer impliziten Vermutungen zum Forschungsgegenstand bewusster zu sein. Die Wichtigkeit der Selbstobjektivierung beschreibt Bourdieu in einem Interview (Bourdieu & Wacquant, 1992, S. 99) folgendermassen:

> Ich finde es höchst betrüblich, wenn ich beim Lesen von soziologischen Arbeiten feststelle, dass diejenigen, die die Objektivierung der sozialen Welt zu ihrem Beruf gemacht haben, so selten in der Lage sind, sich selber zu objektivieren, und so oft gar nicht merken, dass ihr scheinbar wissenschaftlicher Diskurs weniger von ihrem Objekt als von ihrer Beziehung zum Objekt spricht.

Die Interviewerinnen und der Interviewer wurden in einer umfangreichen Schulung auf ihren Einsatz vorbereitet. Ziel der Einführung war es, die Befragenden in die Besonderheiten qualitativer Forschung und qualitativer Interviews einzuführen und ihre Selbstreflexivität in Bezug auf ihre Rolle im Feld zu schulen. Zudem wurde versucht, den Interviewerinnen und Interviewern eine „verstehende Haltung" den zu interviewenden Personen gegenüber zu vermitteln; eine Haltung, die der Interviewpartnerin bzw. dem Interviewpartner laut Karrer (2000, S. 61) zu verstehen gibt, dass man sich in ihre bzw. seine Situation hineinzuversetzen versucht ohne zu bewerten.

Die HSSAZ-Mitarbeitenden besprachen mit den Interviewenden nach der Durchführung jedes einzelne Gespräch und anschliessend auch die Transkription, damit der Kontext der Interaktion vollzogen und unklare Stellen im Interview geklärt werden konnten. Zusätzlich füllten die Interviewerinnen und der Interviewer zu jedem Interview ein Postskript aus, in welchem die Rahmenbedingungen, die Dauer des Interviews und die eigene Reflexion in Bezug auf Interviewführung, Atmosphäre im Gespräch usw. festgehalten wurden.

In der vorliegenden Arbeit wird davon ausgegangen, dass es „unbeeinflusste Interviews" nicht gibt. Das Interview ist „ein gemeinsamer Interaktionsprozess, von Erzählperson und interviewender Person gemeinsam erzeugt" (Helfferich, 2005, S. 10). Das, was in einer bestimmten Situation erzählt wird, ist nach Helfferich (ebd., S. 52) abhängig von verschiedenen Faktoren. Sie nennt Einflüsse bezogen auf die Interviewerin, die Beziehung/Interaktion, die Interviewten und die Situation, in welcher das Gespräch stattfindet. Je nach Art der Gesprächssituation, der Wahrnehmungen der beteiligten Personen und der Interaktion im Interview werden andere Erzählungen produziert.

Es gibt demnach nicht „wahr" oder „falsch", sondern nur „kontextge-
bundene, subjektive Wahrheiten" (ebd., S. 64).

Zur besseren Nachvollziehbarkeit der jeweiligen Interviewkon-
stellationen zeigt Tabelle 7 auf, in welchen Bereichen sich Interviewende und Interviewte ähnlich und in welchen Aspekten sie sich
eher unähnlich waren. Homogenität wird in Tabelle 7 mittels
schraffierter Balken für vier verschiedene Variablen aufgezeigt.

Homogenität und Heterogenität sollen weder positiv noch negativ
bewertet werden. In dieser Arbeit wird jedoch davon ausgegangen,
dass Unterschiede bzw. die Wahrnehmung von Unterschieden zu verschiedenen Erzählversionen führen.

Es bestanden zum Teil grosse Altersunterschiede zwischen Interviewerin und Interviewten (meist waren die Interviewten älter als die
Interviewenden), aber auch Unterschiede in Bezug auf den Migrationshintergrund waren vorhanden. Die drei Interviewenden mit Migrationshintergrund haben mit ihren Interviewpartnerinnen und -part-
nern mit grosser Wahrscheinlichkeit andere Erzählungen „produziert"
als Dyaden, bei welchen eine Person einen Migrationshintergrund hat
und die andere Person nicht.

Die Annahme von der Kontextgebundenheit der Interviews hat
zur Folge, dass bei der Präsentation der Ergebnisse (siehe Kapitel 4.3
und 4.4) bei einzelnen Interviewaussagen die Kontextbedingungen des
Gesprächs expliziert und in Bezug auf die Aussagen der Interviewpartnerinnen und -partner reflektiert werden.

Tabelle 7: Homogenität und Heterogenität der Interviewenden und Interviewten

Gruppe	Interview-Nr.	Variablen der Homogenität/Heterogenität von Interviewenden (I) und Interviewten (IP)			
		Bekanntheit	Geschlecht	Migrationshintergrund	Altersunterschied
		schraffiert = wenn sich I und IP vor dem Interview kannten	*schraffiert = gleiches Geschlecht I und IP*	*schraffiert = beide (I und IP) mit Migrationshintergrund oder beide ohne*	*schraffiert = Altersunterschied bis 10 Jahre (jünger oder älter)*
Interviews mit älteren Migrantinnen und Migranten	1		▓		
	2			▓	
	3		▓		
	4		▓		
	5		▓		
	6		▓		
	7				
	8			▓	
	9				
	10		▓		
	11	▓		▓	
	12			▓	
	13			▓	
	14	▓	▓	▓	
	15		▓		
	16				
	17				
	18	▓			
	19	▓			
	20		▓		
Interviews mit der zweiten Generation	21		▓	▓	▓
	22		▓	▓	▓
	23		▓	▓	▓
	24		▓	▓	▓
	25		▓	▓	▓
	26		▓	▓	▓
	27	▓	▓	▓	▓
	28		▓	▓	▓
	29		▓	▓	▓
	30		▓	▓	▓
	31		▓	▓	▓
	32		▓		▓
	33		▓		▓
	34		▓	▓	▓
	35		▓	▓	▓
	36		▓	▓	▓
	37		▓	▓	▓
	38		▓		▓
	39	▓	▓	▓	▓

103

3.4.3 Kriterien für die Auswahl der Befragten

Die Studie orientierte sich bei der Auswahl der zu Befragenden an dem von Kelle und Kluge (1999, S. 46 f.) vorgeschlagenen Vorgehen der „qualitativen Stichprobenpläne". Die Fallauswahl erfolgt dabei im Voraus durch eine Definition von Auswahlmerkmalen, die aufgrund theoretischer Vorüberlegungen, anhand der Untersuchungsfragestellung und anhand des Vorwissens über das Untersuchungsfeld bestimmt werden (ebd., S. 47).

Auswahlkriterien für die Befragung der älteren Migrantinnen und Migranten

Folgende Überlegungen waren Ausgangspunkt bei der Auswahl der befragten älteren Migrantinnen und Migranten:

- Es sollten Personen interviewt werden, die in Bezug auf ihre Herkunftsorte denjenigen *Nationalitätengruppen* angehören, die in der Stadt Zürich *die meisten Menschen im Alter von 65+ aufweisen*: Zum Zeitpunkt der Eingabe der Studie beim Schweizerischen Nationalfonds im Herbst 2004 lebten in der Stadt Zürich am meisten Italienerinnen und Italiener im Alter 65+[11], gefolgt von Personen aus Deutschland und Österreich. Personen aus Serbien und Montenegro stellten unter den nicht-deutschsprachigen „Ausländerinnen" und „Ausländern" die zweitstärkste Gruppe dar (siehe Tabelle 8).[12]

- *Personen, die aus einem Land eingereist sind, in welchem nicht Deutsch gesprochen wird*: Migrantinnen und Migranten aus Deutschland und Österreich werden nicht in die Untersuchung einbezogen, da bei diesen Personen aufgrund desselben Sprachhintergrundes viele potentielle „Schwierigkeiten", z. B. bei der Inanspruchnahme von Angeboten, wegfallen könnten.

---

11   Die Aussagen beziehen sich auf die absoluten Zahlen der in der Stadt Zürich anwesenden Ausländerinnen und Ausländer.

12   Die Statistiken geben nur die Anzahl der „Ausländerinnen" und „Ausländer", nicht aber die Zahl aller „Migrantinnen" und „Migranten" (Eingebürgerte und nicht Eingebürgerte) an. Trotzdem dienen diese Zahlen als Grundlage für die Wahl der Herkunftsorte.

- *Wohnort der interviewten älteren Personen*: Da in der Stadt Zürich und in der näheren Umgebung bereits einige Angebote vorhanden sind, die sich speziell an ältere Migrantinnen und Migranten richten (z. B. die mediterrane Abteilung im Pflegezentrum Erlenhof oder die Pflegewohnung OASI), war der Wohnort „Stadt Zürich und nähere Umgebung" ein Kriterium für die Auswahl der älteren Migrantinnen und Migranten.

- *Personen, die noch nicht in einem Alters- und Pflegeheim leben*: Da noch nicht viele ältere Migrantinnen und Migranten in einer stationären Einrichtung leben und im Rahmen des Projektes sowohl Einstellungen zu ambulanten und stationären Einrichtungen als auch Erwartungen an familiäre Unterstützung Thema sein sollten, war ein Auswahlkriterium, dass die Interviewpartnerinnen und -partner zum Zeitpunkt des Gesprächs noch in einem privaten Haushalt leben.

- *Personen, deren Hauptsprache nicht Deutsch ist*: Dieses Kriterium schliesst Leute aus der Untersuchung aus, welche gemäss Esser (2001, S. 20) die Sozialintegration in die Aufnahmegesellschaft unter Aufgabe der ethnischen Bezüge (nach Esser wird dieser Typ von Sozialintegration als „Assimilation" bezeichnet) vollzogen haben. In der vorliegenden Studie wird von der Annahme ausgegangen, dass sich diese Personengruppe hinsichtlich ihrer Unterstützungsbedürfnisse nicht wesentlich von Personen ohne Migrationshintergrund unterscheidet.

- *Allein lebende und nicht allein lebende Personen*: Es kann davon ausgegangen werden, dass die aktuelle Familien-/Haushaltssituation der Befragten einen Einfluss auf die Perspektiven, Wünsche und Ängste hat. Es wird bei der Auswahl der Befragten deshalb berücksichtigt, ob eine Person alleine lebt oder nicht.

- *Geschlecht*: In die Untersuchung werden sowohl Frauen als auch Männer einbezogen. Bisherige schweizerische Studien zeigen auf, dass Frauen und Männer das Alter unterschiedlich erleben (vgl. Höpflinger & Stuckelberger, 1999).

- *Nicht mehr im Erwerbsleben stehend*: Die vorliegende Untersuchung bezieht sich auf Personen in der Nacherwerbsphase, d.h. auf Interviewpartnerinnen und Interviewpartner, die bereits eine schweizerische oder ausländische Rente beziehen und nicht mehr aktiv im Erwerbsleben stehen.

– *Neu Zuziehende und Personen, die schon seit längerer Zeit migriert sind*: Um Unterschiede zwischen den beiden Migrationsgruppen zu erfassen, war geplant, beide Gruppen in der Untersuchung zu berücksichtigen.

Die oben genannten Kriterien für die Auswahl der zu befragenden Migrantinnen und Migranten bildeten den Ausgangspunkt der Forschung. Während des Projektverlaufs wurden aufgrund der Erkenntnisse aus der Befragung der Expertinnen und Experten und der Analyse der Volkszählungsdaten einzelne Kriterien erweitert und andere eingeschränkt.

Tabelle 8: *Anzahl Ausländerinnen und Ausländer der Stadt Zürich nach Herkunftsort, Geschlecht und Altersklasse, 2002*

	Altersklassen			
Herkunftsort	*0–19*	*20–64*	*65 und mehr*	*Gesamt*
Italien	2 338	11 149	2 030	15 517
Deutschland	977	12 211	1 157	14 345
Österreich	229	2 393	581	3 203
Serbien/Montenegro	5 027	9 502	428	14 957
Spanien	1 090	4 819	216	6 125
Griechenland	190	1 077	167	1 434
Türkei	1 640	3 887	123	5 650
Kroatien	755	2 261	114	3 130

Eigene Darstellung aufgrund von Daten der Statistik Stadt Zürich:
Quelle: Statistik Stadt Zürich: Statistisches Jahrbuch der Stadt Zürich 2003: Ausländerinnen und Ausländer nach Heimat, Geschlecht und Altersklasse, 2002. Tabelle T_1.4.50a.

Die folgende Tabelle 9 zeigt auf, in welchen Bereichen die ursprünglichen Kriterien erweitert bzw. eingeschränkt wurden.

Tabelle 9: *Ursprüngliche Kriterien bei der Auswahl der älteren Migrantinnen und Migranten und Anpassungen*

Ursprüngliche Kriterien	Anpassungen
Personen mit Herkunftsort Italien	→
Personen mit Herkunftsort Serbien/ Montenegro	Serbien/Montenegro: Wo nötig, Erweiterung auf ehemaliges Jugoslawien, Einschränkung auf Serbisch sprechende Personen
Nicht mehr im Erwerbsleben stehend	→
In der Stadt Zürich oder der näheren Umgebung wohnhaft	→
Hauptsprache nicht Deutsch	→
Allein lebende und nicht allein lebende Personen	→
Frauen und Männer	→
Neu Zuziehende und Personen, die schon länger (Einwanderung in den 1950er bis 1970er Jahren) in der Schweiz sind	Schwerpunkt liegt bei Personen, die schon länger in der Schweiz sind

→das Pfeilsymbol bedeutet, dass keine Anpassungen gemacht wurden

Die Erweiterung auf Personen aus dem ehemaligen Jugoslawien wurde nötig, da die Interviewten mehrheitlich noch in einem geeinten Jugoslawien aufgewachsen sind. Die strenge Beschränkung auf Personen mit Herkunftsort Serbien und Montenegro hätte potentielle Interviewpartnerinnen und Interviewpartner aus der Untersuchung ausgeschlossen, die sich selber als zur Gruppe „ehemaliges Jugoslawien" zugehörig betrachten. Die Beschränkung auf Serbien/Montenegro wurde deshalb vereinzelt aufgehoben, was auch in den Daten zu den befragten Personen (siehe Kapitel 4.3.1) sichtbar wird.

Neben dieser Erweiterung bei den Personen aus Serbien/Montenegro war zugleich eine Einschränkung im Bereich der Sprache nötig. Bei der Analyse der Volkszählungsdaten 2000 und in den Gesprächen mit Expertinnen und Experten zeigte sich, dass die Bevölkerung aus Serbien/Montenegro in Bezug auf ihren ethnischen Hintergrund sehr heterogen ist. Für die Untersuchung wurde deshalb diejenige Gruppe ausgewählt, die zahlenmässig im Moment am stärksten vertreten ist, d.h. die Serbisch sprechende Bevölkerung".[13] Eine Fokussierung auf verschiedene ethnische Gruppen hätte den Rahmen der Untersuchung gesprengt.

In den Interviews mit den Expertinnen und Experten und im Verlauf der sekundärstatistischen Auswertung wurde deutlich, dass die Neuzuziehenden, d.h. Personen, die erst im Alter eingewandert sind, aktuell noch eine kleine Gruppe darstellen. Der Schwerpunkt der Untersuchung lag deshalb bei denjenigen Personen, die schon seit längerer Zeit in der Schweiz leben. Damit wurde bezüglich des Kriteriums „Aufenthaltsdauer" eine gewisse Homogenität und damit eine Vergleichbarkeit der Fälle geschaffen.

Auf die Befragung von Personen ohne Migrationshintergrund wurde hier verzichtet, da laut Olbermann (2003, S. 102) Vergleiche zwischen Einheimischen und Menschen mit Migrationshintergrund problematisch sind, da eine Homogenität innerhalb der jeweiligen Gruppe suggeriert wird und als Folge die interne Heterogenität jeder Gruppe übersehen wird. Olbermann ist der Meinung, dass es sich bei der älteren Migrantenbevölkerung um eine sehr heterogene Gruppe handelt und deshalb davon auszugehen sei, dass es „Einheimische und ältere Migranten gibt, die sich ähnlicher sind, als bestimmte Teilgruppen innerhalb der einheimischen oder ausländischen Altenbevölkerung" (ebd., S. 102).

Auswahlkriterien für die Befragung der zweiten Generation

Bei der Befragung der zweiten Generation beabsichtigte das Forschungsteam gemäss dem DORE-Forschungsgesuch (Kobi, 2004), jeweils diejenigen Personen zu interviewen, die von den befragten älteren Gesprächspartnerinnen und -partnern als die wichtigste Bezugsperson bezeichnet wurden. Da Generationenbeziehungen im Fokus der Untersuchung stehen, sollte sich die Auswahl auf die Kinder der Interviewten beschränken. Während des Verlaufs der Untersuchung war jedoch eine Änderung des Vorgehens angezeigt, da es nur

---

13 Eine Aufschlüsselung der Volkszählungsdaten 2000 nach Hauptsprache für die Bevölkerung der Stadt Zürich zeigt auf, dass ca. 50% der Personen 65+ mit Nationalität Serbien/Montenegro Serbisch oder Kroatisch spricht. Albanisch sprechend sind ca. 21% (Auswertungen von Prof. Rolf Nef, HSSAZ).

vereinzelt möglich war, die direkten Bezugspersonen zu befragen; dies aus folgenden Gründen:

- Einige der interviewten Migrantinnen und Migranten haben erwachsene Kinder, die nicht in der Schweiz wohnhaft sind, weshalb es in vielen Fällen nicht möglich ist, die Dyade ältere Person / erwachsenes Kind zu interviewen.

- Diejenigen Personen, die erwachsene Kinder in der Schweiz haben, möchten zum Teil nicht, dass diese für ein Interview angefragt werden, meist mit der Begründung, dass diese zeitlich ausgelastet seien und man sie nicht mit etwas Zusätzlichem belasten wolle. Obwohl in den Gesprächen in den meisten Fällen Vertrauen zu den Interviewpartnerinnen und -partnern aufgebaut werden konnte, scheint die Angabe einer Bezugsperson für die Interviewten nicht unproblematisch zu sein. Obwohl betont wurde, dass mit der Befragung nicht beabsichtigt werde, die „Wahrheit" der Aussagen der älteren Migrantinnen und Migranten zu kontrollieren, gelang es zum Teil nicht, an die Adressen von direkten Bezugspersonen zu gelangen. Ein Grund für die Schwierigkeit kann darin liegen, dass die Frage nach Unterstützung bei einer Pflegebedürftigkeit in den meisten Fällen in den Gesprächen zwischen den Generationen noch kein Thema war. Ein Interview hätte dies aber zum Thema gemacht, was möglicherweise von der Mehrheit der Interviewpartnerinnen und Interviewpartner nicht gewünscht wurde.

Aufgrund der Schwierigkeiten bei der Befragung der direkten Bezugspersonen kam ein alternatives Szenario zum Einsatz. Wenn möglich, wurden weiterhin die direkten Bezugspersonen befragt (in insgesamt vier Fällen). In denjenigen Fällen, in welchen dies nicht möglich war, wurden Personen für die Befragung angefragt, deren Eltern noch nicht an der Untersuchung teilgenommen hatten. Es wurde nach potentiellen Interviewpartnerinnen und -partnern gesucht, deren Eltern bzw. Schwiegereltern

- aus Italien bzw. Serbien/Montenegro stammen,

- in der Stadt Zürich oder der näheren Umgebung wohnen,

- 65-jährig oder älter sind.

Die neue Strategie hatte den Vorteil, dass durch die Gespräche mit den „nicht-direkten" Bezugspersonen zusätzliche Informationen zur Gruppe der älteren Migrantinnen und Migranten gesammelt werden konnten.

Für die vorliegende Untersuchung liegen 39 auswertbare Gespräche vor, 20 mit älteren Personen und 19 mit der zweiten Generation. Rechnet man die sechs Interviews, die als Pretests geführt wurden, und die zwei Gespräche mit Personen, die nicht den zuvor festgelegten Kriterien entsprachen, mit ein, ergeben sich insgesamt 47 Gespräche mit älteren Migrantinnen und Migranten und Personen der zweiten Generation.

3.4.4 Zugang zum Feld

Der Zugang zum Feld erfolgte über folgende Kanäle und Strategien:

– Personen, die als Expertinnen und Experten interviewt wurden,

– weitere Vermittlungspersonen, die zusätzlich gesucht wurden,

– die Interviewenden, die weitere Personen aus ihrem Bekanntenkreis anfragten,

– die Interviewten: Diese nannten zum Teil weitere mögliche Interviewpartnerinnen und -partner (Schneeballsystem), die den zuvor festgelegten Kriterien entsprachen. In Ausnahmefällen wurden von den Interviewten die Adressen der erwachsenen Kinder vermittelt.

Keine Person wurde direkt vom Forschungsteam angesprochen. Alle Anfragen erfolgten indirekt über eine Zwischenperson, die über ihre Kontakte zu potentiell interessierten Personen einen Vertrauensbonus hatte. In einzelnen durchgeführten Interviews wird die bedeutende Rolle der Vermittlerinnen und Vermittler sichtbar, so z. B. bei einer Interviewpartnerin aus Serbien/Montenegro:

Wenn ich seinen Namen [den Namen des Vermittlers] nicht gesehen hätte [im Brief, in welchem die Interviewpartnerin für ein Gespräch angefragt wurde], hätte ich das [Schreiben] vernichtet. Dann habe ich ein bisschen mit ihm geredet, er sagte, ich hätte keinen Grund zur Sorge, du kannst schon mit ihr [der Interviewerin] reden (ältere Migrantin, ehJ[14]).

Zum Teil sagten die Interviewpartnerinnen und Interviewpartner auch für ein Interview zu, um der Vermittlungsperson einen Gefallen zu tun bzw. vor dieser Person „gut dazustehen", wie es eine Interviewpartnerin ausdrückt: „Aber wirklich, ich bin froh, dass wir [gemeint sind: Interviewerin und Interviewpartnerin] uns jetzt sehen. Dass er [Vermittler] nicht sagt, ich wolle nicht" (ältere Migrantin, ehJ). Das Interview kann in diesem Fall auch als Gegenleistung für zuvor empfangene Dienstleistungen der Vermittlungsperson interpretiert werden.

Damit die Interviewpartnerinnen und -partner von den Vermittlungspersonen schriftlich und mündlich über die Studie informiert werden konnten, wurde ein entsprechender Informationsflyer (siehe Anhang) ausgearbeitet und in die betreffenden zwei Sprachen (Italienisch, Serbisch) übersetzt. Der Flyer beinhaltete Angaben zum Ziel der Studie, zu den Rahmenbedingungen des Interviews, zur Vertraulichkeit und zu den Verantwortlichen der Untersuchung.

Abbildung 2 zeigt für die Interviewpartnerinnen und -partner mit Bezugspunkt *Italien* (ältere Personen und zweite Generation) die Zugangswege auf. Um den Zugang zu den älteren Migrantinnen und Migranten zu gewährleisten, konnten zwei Personen hinzugezogen werden, die bereits im Rahmen der Expertenbefragung[15] interviewt worden waren. Zusätzlich wurden weitere Vermittlungspersonen angefragt. Bei den Bezugspersonen war insbesondere eine ehemalige Studierende der HSSAZ, die selber der zweiten Generation italienischer Migrantinnen und Migranten angehört, massgebend für den Erfolg bei der Adressbeschaffung. Auch über eine Interviewerin und durch Hinweise der befragten Personen selbst (Schneeballsystem) konnten weitere Interviewpartnerinnen und -partner gefunden werden. Abbildung

---

14 Um die Anonymität der interviewten Personen sicherzustellen, wird bei den Zitaten nur die Herkunft und das Geschlecht aufgeführt, nicht aber die Interviewnummer. Die Angabe der Nummer würde es Leserinnen und Lesern unter Umständen ermöglichen, die Interviewpartnerinnen und -partner aufgrund verschiedener Zitate zu erkennen. ehJ = ehemaliges Jugoslawien.

15 Die Vermittlungspersonen, die bereits als Expertinnen oder Experten interviewt wurden, sind in der Abbildung mit EXP gekennzeichnet.

2 zeigt ausserdem auf, dass in zwei Fällen sowohl die Migrantinnen und Migranten als auch ihre direkten Bezugspersonen befragt werden konnten.[16]

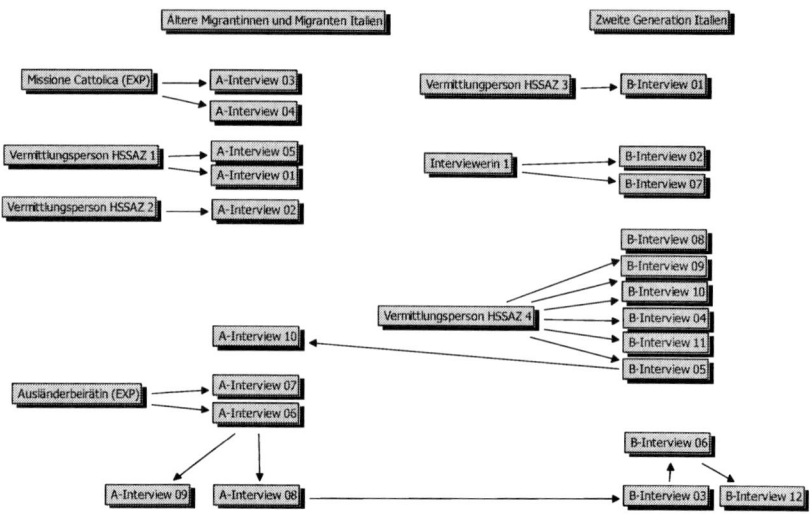

Abbildung 2: Zugang zum Feld bei den Befragten der Gruppe Italien

Abbildung 3 illustriert die Zugangswege bei den älteren Personen und bei der zweiten Generation der Gruppe *ehemaliges Jugoslawien*. In zwei Fällen konnten Personen, die als Expertinnen und Experten interviewt wurden, für die Vermittlung von Interviewpartnerinnen und -partnern eingesetzt werden. In zwei Fällen wurden sowohl die Eltern als auch die erwachsenen Kinder der interviewten Personen befragt.[17] Die Grafik zeigt auf, dass Interviewerin 1 mehrere Adressen selber beschaffen konnte. Diese stammten aus ihrem entfernten Bekanntenkreis und nicht aus ihrem Verwandtenkreis.[18] Eine wichtige Rolle bei der

---

16 Es handelt sich um die folgenden zwei Dyaden: Dyade 1: A-Interview 08 & B-Interview 03, Dyade 2: A-Interview 10 & B-Interview 05.

17 Es konnten folgende Dyaden befragt werden: Dyade 1: A-Interview 01 & B-Interview 07, Dyade 2: A-Interview 10 & B-Interview 04.

18 Damit sollte eine zu grosse Nähe zwischen Interviewerin und Interviewten vermieden werden. Das Forschungsteam ging von der Annahme aus, dass bestimmte Themen nicht oder auf eine bestimmte Weise thematisiert würden (z. B. Aus-

Adressbeschaffung der Bezugspersonen spielt eine HSK[19]-Lehrerin, die mehrere Kontakte herstellen konnte (siehe Abbildung 3).

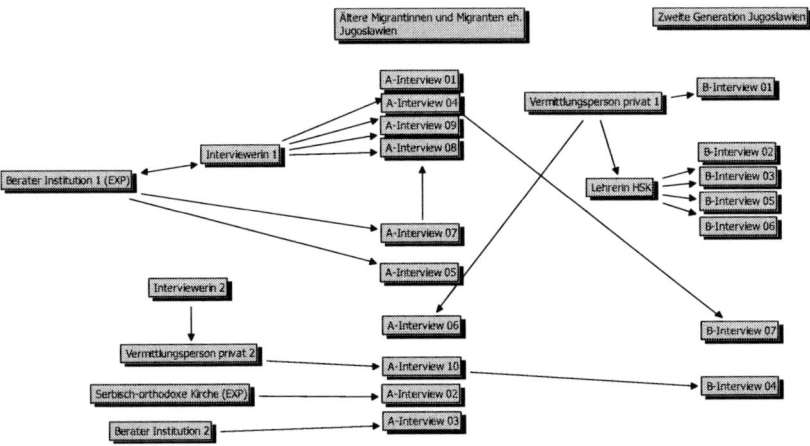

Abbildung 3: Zugang zum Feld bei den Befragten der Gruppe ehemaliges Jugoslawien

Der Zugang zum Feld war in der vorliegenden Studie aufwändiger als erwartet, insbesondere bei der Gruppe Serbien/Montenegro. Es kann angenommen werden, dass hauptsächlich folgende Gründe für die Schwierigkeiten beim Feldzugang verantwortlich waren:

–   Gründe in Zusammenhang mit den vermittelnden Personen (die richtigen Vermittlerinnen und Vermittler finden, Information dieser Personen, Verfügbarkeit, Art der Vermittlung)

–   Gründe auf Seiten der potentiellen Interviewpartnerinnen und -partner (Misstrauen, Forschungsferne u.a.).

Die zwei genannten Bereiche sind interdependent. In Tabelle 10 werden die Faktoren aufgeführt, die bei der Gewinnung von Vermittlerinnen und Vermittlern im vorliegenden Projekt wahrscheinlich zum Erfolg bzw. zum Misserfolg geführt haben.

---

lassen von Selbstverständlichem, nicht Ansprechen von heiklen Themen), wenn eine zu grosse Nähe zwischen Interviewerin und Interviewten bestünde (vgl. Helfferich, 2005, S. 111).

19   HSK = Kurse in heimatlicher Sprache und Kultur.

Tabelle 10: *Erfolgs- und Misserfolgsfaktoren bei der Einbeziehung von Vermittlerinnen und Vermittlern*

Erfolgsfaktoren	Misserfolgsfaktoren
Einsatz verschiedener Informationskanäle bei der Anfrage der Vermittlungspersonen um Unterstützung: Mail, Brief, Telefon und *persönliches Treffen* zur Schilderung des Anliegens	Nur schriftlicher oder telefonischer Kontakt
Den geeigneten Informationskanal für die jeweilige Vermittlungsperson finden (Mail, telefonisch, persönlich)	
Mehrmalige Kontaktaufnahme	Einmalige Kontaktaufnahme
Die Erstanfragen der Vermittelnden erfolgt nicht über die HSSAZ, sondern über Vertrauenspersonen der Vermittelnden	
Bereitschaft der Projektverantwortlichen zur Teilnahme an Veranstaltungen zwecks Vertrauensaufbau zu den vermittelnden Personen	
Monetäre Entschädigung für die Adressvermittlung[20]	
Gelungene Herausstellung des Ziels des Forschungsprojektes (Das Projekt erscheint den Vermittelnden als sinnvoll)	Ziel des Forschungsprojektes ist den Vermittelnden unklar
Praxisrelevanz des Forschungsprojektes klar	Praxisrelevanz des Forschungsprojektes („Was bringt es?") ist zu wenig klar
Detaillierte Information über das Projekt	Zu wenig detaillierte Information
	Die Vermittlungspersonen wurden vor der Anfrage für die vorliegende Studie bereits mehrmals für andere Studien angefragt („überforschtes Feld")
	Es gelingt nicht, den potentiellen Nutzen von Forschung herauszustellen

[20] Um den Zugang zum Feld zu erleichtern, wurden die Vermittlungspersonen ab August 2006 für ihre Bemühungen monetär mit einem Betrag von Fr. 50 pro erfolgreicher Vermittlung entschädigt. Auch den Interviewpartnerinnen und -partnern wurde ab dann dieselbe Summe bezahlt.

Tabelle 11 zeigt auf, welche Faktoren im vorliegenden Projekt bei den potentiellen Interviewpartnerinnen und -partnern vermutlich zu Zusagen (Erfolgsfaktoren) resp. Absagen (Misserfolgsfaktoren) geführt haben.

Markides, Liang und Jackson (1990, S. 121) führen die Schwierigkeiten beim Zugang zu älteren Personen mit Migrationshintergrund auf drei mögliche Ursachen zurück:

- schlechter Ruf von Forschenden allgemein
- Angst, dass die Forschung für einen selbst negative Auswirkungen haben könnte
- grundsätzliche Skepsis gegenüber Forschung

Insbesondere bei den älteren Personen aus Serbien könnten einzelne Misserfolgsfaktoren beim Zugang zum Feld in einem generellen Misstrauen gegenüber staatlichen Institutionen liegen, welches Karrer (2006, S. 4) bei Menschen aus dem Balkan beobachtet: „Hier [d.h. bei Personen aus dem Balkan] wird der Staat stärker als Gegner gesehen, dem man mit Misstrauen begegnet." Demzufolge sagen Verzögerungen und Schwierigkeiten beim Zugang zum Feld auch etwas über dieses selbst aus, oder wie Becker (2000a, S. 94) diesen Sachverhalt pointiert ausdrückt: „Wie Menschen auf einen Fremden reagieren, der sie zu seinem Studienobjekt machen möchte, sagt viel darüber aus, wie sie leben und wie sie organisiert sind." Auch Wolff (2000, S. 336) sieht in der Analyse des Feldzugangs eine Möglichkeit zur Generierung zusätzlicher Erkenntnisse zum Forschungsgegenstand.

Tabelle 11: Erfolgs- und Misserfolgsfaktoren bei der Gewinnung von Interviewpartnerinnen und -partnern

Erfolgsfaktoren	Misserfolgsfaktoren
Anfrage über eine Vertrauensperson (Vermittlerin oder Vermittler)	Anfrage über unbekannte Personen
Fragen der potentiellen Interviewpartnerinnen und -partner können von der Vermittlungsperson beantwortet werden: Angaben zu den Interviewenden, Angaben zu den Rahmenbedingungen des Gesprächs	Die Vermittlungsperson kann auftauchende Fragen nicht beantworten
Vertraulichkeit und Anonymisierung der Aussagen kann glaubwürdig dargestellt werden	Vertraulichkeit und Anonymisierung können nicht glaubwürdig dargestellt werden
Die Interviewpartnerinnen und -partner verstehen den Zweck des Gesprächs	Die Interviewpartnerinnen und -partner verstehen den Zweck des Gesprächs nicht bzw. interpretieren ihn auf eine andere Weise (Interview als „Kontrolle")
Die Interviewpartnerinnen und -partner wissen, wer sie interviewt, haben im Idealfall die Interviewerin bzw. den Interviewer bereits gesehen	
Monetäre Entschädigung für das Gespräch	
	Misstrauen gegenüber öffentlichen Institutionen „Hier ist die Polizei überall. Das ist das Land der Polizei. Auf jeden Einwohner kommen drei Polizisten" (älterer Migrant, ehJ)
Potentieller Nutzen der Studie wird wahrgenommen	Nutzen der Studie wird in Frage gestellt
	Potentielle Interviewpartnerinnen und -partner sehen sich einer Gruppe zugeordnet, der sie nicht angehören wollen. „Wir sind keine Sozialfälle" (diese Assoziation entstand aufgrund des Namens „Hochschule für Soziale Arbeit Zürich") Man schämt sich, „Serbe" zu sein
Es werden genügend zeitliche Ressourcen für die Gewinnung von Interviewpartnerinnen und -partnern eingeplant	Es werden zu wenig zeitliche Ressourcen für die Gewinnung von Interviewpartnerinnen und -partnern eingeplant

3.4.5 Interviewleitfaden

In der vorliegenden Untersuchung kamen „narrativ fundierte" Leitfadeninterviews (Nohl, 2006, S. 20) zum Einsatz. Bei „narrativen Interviews" geht es nach Nohl (ebd.) nicht nur darum, Einschätzungen und Meinungen zu erheben, sondern den Erzählungen der Interviewten besondere Beachtung zu schenken.

Der Interviewleitfaden (siehe Anhang) beinhaltete bei den *älteren Migrantinnen und Migranten* offene Fragen zu ihrem Migrationshintergrund, der momentanen Lebenssituation, den Unterstützungsbeziehungen (Fokus: empfangene Unterstützung) sowie zu ihren Vorstellungen von einer Betreuung im Alter. Die Gespräche mit der zweiten Generation (siehe Interviewleitfaden im Anhang) waren ähnlich gestaltet, wobei es auch hier um die Biographie der Befragten, die Beziehung zu den Eltern/Schwiegereltern (Häufigkeit der Kontakte, Qualität der Beziehung), momentane intergenerationelle Unterstützungsbeziehungen und Vorstellungen in Bezug auf eine etwaige Pflegebedürftigkeit der Eltern bzw. Schwiegereltern ging.

Die Reihenfolge der Fragen und die konkrete Formulierung waren nicht vorgegeben. Dem Erzählfluss der interviewten Person sollte möglichst Rechnung getragen werden.

Der Interviewleitfaden für die älteren Personen wurde in fünf Pretests mit spanischen Migrantinnen und Migranten erprobt und aufgrund der Erkenntnisse aus diesen Tests überarbeitet. Der Leitfaden für die Gespräche mit der zweiten Generation wurde mit zwei Personen getestet und aufgrund dieser Informationen angepasst. Die Interviewerinnen und Interviewer übersetzten den Leitfaden anschliessend ins Italienische bzw. Serbische.

Sowohl in den Interviews mit den älteren Personen als auch in den Gesprächen mit der zweiten Generation wurden retrospektive sowie prospektive Fragen gestellt. Höpflinger (2002b) weist in einem Artikel auf die Wichtigkeit von *retrospektiven* Fragen in der gerontologischen Forschung hin, macht aber auch auf die Probleme dieser Fragen aufmerksam. Laut Höpflinger (ebd.) werden emotional als intensiv erlebte Erfahrungen weniger vergessen als emotional weniger intensive Erlebnisse. An wichtige lebenskritische Ereignisse erinnert man sich in der Regel gut, ebenso an biographische Einmalereignisse.

Ein solches Einmalereignis ist die Migration. Höpflinger (ebd.) geht von einer allgemeinen Regel aus: „je alltäglicher und routinehafter ein Ereignis, ein Erlebnis oder eine Handlung ist, desto kürzer ist allerdings im Allgemeinen der Zeithorizont, der retrospektiv zuverlässig erfasst werden kann" (Höpflinger, 2002b, o.S.).

Bei *prospektiven* Fragen stellt sich das Problem, dass nach etwas gefragt wird, was noch nicht eingetroffen ist, im Falle der vorliegenden Studie die Pflegebedürftigkeit einer Person. Es ist zu erwarten, dass in der konkreten Situation zum Teil anders gehandelt werden wird, als dies prospektiv angenommen wird. Die Wünsche der Migrantinnen und Migranten und ihrer Bezugspersonen sind deshalb als solche zu betrachten. Es kann vermutet werden, dass Angehörige ihr Unterstützungspotential überschätzen und ältere Menschen ihren Unterstützungsbedarf tendenziell unterschätzen.

3.4.6 Durchführung der Interviews

Die Interviews wurden in der Sprache durchgeführt, die von den Interviewten gewünscht wurde. Gespräche in deutscher und spanischer Sprache wurden von den zwei am Projekt beteiligten Mitarbeitenden der HSSAZ (Sylvie Kobi und Barbara Baumeister) übernommen, die Gespräche auf Italienisch und Serbisch von den für die Studie angestellten Interviewerinnen und Interviewer.

Die Gespräche mit den *älteren Migrantinnen und Migranten* wurden zwischen dem 3. Mai und dem 17. Dezember 2006 geführt, die Interviews mit der zweiten Generation fanden zwischen dem 22. August und dem 19. November 2006 statt. Allen interviewten Personen wurde vor dem Gespräch Vertraulichkeit zugesichert und die Anonymisierung der Daten garantiert.

Die effektive Aufnahmezeit aller 39 in die Auswertung einbezogenen Interviews mit älteren Migrantinnen und Migranten und mit der zweiten Generation beträgt 40 Stunden, was einem Durchschnitt von ca. einer Stunde pro Interview gleichkommt. Werden die nicht aufgenommenen Vor- und Nachgespräche ebenfalls einbezogen, ergibt sich ein Durchschnitt von ca. 90 Minuten pro Interview. Die Gespräche mit der zweiten Generation dauerten in der Regel etwas weniger lang als die Interviews mit den Migrantinnen und Migranten (siehe Tabelle 12).

Tabelle 12: Durchschnittliche Aufnahmezeit und tatsächliche Interviewdauer in Minuten

Interviewgruppe	Durchschnittliche Aufnahmezeit (in Minuten)	Durchschnittliche tatsächliche Interviewdauer (in Minuten)
Ältere Migrantinnen und Migranten	67	100
Zweite Generation	53	86
Alle	60	93

Um die Natürlichkeit der Gesprächssituation zu garantieren, wurde den Interviewpartnerinnen und -partnern die Entscheidung überlassen, an welchem Ort das Gespräch stattfinden sollte; in der Regel wurde aber dazu tendiert, das Interview möglichst „alltagsnah" bei den Interviewten zu Hause zu führen. Bei 30 interviewten Personen wurde das Gespräch zu Hause durchgeführt, bei neun Personen ausser Haus, d.h. in einem Café, bei der Interviewerin zu Hause, am Arbeitsplatz der Interviewten oder in einem Fall an der Hochschule für Soziale Arbeit Zürich.

Geplant war, Einzelpersonen zu befragen. In neun Fällen fand das Gespräch jedoch im Beisein von anderen Personen statt. Diese „anderen" waren: Säuglinge, ältere Kinder und Ehepartnerinnen bzw. Ehepartner.

3.4.7 Datenaufbereitung und -auswertung

Die Interviews wurden mit Einwilligung der Interviewpartnerinnen und -partner mit einem Digital Voice Recorder aufgezeichnet. Alle Audiodateien wurden von den Interviewerinnen und Interviewern übersetzt, nach zuvor festgelegten Regeln transkribiert und während der Transkription anonymisiert. Zum Teil übersetzten die Interviewenden die Gespräche direkt, zum Teil transkribierten sie sie in einem ersten Schritt in der Sprache des Interviews und übersetzten sie erst in einem zweiten Schritt ins Deutsche.

Um die Nachvollziehbarkeit der Gespräche besser gewährleisten zu können, wurden die Rahmenbedingungen der Interviews in einem Postskript festgehalten. Jedes einzelne Interview wurde mit den Interviewenden besprochen, einerseits, um das Gespräch für diejenigen Personen, die nicht am Interview aber an der Auswertung beteiligt waren, nachvollziehbarer zu machen, andererseits, um offene Fragen zum Gespräch zu klären, insbesondere auch Fragen, die im Zusammenhang mit der Übersetzung entstanden.

Die Gespräche wurden in einem ersten Schritt fallspezifisch von den zwei Projektbeteiligten der HSSAZ in Bezug auf die zentralen Themen im Leitfaden zusammengefasst. Damit der „Originalton" möglichst erhalten blieb, beinhalten die Fallbeschreibungen viele Zitate.

In einem zweiten Schritt wurde innerhalb der einzelnen Fälle nach Mustern, Zusammenhängen und wiederkehrenden Themen gesucht. In einem dritten Schritt erfolgte ein Vergleich der verschiedenen Fälle, um gemeinsame Themen und Zusammenhänge herauszufiltern und Unterschiede herauszuarbeiten. Gemäss Nohl (2006, S. 54) ist der Vergleich Voraussetzung für eine Interpretation, die nicht allein auf dem Erfahrungshintergrund der Forschenden aufbaut.

Die Auswertung erfolgte computerunterstützt durch das Programm Atlas-ti 5.2.9. Sie bezog sich mehrheitlich auf den manifesten Inhalt der Interviews. Bei einzelnen Stellen wurden jedoch in Anlehnung an Froschauer und Lueger (2003) beziehungsweise Nohl (2006) auch latente Inhalte analysiert.

3.4.8 Gütekriterien qualitativer Forschung

In der Diskussion um Gütekriterien in der qualitativen Forschung stellt sich die Frage, ob die für die quantitative Forschung angewendeten Konzepte auf die qualitative Forschung übertragen werden können und – falls dies nicht der Fall ist – welche Kriterien gelten sollten.

In Anlehnung an Steinke (2000, S. 322) wird davon ausgegangen, dass quantitative Kriterien für die Bewertung qualitativer Forschung ungeeignet sind, dass aber qualitative Forschung nicht ohne Bewertungskriterien auskommt. Steinke (ebd., S. 324–331) formuliert folgende Bewertungskriterien für die qualitative Forschung: intersubjektive Nachvollziehbarkeit, Indikation des Forschungsprozesses, empirische Verankerung, Limitation, Kohärenz, Relevanz und reflektierte Subjektivität. Diese Kriterien müssen nach Meinung von Steinke „je nach Fragestellung, Gegenstand und verwendeter Methode konkretisiert, modifiziert und gegebenenfalls durch weitere Kriterien ergänzt werden" (ebd., S. 324). „Kommunikative Validierung" gilt als weiteres Kriterium zur Bewertung qualitativer Daten (vgl. Flick, 1996, S. 245). Im Folgenden werden diejenigen Kriterien genauer erläutert, die im Rahmen der vorliegenden Arbeit von Bedeutung waren.

Reflektierte Subjektivität
Sowohl Interviews mit Migrantinnen und Migranten als auch Interviews mit älteren Menschen sind besonderen Rahmenbedingungen unterworfen: Ungleiche Machtbeziehungen zwischen Forschenden und Erforschten könnten sich in der Interviewsituation verstärken, in welcher ein Mitglied der „Mehrheitenkultur" eine Person der „Minderheitenkultur" interviewt. Interviews mit älteren Personen stellen grundsätzlich andere Anforderungen als solche mit jüngeren Personen (vgl. Bungard, 1979; Kühn & Porst, 1999). Verwiesen sei zum Beispiel auf die grössere Anfälligkeit älterer Personen, sozial erwünschte Antworten zu geben. Diese speziell herausfordernde Interviewsituation wurde durch den intensiven Austausch der Projektleiterin mit den Interviewenden und durch Diskussionen innerhalb des Forschungsteams reflektiert.

Intersubjektive Nachvollziehbarkeit
Intersubjektive Nachvollziehbarkeit wird in der vorliegenden Untersuchung durch eine möglichst detaillierte Dokumentation des Forschungsprozesses gewährleistet. Unterstützt durch „Memofunktionen" im Programm Atlas-ti konnten Gesprächsnotizen, Überlegungen, erste Thesen usw. sofort festgehalten, anschliessend wieder abgerufen und für die Interviewinterpretationen genutzt werden.

In der Darstellung der Ergebnisse aus den Interviews mit älteren Migrantinnen und Migranten und Personen der zweiten Generation wurde insbesondere auf die Nachvollziehbarkeit der Interpretationen und Thesen geachtet.

Strategien der Validierung
Kommunikative Validierung meint in der Regel eine Überprüfung der Erkenntnisse durch die zuvor Interviewten (vgl. Flick, 1996, S. 245; Steinke, 2000, S. 329).

In der vorliegenden Untersuchung wurde die Angemessenheit der Interpretationen nicht mit den Interviewpartnerinnen und -partnern selbst besprochen, jedoch wurde versucht, die Grenzen der Thesen anhand von Gesprächen mit den Interviewerinnen und Interviewern, welche selbst einen Migrationshintergrund haben, zu erkunden.

Ausserdem bestand durch den Austausch zwischen den zwei Projektmitarbeiterinnen (Barbara Baumeister und Sylvie Kobi) die Möglichkeit, Thesen zu diskutieren, zu verwerfen und weiterzuentwickeln.

4. Ergebnisse

Der Ergebnisteil beinhaltet vier Unterkapitel. In einem ersten Teil werden die Ergebnisse der sekundärstatistischen Auswertungen in Bezug auf die Stadt Zürich vorgestellt, mit dem Ziel, einen Überblick über die demographische Situation, die zahlenmässige Entwicklung der älteren Ausländerinnen und Ausländer, Haushaltsformen, ihre Wohnsituation und weitere Aspekte zu geben (Kapitel 4.1).

In einem zweiten Teil (Kapitel 4.2) werden die Ergebnisse aus den Interviews mit den Expertinnen und Experten vorgestellt. Im dritten Teil (Kapitel 4.3) erfolgt eine ausführliche Darstellung der Ergebnisse aus den Gesprächen mit älteren Migrantinnen und Migranten der Herkunftsländer Italien und Serbien/Montenegro. Im letzten Teil (Kapitel 4.4) werden die Ergebnisse aus der Befragung der zweiten Generation von Migrantinnen und Migranten vorgestellt.

Es ist in Bezug auf die Kapitelaufteilung darauf hinzuweisen, dass in Kapitel 3.4 die Interviews mit älteren Migrantinnen und Migranten und mit der zweiten Generation zusammen diskutiert wurden. In Kapitel vier werden die Ergebnisse der Befragung der älteren Migrantinnen und Migranten und die Resultate aus den Gesprächen mit der zweiten Generation jedoch getrennt dargestellt. Da die Gruppen getrennt und mit unterschiedlichen Interviewleitfäden befragt wurden, ist eine separate Darstellung sinnvoll.

4.1 Ältere Ausländerinnen und Ausländer im Spiegel der Statistik

In diesem Abschnitt werden die wichtigsten Erkenntnisse aus der Analyse der Volkszählungsdaten 1990 und 2000 zusammengefasst. Die Auswertung der Daten erfolgte in Zusammenarbeit mit Prof. Rolf Nef, Dozierender der Hochschule für Soziale Arbeit Zürich.

Im Folgenden wird das Profil der 55-jährigen und älteren Personen mit Staatsangehörigkeit Schweiz, Italien und Serbien/Montenegro, die in der Stadt Zürich wohnhaft sind, aufgezeigt.

4.1.1 Demographische Angaben

In die statistische Auswertung wurden folgende demographische Daten einbezogen:

- Alter
- Geschlecht
- Zivilstand
- Bildung
- Religion
- sprachlicher Hintergrund bei Personen aus Serbien/Montenegro

Nicht alle Auswertungen wurden graphisch umgesetzt. Bei denjenigen Analysen, die nur im Text beschrieben, aber nicht graphisch dargestellt wurden, wird in Klammern jeweils auf die entsprechende Tabelle im Anhang verwiesen. Um die Darstellungen zu vereinfachen, wird „Volkszählung" jeweils mit „VZ" abgekürzt. Die Prozentangaben werden aufgrund der Übersichtlichkeit jeweils auf eine Stelle nach dem Komma gerundet. Dies hat zur Folge, dass die Summe der einzelnen Werte nicht immer ganz genau 100% ergibt.

Alter

Der Vergleich zwischen Schweizerinnen und Schweizern und Personen aus Italien bzw. Serbien/Montenegro zeigt, dass bei den Ausländerinnen und Ausländern noch eher die jüngeren Alten vertreten sind. Bei Personen aus Serbien/Montenegro sind 73% zwischen 55- und 64-jährig. Personen ab einem Alter von 85 sind sowohl bei den Italienerinnen und Italienern als auch bei Personen aus Serbien/Montenegro praktisch nicht mehr vorhanden (siehe Abbildung 4).

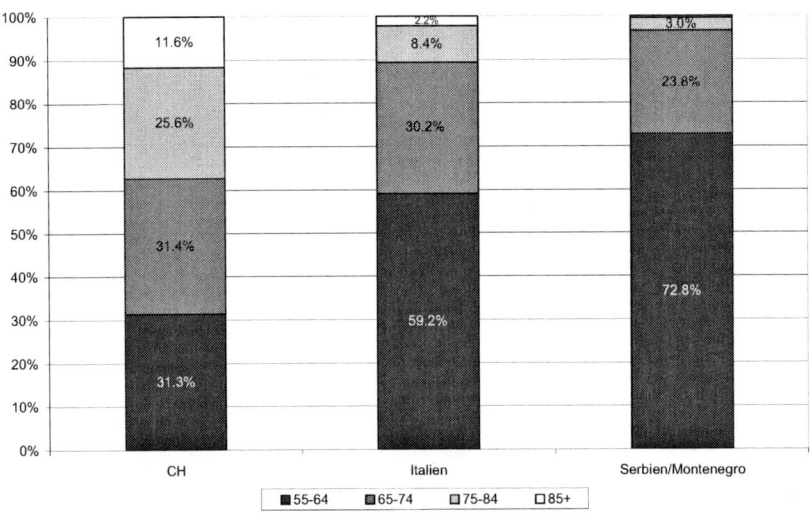

Abbildung 4: Alter: Prozentzahl der Personen nach Altersklasse und Staatsangehörigkeit im Jahr 2000, Stadt Zürich

Quelle: VZ 2000

Geschlecht

Während bei den Schweizerinnen und Schweizern der Frauenanteil höher ist als der Männeranteil, ist die Situation bei den Ausländerinnen und Ausländern umgekehrt. Bei beiden Gruppen (Italien, Serbien/Montenegro) sind die Männer in der Mehrzahl. Werden nur Personen eingerechnet, die 65-jährig oder älter sind, ist das Verhältnis Mann/Frau bei den Italienerinnen und Italienern ausgewogen, bei den

Personen aus Serbien und Montenegro sind nach wie vor ein wenig mehr Männer als Frauen zu verzeichnen (52.4% Männer), während bei den Schweizerinnen und Schweizern nur noch 35.6% Männer sind (siehe Abbildung 5). Bei den Italienerinnen und Italienern wie auch bei Personen aus Serbien/Montenegro kehrt sich das Geschlechterverhältnis ab der Alterskategorie 70–74 um, d.h. ab dieser Altersstufe sind auch bei den ausländischen Gruppen mehr Frauen als Männer zu verzeichnen (A 1)[1].

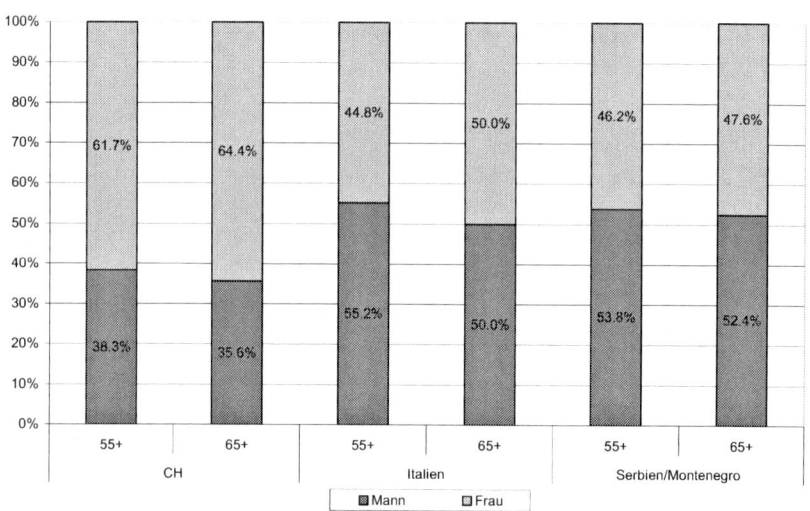

Abbildung 5: Geschlecht: Prozentzahl der Personen 55+ und 65+ nach Staatsangehörigkeit und Alter im Jahr 2000, Stadt Zürich

Quelle: VZ 2000

Zivilstand

Bei den beiden Ausländergruppen ist der Anteil der verheirateten Personen höher als bei den Schweizerinnen und Schweizern (siehe Abbildung 6). Dies hat unter anderem mit der Tatsache zu tun, dass das Al-

---

1   A 1 = Tabelle 1 im Anhang.

ter der älteren Ausländerinnen und Ausländer noch unter dem der älteren Schweizerinnen und Schweizer liegt.

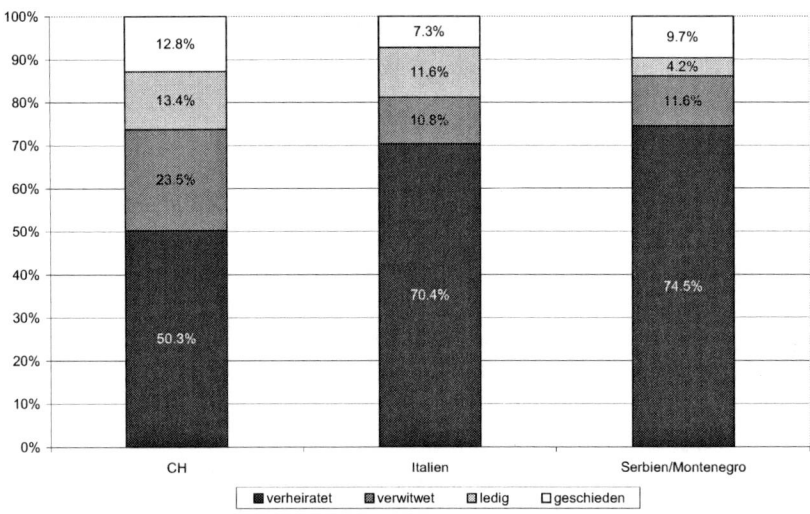

Abbildung 6: Zivilstand: Prozentzahl der Personen 55+ nach Staatsangehörigkeit im Jahr 2000, Stadt Zürich

Quelle: VZ 2000

Werden nur Zahlen für Personen berechnet, die 65-jährig oder älter sind, ist das Verhältnis ausgeglichener. Bei den Schweizerinnen und Schweizern 65+ machen die Verheirateten 46.6% aus, bei den Italienerinnen und Italienern 58% und bei den Personen aus Serbien/Montenegro 58.4% (A 2).

Eine Auswertung der Variable „Zivilstand" nach Geschlecht zeigt, dass sowohl bei den Schweizerinnen und Schweizern als auch bei den Italienerinnen und Italienern und den Personen aus Serbien/Montenegro die Männer eher verheiratet sind als die Frauen. Bei den Schweizern im Alter 55+ sind 68.1% der Männer gegenüber 39.2% der Frauen verheiratet. Bei den Italienerinnen und Italienern sind 77.7% der Männer und 61.3% der Frauen verheiratet, bei den Personen aus Serbien/Montenegro sind es sogar 86.2% der Männer versus 60.8% der Frauen (A 3).

Bildung

In Bezug auf die Positionierung der Migrantinnen und Migranten im sozialen Raum wurde hier die Variable „Höchste abgeschlossene Ausbildung" analysiert. Weitere Daten (z. B. zum Einkommen) stehen leider nicht zur Verfügung. Andere Merkmale, wie z. B. Beruf und sozioökonomische Gruppe, beinhalten viele unklare Fälle. Zudem ist eine Auswertung dieser Variablen nur bei Erwerbstätigen sinnvoll.

Abbildung 7 zeigt, dass die Italienerinnen und Italiener sowie die Personen aus Serbien/Montenegro ein niedrigeres Bildungsniveau haben als Schweizerinnen und Schweizer. Werden nur diejenigen Personen einbezogen, die 65-jährig oder älter sind, finden wir ein ähnliches Bild (A 8).

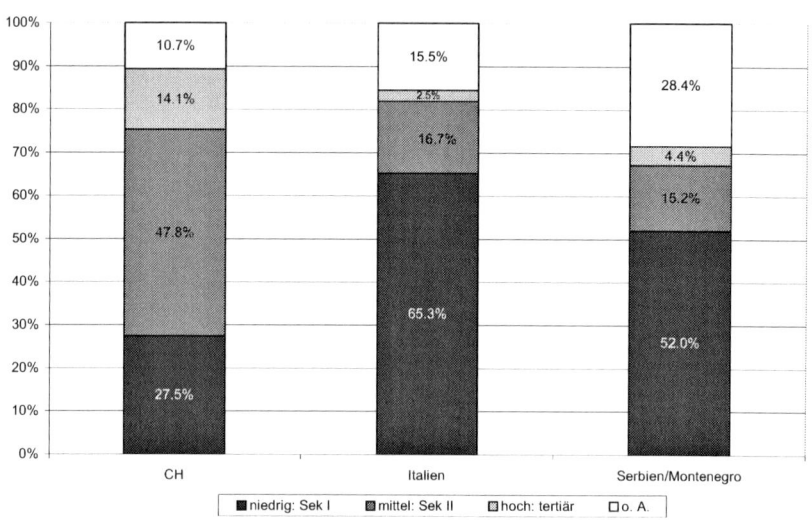

Abbildung 7: Höchste abgeschlossene Ausbildung: Prozentzahl der Personen 55+ nach Staatsangehörigkeit im Jahr 2000, Stadt Zürich
Quelle: VZ 2000

Nach Wanner, Sauvain-Dugerdil, Guilley und Hussy (2005, S. 91) ist der niedrige Bildungsstand älterer ausländischer Staatsangehöriger durch die Eigenheiten der Nachkriegsmigration zu erklären. Die erste Einwanderungsgeneration wurde „aus ungelernten Personengruppen rekrutiert und war grösstenteils in Bereichen tätig, die keine besonders hoch qualifizierte Ausbildung erfordern (vor allem im Bausektor sowie im Hotel- und Gastgewerbe)".

Religionszugehörigkeit

Die Personen aus Serbien/Montenegro sind hauptsächlich christlich-orthodox (53.8%) beziehungsweise Angehörige islamischer Gemeinschaften (24.3%), während der Hauptteil der Italienerinnen und Italiener (87.6%) katholisch ist. Personen 55+ mit schweizerischer Nationalität sind hauptsächlich protestantisch (51.3%) oder katholisch (31.3%). Es ist jedoch anzumerken, dass bei der Variable „Religion" viele fehlende Werte zu verzeichnen sind, insbesondere bei den Personen aus Serbien/Montenegro (13.9% ohne Angabe) (A 4).

Sprachlicher Hintergrund bei Personen aus Serbien/Montenegro

Eine Aufschlüsselung der Volkszählungsdaten 2000 nach Hauptsprache zeigt auf, dass ca. 50% der Personen 65+ mit Nationalität Serbien/Montenegro Serbisch oder Kroatisch spricht. Albanisch sprechend sind ca. 21%.[2] Wir können daraus schliessen, dass ein Grossteil der älteren Migrantinnen und Migranten aus Serbien/Montenegro zur ethnischen Gruppe der Serbinnen und Serben gehört. Einen kleinen – aber doch existenten – Anteil bilden Albanisch sprechende Personen, die wahrscheinlich mehrheitlich aus dem Kosovo stammen.

4.1.2 Entwicklung von 1990 bis 2000

Die Entwicklung der Anzahl der älteren Personen aus Italien und dem ehemaligen Jugoslawien lässt sich anhand eines Vergleichs der Volkszählungsdaten 1990 und 2000 verfolgen. Da im Jahre 1990 Jugoslawien noch existierte, ist der Vergleich 1990/2000 nur für Italien und das gesamte ehemalige Jugoslawien möglich.

---

2   Prozentzahl von Personen 65+ mit Nationalität Serbien/Montenegro nach Hauptsprachen: Deutsch: 26.9%; Serbisch; Kroatisch: 50.3%; Albanisch: 21.2%, andere: 1.6%.

In der Stadt Zürich hat die absolute Zahl der Personen 55+ (siehe Abbildung 8) sowie auch der Altersquotient bei den beiden Gruppen (Staatsangehörigkeit Italien bzw. eh. Jugoslawien) von 1990 bis 2000 zugenommen, bei den Italienerinnen und Italienern um 12.2%, bei den Personen aus dem ehemaligen Jugoslawien um 176.8%. Die absolute Zahl der Schweizerinnen und Schweizer 55+ hat von 1990 bis 2000 hingegen um 13.1% abgenommen (A 5).

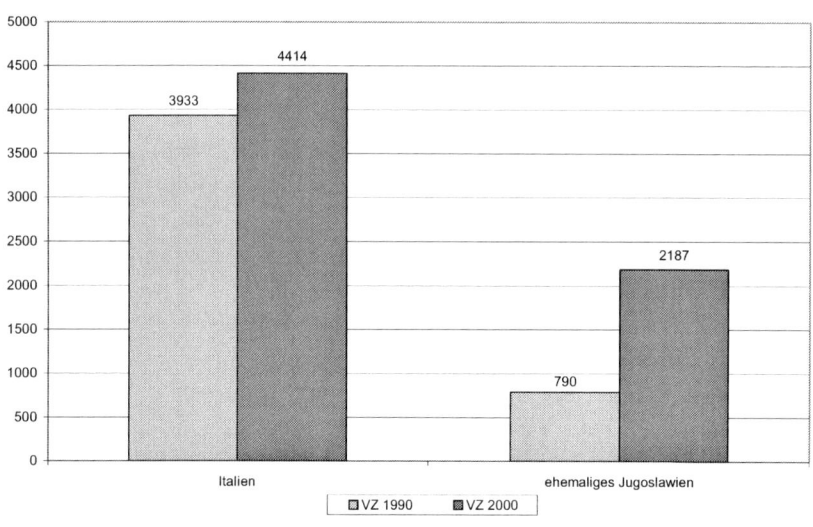

Abbildung 8: Anzahl der Personen 55+ nach Staatsangehörigkeit in den Jahren 1990 und 2000, Stadt Zürich
Quelle: VZ 1990 und VZ 2000

Neben den absoluten Zahlen zeigt sich die Entwicklung der älteren Bevölkerungsgruppe auch in den „Altersquotienten". Der Altersquotient misst das Verhältnis der 65-Jährigen und Älteren zu den 20- bis 64-Jährigen. Bei den Schweizerinnen und Schweizern der Stadt Zürich ist der Altersquotient leicht gesunken, bei den Personen aus Italien bzw. dem ehemaligen Jugoslawien ist er gestiegen.

Im Vergleich zu den Schweizerinnen und Schweizern sind die Altersquotienten der anderen beiden Nationalitäten (noch) bedeutend kleiner (siehe Abbildung 9).

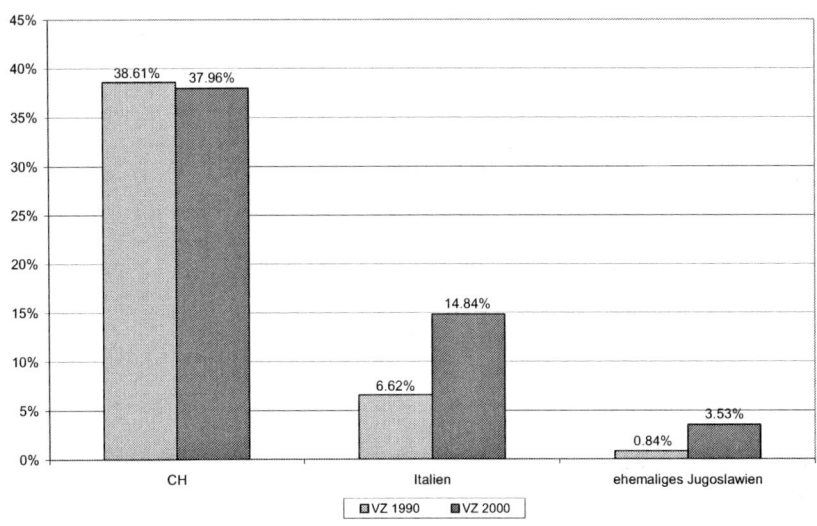

Abbildung 9: Altersquotienten nach Staatsangehörigkeit in den Jahren 1990 und 2000, Stadt Zürich

Quelle: VZ 1990 und VZ 2000

Eine detaillierte Auswertung nach Altersklassen zeigt folgendes Bild: Bei den Italienerinnen und Italienern hat die Anzahl der Personen ab der Alterskategorie 60 generell zugenommen. Eine Ausnahme findet sich bei den 80- bis 84-Jährigen, bei denen eine leichte Abnahme auszumachen ist (siehe Abbildung 10).

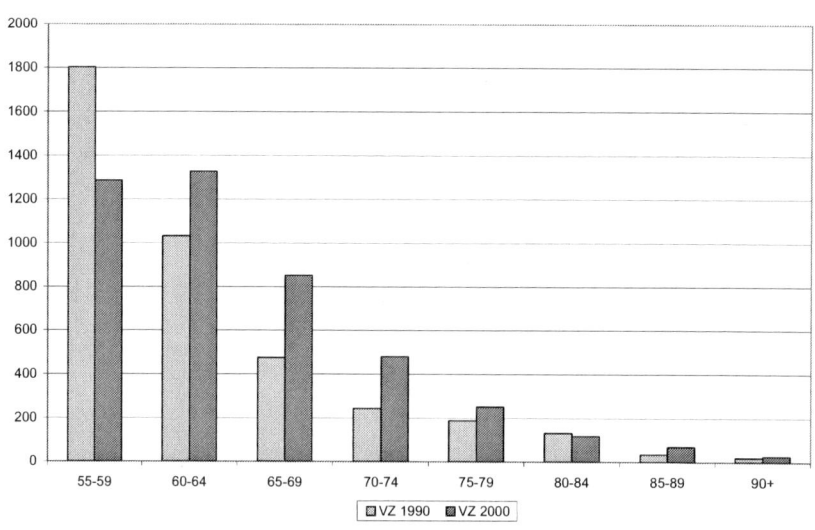

Abbildung 10: Anzahl der Personen 55+ mit Staatsangehörigkeit Italien nach Altersklassen in den Jahren 1990 und 2000, Stadt Zürich
Quelle: VZ 1990 und VZ 2000

Bezüglich der Personen mit Nationalität Serbien/Montenegro lässt sich der zeitliche Vergleich wieder nur für das gesamte ehemalige Jugoslawien berechnen. Ein Vergleich der Altersklassen für das ehemalige Jugoslawien und Serbien/Montenegro für das Jahr 2000 zeigt jedoch, dass sich die Verteilungen der beiden Gruppen nur geringfügig unterscheiden (A 7). Es scheint deshalb gerechtfertigt, für Serbien/Montenegro eine ähnliche Entwicklung anzunehmen wie für das gesamte ehemalige Jugoslawien.

Bei den Personen aus dem ehemaligen Jugoslawien findet von 1990 bis 2000 eine stärkere Zunahme statt als bei den Italienerinnen und Italienern, jedoch sind bei diesen Personen noch nicht sehr viele ältere Jahrgänge präsent (siehe Abbildung 11).

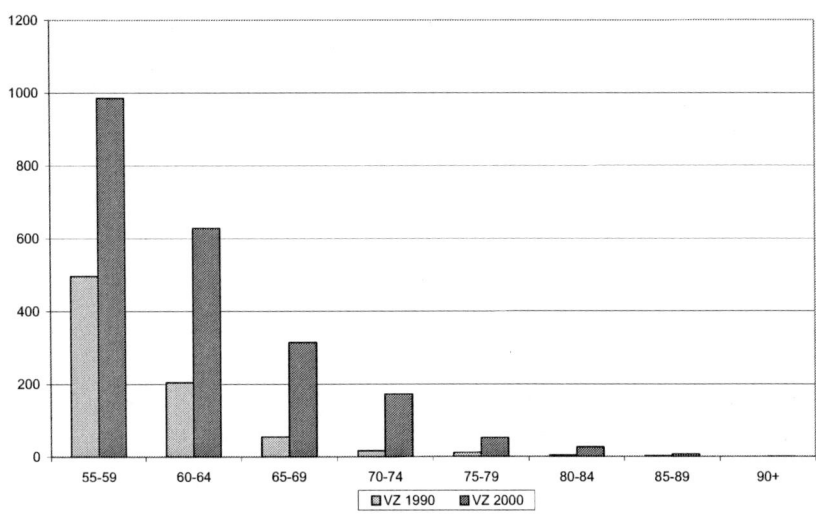

Abbildung 11: Anzahl der Personen 55+ aus dem ehemaligen Jugoslawien nach Altersklassen in den Jahren 1990 und 2000, Stadt Zürich

Quelle: VZ 1990 und VZ 2000

Bei den Schweizerinnen und Schweizern ist eine Abnahme bei den Personen im Alter von 55 bis 84 und eine leichte Zunahme bei den Personen im Alter von 85+ zu verzeichnen (siehe Abbildung 12).

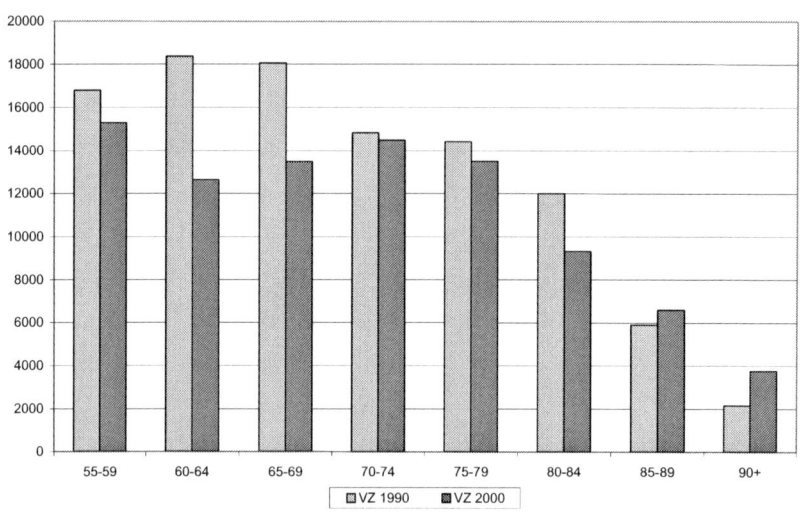

*Abbildung 12: Anzahl der Personen 55+ mit Staatsangehörigkeit Schweiz nach Alters-
klassen in den Jahren 1990 und 2000, Stadt Zürich*

Quelle: VZ 1990 und VZ 2000

Zusammenfassend lässt sich sagen, dass in der Stadt Zürich die absolute Zahl der Personen 55+ sowie auch der Altersquotient bei den
beiden Ausländergruppen (Staatsbürgerschaft Italien bzw. ehemaliges
Jugoslawien) zugenommen hat, während bei den Schweizerinnen und
Schweizern sowohl in der absoluten Zahl als auch im Altersquotienten
ein leichter Rückgang erfolgte.

Die Zunahme der Anzahl älterer Menschen mit Staatsangehörigkeit Italien bzw. ehemaliges Jugoslawien konzentriert sich allerdings
vorläufig noch auf die so genannten „jungen Alten".

Der Anteil derjenigen Personen, die erst im Alter eingewandert
sind (z. B. im Rahmen eines Familiennachzugs), ist gemäss den im
Rahmen dieser Studie durchgeführten Berechnungen ausserordentlich
klein. Diese Schätzungen beruhen auf der Analyse der Variablen
„Wohnort vor 5 Jahren" und „Aufenthaltsbewilligung": Die statistischen Daten zur Aufenthaltsbewilligung und zum Wohnort fünf Jahre
vor der Volkszählung 2000 zeigen, dass der Hauptteil der Personen
aus den zwei Nationalitätengruppen schon seit längerer Zeit in der

Schweiz wohnhaft ist, d.h. die Kriterien für eine Niederlassungsbewilligung, welche unbefristet ist, erfüllt sind (Ausländerausweis C). Wenn von der Annahme ausgegangen wird, dass Personen mit Ausländerausweis B (befristete Bewilligung), die fünf Jahre vor der Volkszählung 2000 im Ausland gelebt haben, zu den neu Zugewanderten gehören, ergeben sich für Italien und Serbien/Montenegro folgende Zahlen:[3]

–   0.7% aller Italienerinnen und Italiener 55+ (d.h. 31 Personen) gehören zur Kategorie der Personen, die einen Ausweis B haben und fünf Jahre vor der Volkszählung 2000 im Ausland gelebt haben.

–   3% aller Personen 55+ aus Serbien/Montenegro (d.h. 41 Personen) gehören zu dieser Kategorie (A 14).

Der Teil der Personen, die (z. B. im Rahmen eines Familiennachzugs) erst im Alter eingewandert sind, scheint sehr klein zu sein. Hier muss jedoch angemerkt werden, dass es sich um Zahlen des Jahres 2000 handelt. Es ist möglich, dass diese Zahl im Jahre 2007 höher liegt.

4.1.3 Aufenthaltsrechtliche Situation

Der Aufenthaltsstatus der meisten älteren Ausländerinnen und Ausländer ist mit einer C-Bewilligung gut abgesichert (siehe Abbildung 13). Personen mit Ausweis C „sind ausländische Staatsangehörige, denen nach einem Aufenthalt von fünf oder zehn Jahren in der Schweiz die Niederlassungsbewilligung erteilt worden ist" (Bundesamt für Statistik, 2004, S. 77). Bei den Personen aus Serbien/Montenegro haben jedoch einige einen Ausweis B.

---

3   Schwierig zu interpretieren ist die Kategorie „Diverses" beim Aufenthaltsstatus: Dieser Kategorie gehören 13 Personen 55+ aus Italien (d.h. 0.3% aller Personen 55+ aus Italien) und 42 Personen aus Serbien/Montenegro (d.h. 3.1% aller Ausländerinnen und Ausländer aus Serbien/Montenegro 55+) an.

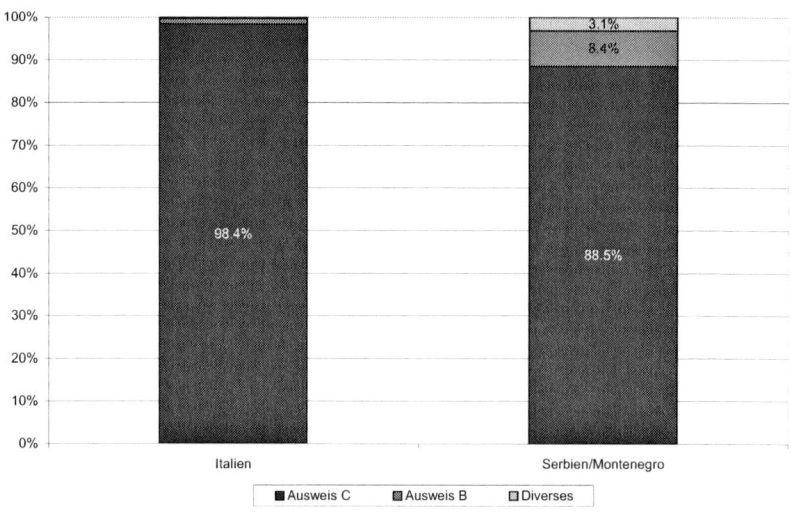

Abbildung 13: Aufenthaltsstatus: Prozentzahl der Personen 55+ nach Staatsangehörigkeit im Jahr 2000, Stadt Zürich
Quelle: VZ 2000

Personen mit Ausweis B sind „ausländische Staatsangehörige, die sich für einen bestimmten Zweck längerfristig mit oder ohne Erwerbstätigkeit in der Schweiz aufhalten. Die Aufenthaltsbewilligung ist befristet und kann verlängert werden" (ebd., S. 76).

4.1.4 Wohnort Ende 1995

Ein Grossteil der älteren Migrantinnen und Migranten wohnte Ende des Jahres 1995 in der Stadt Zürich. Bei der Gruppe aus Serbien/Montenegro sind jedoch auch einige Personen (7.5%, 101 Personen) zu verzeichnen, die Ende 1995 im Ausland gelebt haben (siehe Abbildung 14).

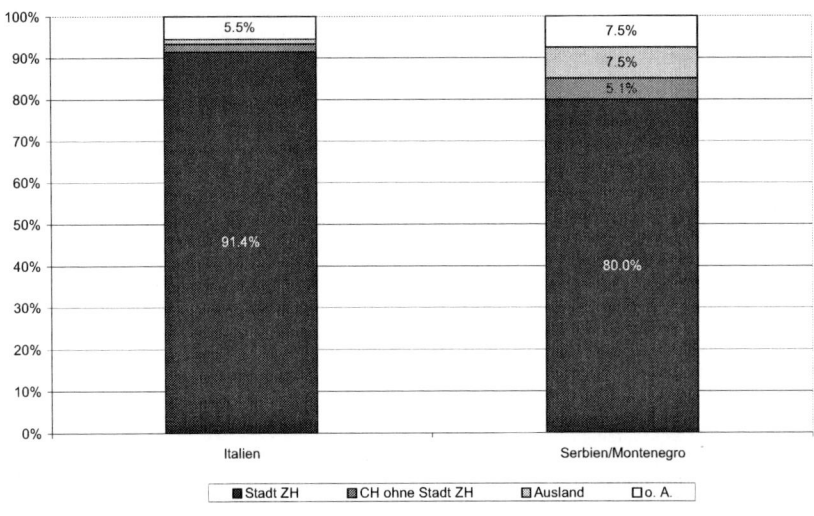

Abbildung 14: „Wohnort vor 5 Jahren" (d.h. Dezember 1995): Prozentzahl der Personen 55+ nach Staatsangehörigkeit, Stadt Zürich
Quelle: VZ 2000

Eine Aufschlüsselung in verschiedene Altersgruppen zeigt bei den Italienerinnen und Italienern keine grossen Unterschiede. Bei den Personen aus Serbien/Montenegro ist hingegen ersichtlich, dass ab einem Alter von 75 eine grössere Prozentzahl fünf Jahre vor der Volkszählung 2000 im Ausland gelebt hat. Für die Altersgruppe der 75- bis 79-Jährigen sind dies 17.5%, für die Gruppe der über 85-Jährigen sogar 33.3% der jeweiligen Altersgruppe (A 12). Es muss jedoch angemerkt werden, dass aufgrund der kleinen absoluten Zahlen (nur 46 Personen aus Serbien/Montenegro sind 75-jährig oder darüber) die Prozentzahlen mit Vorsicht zu betrachten sind (A 13).

Richten wir das Augenmerk nur auf diejenigen Personen, die fünf Jahre vor der Volkszählung 2000 im Ausland gelebt haben, zeigt sich das in Abbildung 15 dargestellte Bild: Mehr Personen aus Serbien/Montenegro als Italienerinnen und Italiener haben fünf Jahre vor der Volkszählung 2000 im Ausland gewohnt. Bei beiden Ausländergruppen betrifft dies vor allem die Altersgruppe der 55- bis 64-Jährigen.

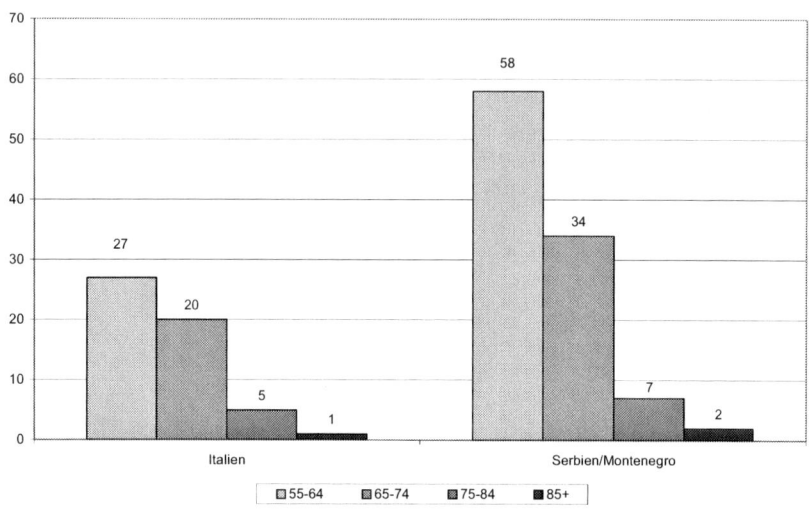

Abbildung 15: Anzahl der Personen mit „Wohnort vor 5 Jahren" (d.h. Dezember 1995) im Ausland nach Altersklassen, Stadt Zürich

Quelle: VZ 2000

4.1.5 Hauptsprache

In der Volkszählung 2000 wurde danach gefragt, welche Sprachen zu Hause mit den Angehörigen regelmässig gesprochen werden. Unter mehreren vorgegebenen Sprachen konnten die Befragten die zutreffenden auswählen.

Die Mehrheit der älteren Ausländerinnen und Ausländer spricht zu Hause kein Deutsch. Nur 28.6% der Italienerinnen und Italiener und 15.8% der Personen aus Serbien/Montenegro geben an, zu Hause auch Deutsch zu sprechen (zum Teil neben anderen Sprachen) (siehe Abbildung 16). Da die Frage viele fehlende Nennungen aufweist, macht eine weitere Aufschlüsselung nach Altersstufen bei dieser Variablen wenig Sinn.

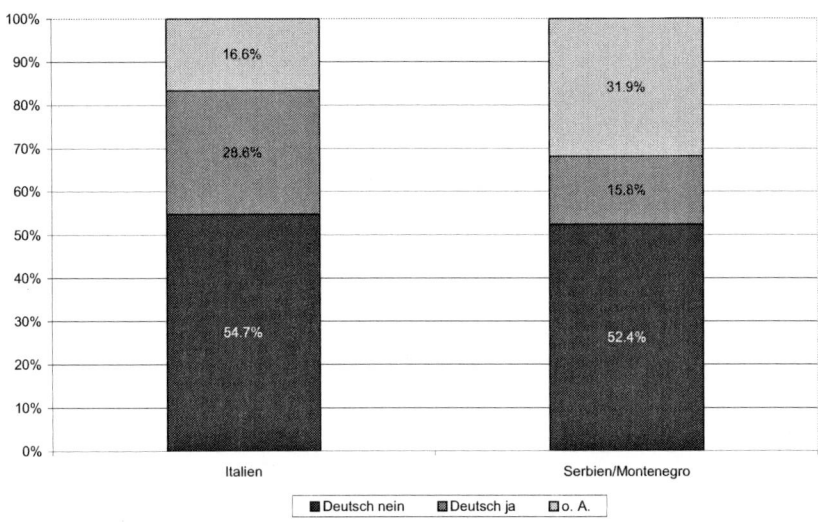

Abbildung 16: Sprache, die zu Hause gesprochen wird: Prozentzahl der Personen 55+ nach Staatsangehörigkeit im Jahr 2000, Stadt Zürich

Quelle: VZ 2000

4.1.6 Wohnsituation

Wie viel Wohnraum haben ältere Personen mit Staatsangehörigkeit Italien und Serbien/Montenegro in der Stadt Zürich zur Verfügung? Unterscheidet sich der verfügbare Wohnraum der Ausländerinnen und Ausländer von demjenigen der Schweizerinnen und Schweizer?

Zur Beantwortung dieser Frage werden folgende zwei Variablen analysiert:

– Zimmer pro Kopf

– Wohnfläche pro Quadratmeter pro Kopf

Die Auswertungen für die Variable „Zimmer pro Kopf" beziehen sich auf Personen in Privathaushalten, d.h. die bisherige Grundgesamtheit (Italien: 4 414; Serbien/Montenegro: 1 352) reduziert sich, da Kollektivhaushalte nicht enthalten sind. Tabelle 13 zeigt, von welcher Grundgesamtheit bei den Auswertungen zu „Zimmer pro Kopf" ausgegangen werden kann.

Tabelle 13: Grundgesamtheit für die Variable „Zimmer pro Kopf", Stadt Zürich

Grundgesamtheit	Staatsangehörigkeit		
	CH	Italien	Serbien/ Montenegro
Grundgesamtheit für übrige Auswertungen	89 112	4 414	1 352
Grundgesamtheit für Variable „Zimmer pro Kopf"	81 980	4 248	1 234

Quelle: VZ 2000

Die Auswertungen zeigen, dass Personen aus Italien und insbesondere Menschen aus Serbien/Montenegro auf deutlich engerem Raume leben als die Schweizerinnen und Schweizer. Bei den Personen aus Serbien und Montenegro haben 75.5% höchstens 1 Zimmer zur Verfügung (siehe Abbildung 17).

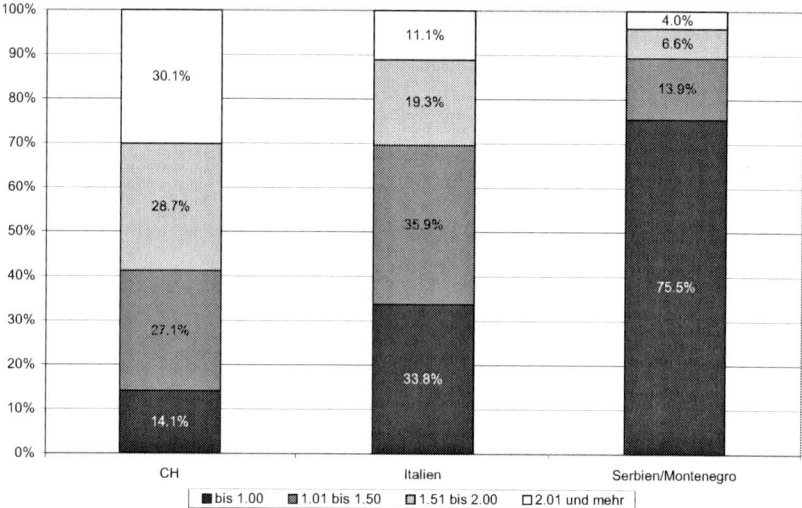

Abbildung 17: Anzahl der Zimmer pro Kopf: Prozentzahl der Personen nach Staatsangehörigkeit im Jahr 2000, Stadt Zürich

Quelle: VZ 2000

Die Auswertungen für die Variable „Wohnfläche pro Kopf pro Quadratmeter" beziehen sich ebenfalls auf Personen in Privathaushalten, d.h. die Grundgesamtheit reduziert sich, da Kollektivhaushalte nicht enthalten sind. Ausserdem fiel es offenbar vielen schwer, diese Frage zu beantworten, was die Grundgesamtheit bei den Auswertungen dieser Variablen nochmals verkleinert (siehe Tabelle 14).

Tabelle 14: *Grundgesamtheit für die Variable „Wohnfläche pro Kopf und Quadratmeter", Stadt Zürich*

| Grundgesamtheit | Staatsangehörigkeit | | |
	CH	Italien	Serbien/ Montenegro
Grundgesamtheit für übrige Auswertungen	89 112	4 414	1 352
Grundgesamtheit für Variable „Wohnfläche pro Kopf und Quadratmeter"	69 513	3 533	1 007

Quelle: VZ 2000

Die Auswertungen zeigen, dass Personen aus Serbien/Montenegro mit einer sehr viel kleineren Wohnfläche auskommen müssen als Personen aus Italien beziehungsweise der Schweiz. 76% der Altersgruppe 55+ aus Serbien/Montenegro haben pro Kopf nur bis 30 m^2 zur Verfügung (siehe Abbildung 18).

Vor allem Seniorinnen und Senioren, die in erweiterten Paar- und Familienhaushalten leben, müssen mit wenig Wohnraum zurechtkommen. Bei Personen aus Serbien/Montenegro leben 97% der Personen in erweiterten Paar- und Familienhaushalten auf einer Wohnfläche, die 30 m^2 nicht übersteigt. Bei den Italienerinnen und Italienern sind dies 93.1%, bei den Schweizerinnen und Schweizern 64.4% (A 11).

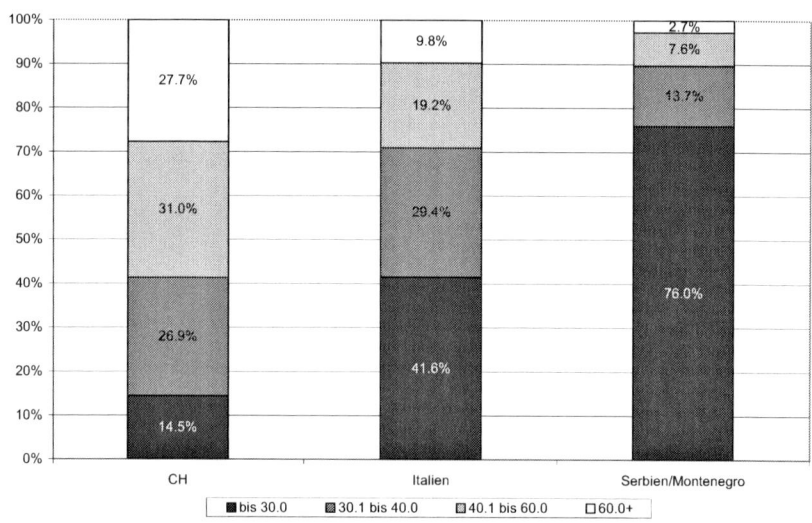

Abbildung 18: Wohnfläche pro Kopf in m²: Prozentzahl der Personen 55+ nach Staatsangehörigkeit im Jahr 2000, Stadt Zürich
Quelle: VZ 2000

In Bezug auf den Mietzins stellt sich die Frage, ob ältere Personen mit ausländischer Staatsangehörigkeit im Vergleich zu Schweizerinnen und Schweizern in billigeren Wohnungen leben.

Die Mietzinserhebungen sind nur für Mieter- und Genossenschaftswohnungen erhoben worden. Es fehlen deshalb die Informationen für die Eigentümer-Population.

Über die Volkszählungsdaten bestehen zwei verschiedene Möglichkeiten, den Mietzins zu messen:

– Miete pro Monat in Franken pro Kopf

– Miete pro Quadratmeter pro Monat in Franken pro Kopf

Abbildung 19 und Abbildung 20 zeigen, dass Personen aus Serbien/Montenegro weniger Miete pro Monat pro Kopf und weniger Miete pro Quadratmeter pro Kopf bezahlen als Seniorinnen und Senioren aus Italien oder der Schweiz.

Ob die niedrigen Mietkosten auf eine schlechte Wohnsituation hindeuten (z. B. baufälliger Zustand der Gebäude) kann aus den Daten nicht gefolgert werden.

142

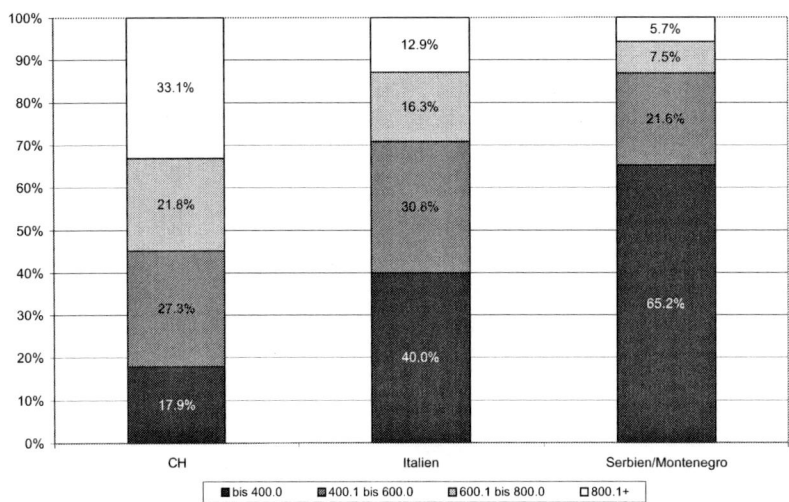

Abbildung 19: Miete pro Monat in Franken pro Kopf: Prozentzahl der Personen 55+ nach Staatsangehörigkeit im Jahr 2000, Stadt Zürich

Quelle: VZ 2000

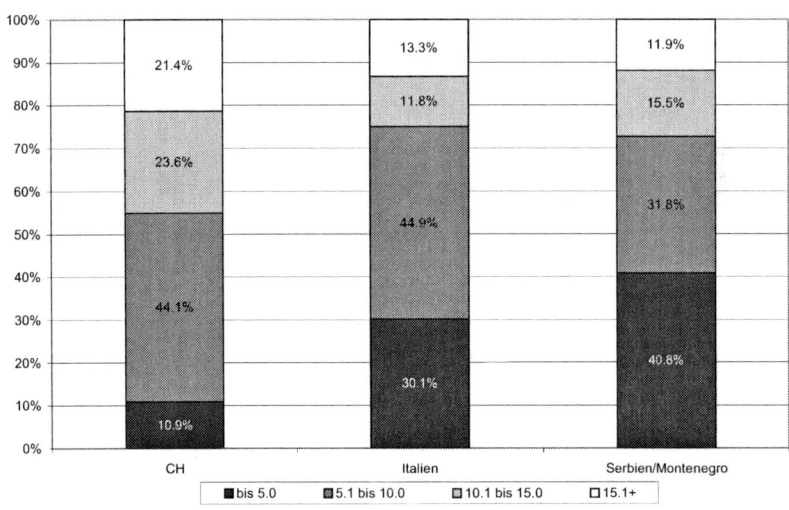

Abbildung 20: Miete pro m² pro Monat in Franken pro Kopf: Prozentzahl der Personen 55+ nach Staatsangehörigkeit im Jahr 2000, Stadt Zürich

Quelle: VZ 2000

4.1.7 Strukturelles Unterstützungspotential

Nach Künemund und Hollstein (2000, S. 226) ist das strukturelle Unterstützungspotential „das im Prinzip verfügbare Unterstützungspotential im Alter", d.h. die Verfügbarkeit von Personen im familiären oder nicht-familiären Umfeld, die als Unterstützende in Betracht kommen. Bei Bengtson und Roberts (1991, S. 857) gehört diese Art von Unterstützung zur Dimension der „strukturellen Solidarität", operationalisiert durch geographische Nähe der Familienmitglieder, Vorhandensein von Personen, die als Unterstützende in Frage kommen etc.

Die 60- bis 64-jährigen Schweizerinnen und Schweizer leben hauptsächlich als Paare ohne Kinder (51%) bzw. als Einzelpersonen (33%). Bei den Italienerinnen und Italienern leben weniger Personen alleine als bei den Schweizerinnen und Schweizern der gleichen Altersklasse; ausserdem leben Seniorinnen und Senioren mit italienischer Staatsangehörigkeit im Alter häufiger in der „Kernfamilie" als Schweizerinnen und Schweizer (siehe Tabelle 15). Wanner (2005, S. 45) kommt zu demselben Ergebnis und deutet es dahingehend, dass die Kinder von Italienerinnen und Italienern und Personen aus Spanien im Vergleich zu den Schweizerinnen und Schweizern erst später ihr Elternhaus verlassen.

Bei den 60- bis 64-jährigen Personen aus Serbien erstaunt die hohe Zahl (ca. 23%[4]) der erweiterten Paar- und Familienhaushalte (siehe Tabelle 15). Im höheren Alter nimmt bei den Italienerinnen und Italienern die Zahl der Einpersonenhaushalte zu, während die Kernfamilien-Haushalte abnehmen. Bei den Personen aus Serbien/Montenegro ist mit zunehmendem Alter eine höhere Anzahl an erweiterten Paar- und Familienhaushalten festzustellen. Hier muss aber angemerkt werden, dass bei der Gruppe der 70- bis 74-Jährigen mit Nationalität Serbien/Montenegro die Grundgesamtheit nur noch 104 beträgt. Für die Altersklassen nach 74 verringert sich diese Zahl nochmals, weshalb von weiteren Auswertungen abgesehen wurde.

---

4   Prozent aller Haushalte.

Tabelle 15: *Prozentzahl der älteren ausländischen Personen nach Altersklasse, Haus-*
haltstyp und Staatsbürgerschaft im Jahr 2000, Stadt Zürich

Haus-haltstyp	Alter								
	60–64			65–69			70–74		
	CH	It	S/M	CH	It	S/M	CH	It	S/M
Einperso-nenhaush.	33.0%	19.6%	18.2%	33.4%	22.9%	19.7%	37.8%	33.5%	21.2%
Paar ohne Kinder	51.1%	43.8%	39.2%	56.0%	50.4%	39.0%	53.2%	42.4%	29.8%
Kern-familie	9.3%	27.2%	13.6%	4.6%	15.2%	11.5%	2.7%	9.1%	2.9%
Erweiterte Familie	2.2%	5.9%	22.6%	1.8%	5.3%	25.2%	1.4%	7.1%	36.5%
Andere Privat-haushalte	2.6%	2.0%	1.0%	2.6%	4.2%	1.8%	2.6%	5.8%	3.8%
Kollektiv-haushalt	1.8%	1.4%	5.4%	1.6%	2.0%	2.8%	2.3%	2.1%	5.8%
	100%	100%	100%	100%	100%	100%	100%	100%	100%
Anzahl Personen insgesamt	12 636	1 326	390	13 505	853	218	1 485	481	104

Quelle: VZ 2000

Bei allen drei Gruppen (CH, Italien, Serbien/Montenegro) werden die Frauen eher alleine alt als die Männer: Bei den Schweizerinnen und Schweizern im Alter von 55+ sind dies 46.9% der Frauen vs. 24.5% der Männer, bei den Italienerinnen und Italienern 28.7% der Frauen versus 20.1% der Männer und bei Personen aus Serbien und Montenegro 20.3% der Frauen vs. 13.5% der Männer (A 9).

Eine vereinfachende Darstellung findet sich in Abbildung 21. Diese fasst die Paar- und Familienhaushalte zusammen und unterscheidet zwischen erweiterten Paar- und Familienhaushalten (d.h. Haushalten, in welchen neben dem Paar bzw. der Kernfamilie noch weitere Personen anwesend sind), Kernfamilien (Paare / allein erziehende Eltern mit Kindern) und Paaren ohne Kinder. Auffallend ist die hohe Prozentzahl der „erweiterten Paar- und Familienhaushalte" bei Personen aus Serbien/Montenegro. Bei den Italienerinnen und Italienern sowie den Schweizerinnen und Schweizern finden sich nur wenige erweiterte Paar- oder Familienhaushalte.

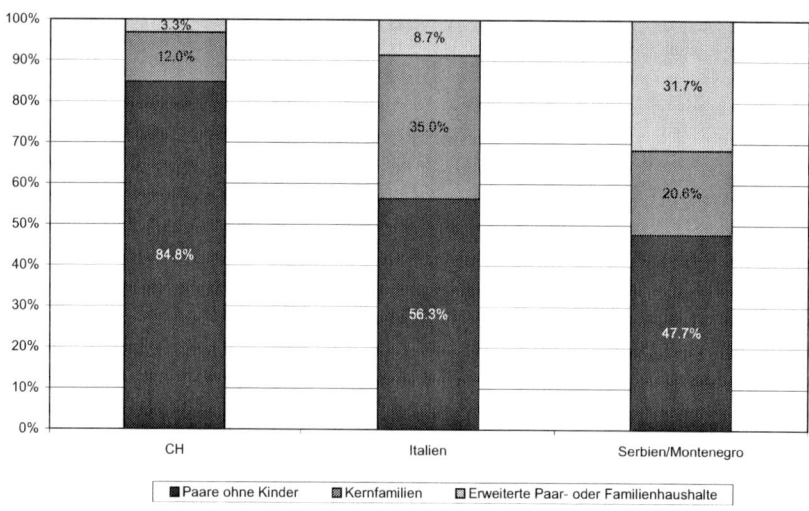

Abbildung 21: Paar- und Familienhaushalte: Prozentzahl der Personen 55+ nach Staatsangehörigkeit im Jahr 2000, Stadt Zürich
Quelle: VZ 2000

Es ergeben sich nur geringe geschlechterspezifische Unterschiede in Bezug auf Paar- und Familienhaushalte. Einzig bei Personen aus Serbien/Montenegro leben 37.5% der Frauen, aber nur 27.2% der Männer in erweiterten Paar- und Familienhaushalten (A 10).

Zusammenfassend lässt sich bezüglich der Haushaltszusammensetzung festhalten, dass Schweizerinnen und Schweizer eher alleine alt werden als Personen aus Italien bzw. Serbien/Montenegro. Bei den Italienerinnen und Italienern steigt jedoch der Anteil der Einpersonenhaushalte mit dem Alter, bei Personen aus Serbien/Montenegro erhöht sich hingegen die Anzahl der erweiterten Familienhaushalte mit dem Alter.[5]

---

5   Siehe hierzu auch die Definitionen der Privathaushaltstypen, die das Bundesamt für Statistik (2005, S. 19) verwendet: Zu Familienhaushalten werden Paare ohne Kinder, Paare mit Kindern, Elternteile mit Kindern und Einzelpersonen mit Elternteil(en) gezählt.

4.1.8 Fazit

In den vorherigen Kapiteln wurden die Volkszählungsdaten der Jahre 1990 und 2000 ausgewertet. Die Grenzen dieser Daten liegen hauptsächlich darin, dass sie sich auf die Situation im Jahre 2000 beziehen, d.h. bereits über fünf Jahre alt sind. Die Zahl der älteren Ausländerinnen und Ausländer aus den zwei interessierenden Gruppen hat sich seit dem Jahr 2000 mit grosser Wahrscheinlichkeit nochmals erhöht. Zudem haben sich womöglich kleinere Verschiebungen in den einzelnen Variablen ergeben, was bei der Interpretation der Ergebnisse berücksichtigt werden muss. Der Vorteil der Volkszählungsdaten liegt jedoch darin, dass durch die Verknüpfung von Individual-, Haushalts- und Gebäudedaten komplexe Auswertungen möglich sind.

Die zwei Nationalitätengruppen unterscheiden sich in den meisten Variablen von den Schweizerinnen und Schweizern. Personen aus Italien und Serbien/Montenegro weisen einen niedrigeren Bildungsstatus auf als Schweizerinnen und Schweizer, haben weniger Wohnfläche pro Person zur Verfügung und leben in billigeren (und möglicherweise auch wenig altengerechten) Wohnungen als Schweizerinnen und Schweizer.

Bezüglich des strukturellen Unterstützungspotentials zeigt sich jedoch, dass dieses bei Personen aus Italien bzw. Serbien/Montenegro höher ist als bei Schweizerinnen und Schweizern: Die 60- bis 64-jährigen Schweizerinnen und Schweizer leben hauptsächlich als Paare ohne Kinder (51%) bzw. als Einzelpersonen (33%). Bei den Italienerinnen und Italienern wohnen weniger Personen alleine als bei den Schweizerinnen und Schweizern der gleichen Altersklasse, ausserdem leben Personen mit italienischer Staatsangehörigkeit im Alter häufiger in der „Kernfamilie" als Schweizerinnen und Schweizer. Bei den 60- bis 64-jährigen Personen aus Serbien erstaunt die hohe Zahl (ca. 23%[6]) der erweiterten Paar- und Familienhaushalte.

Zusammengefasst kann aus dem Vergleich der statistischen Angaben zu Personen mit Nationalität Schweiz, Italien und Serbien/Montenegro gefolgert werden, dass sich Personen schweizerischer Nationalität am stärksten von der Gruppe Serbien/Montenegro unterschei-

---

6   Prozent aller Haushalte.

den, während die Italienerinnen und Italiener eine Art Mittelposition einnehmen.

Bezüglich des aufenthaltsrechtlichen Status zeigt sich, dass die meisten Personen mit der Aufenthaltsbewilligung C über einen relativ sicheren rechtlichen Status in der Schweiz verfügen. In Bezug auf die „Platzierung" als Grundprozess der individuellen Sozialintegration bei Esser (2006, S. 27) könnte hier von einer gelungenen Platzierung in die Aufnahmegesellschaft, zumindest im rechtlichen Bereich, gesprochen werden.

In Bezug auf die Sprache, die nach Esser (ebd., S. 26) der Dimension „Kulturation" zuzuordnen ist, kann angemerkt werden, dass Deutsch nicht diejenige Sprache ist, in welcher die analysierten Gruppen hauptsächlich kommunizieren. Es kann deshalb davon ausgegangen werden, dass die „Kulturation" bezüglich Sprache bei den zwei ausländischen Gruppen eher auf den Herkunftskontext bezogen ist.

4.2 Einschätzungen der Expertinnen und Experten

Im Folgenden werden die wichtigsten Ergebnisse aus den 21 Gesprächen mit Vertreterinnen und Vertretern aus dem Alters- und Migrationsbereich zusammengefasst. Aus den bereits in Kapitel 3.3.2 genannten Gründen wurden auch Expertinnen und Experten befragt, die zur Situation der spanischen Migrantinnen und Migranten Aussagen machen konnten.

Bei der Analyse der Volkszählungsdaten wurden nur Ausländerinnen und Ausländer, d.h. Personen, welche die schweizerische Staatsangehörigkeit *nicht* besitzen, in die Auswertung einbezogen. Bei den Interviews mit den Expertinnen und Experten interessierten hingegen nicht nur die Ausländerinnen und Ausländer, sondern es wurden Fragen zum Kreis der Migrantinnen und Migranten gestellt, unabhängig von der Nationalität dieser Personen.

4.2.1 Zahlenmässige Entwicklung

Um die zahlenmässige Entwicklung der älteren Migrantinnen und Migranten abschätzen zu können, ist es wichtig, sich nicht nur auf Zahlen zu „Ausländerinnen" und „Ausländern" zu beschränken. Insbesondere folgende Fragen standen in Bezug auf die Anzahl bzw. die Entwicklung dieser Anzahl von Migrantinnen und Migranten im Zentrum:

– Wie gross ist der Anteil der eingebürgerten Personen an der Gesamtheit aller eingewanderten Menschen?

– Ist in Zukunft aufgrund der bilateralen Verträge mit einer grösseren Anzahl von neu zuziehenden älteren Personen zu rechnen?

– Wie gross ist die Zahl der älteren Migrantinnen und Migranten, die ihren Ruhestand in der Schweiz verbringen möchten?

Die folgende Tabelle 16 zeigt überblicksartig die Einschätzung der Expertinnen und Experten zu den ersten drei Fragen auf.

Insbesondere bei Personen aus Serbien/Montenegro wird die Einbürgerungsquote als hoch eingeschätzt. Bei den Personen aus Italien und Spanien beantragen weniger Personen die schweizerische Staatsbürgerschaft, da laut den Aussagen der Befragten die Einbürgerung keine zentralen Vorteile nach sich zieht.

Das Phänomen der in den letzten Jahren neu zugewanderten Personen ist den Expertinnen und Experten zufolge noch eher klein. Es handelt sich bei den wenigen Fällen mehrheitlich um Personen, die im Alter zu ihren in der Schweiz lebenden Kindern ziehen. Flüchtlinge, die aufgrund der Konflikte im ehemaligen Jugoslawien in die Schweiz gereist sind, sind nach Einschätzung der Befragten zu einem grossen Teil wieder in die Herkunftsländer zurückgekehrt.

Tabelle 16: *Einschätzungen der Expertinnen und Experten zur zahlenmässigen Entwicklung der älteren Migrantinnen und Migranten in der Stadt Zürich*

Einschätzunge n der Expertinnen und Experten	*Italien*	*Spanien*	*Serbien/ Montenegro: (Serbinnen und Serben)*	*Serbien/ Montenegro: (Kosovoalbaner innen und Kosovoalbaner)*
Verhältnis Eingebürgerte/ Nicht-Eingebürgerte	wenig Eingebürgerte	wenig Eingebürgerte	ca. 50% eingebürgert	etwas weniger als 50% eingebürgert
Neu Zugewanderte (d.h. in den letzten 5 Jahren zugewandert)	noch wenige Fälle, aber aufgrund der bilateralen Verträge zunehmend	noch wenige Fälle, aber aufgrund der bilateralen Verträge zunehmend	keine	keine
Drei-Drittel-Regel	mehr als ein Drittel bleibt	mehr als ein Drittel bleibt[7]	Drei-Drittel-Regel könnte stimmen	etwa die Hälfte geht zurück

Eine Einschätzung der Anzahl von Personen, die in ihr Heimatland zurückkehren möchten, fällt den Befragten schwer. Tendenziell wird aber bei allen drei Gruppen davon ausgegangen, dass mehr als ein Drittel der Migrantinnen und Migranten in der Schweiz bleiben wird,

---

7   In dieser Frage bestehen seitens der Expertinnen und Experten unterschiedliche Schätzungen, tendenziell wird jedoch davon ausgegangen, dass mehr als ein Drittel in der Schweiz bleibt bzw. bleiben wird.

150

insbesondere Personen aus Italien und Spanien. Bei Migrantinnen und Migranten aus Serbien/Montenegro gehen die Befragten nach wie vor von der Richtigkeit der viel diskutierten Dreidrittel-Regel (ein Drittel bleibt im Herkunftsland, ein Drittel pendelt, ein Drittel geht zurück) aus. Aufgrund der Befragung lassen sich nur Vermutungen darüber anstellen, welche Personengruppen vor allem in der Schweiz bleiben werden. Es sind dies folgende Annahmen:

– Personen, die mit Schweizerinnen bzw. Schweizern verheiratet sind, bleiben eher in der Schweiz als solche, die mit Personen gleicher Nationalität verheiratet sind

– Paare migrieren eher ins Herkunftsland zurück als Einzelpersonen. Die Rückkehr erfolgt vor allem auf Initiative des Mannes

– Allein stehende Frauen bleiben eher im Aufnahmeland als allein stehende Männer

Tabelle 17 zeigt die von den Expertinnen und Experten genannten Bleibe- und Rückkehrgründe überblicksartig auf.

Der von den Expertinnen und Experten am häufigsten genannte Bleibegrund sind die Kinder und Enkelkinder, die in der Schweiz leben. Ein wichtiger Grund für Rückkehr- bzw. Verbleibentscheidungen sind aber auch finanzielle Erwägungen. Ein Experte aus Italien drückt die Wichtigkeit finanzieller Überlegungen folgendermassen aus: „Wir sind nicht abhängig von Kultur, nicht von Integration, es ist ein rein finanzielles Problem im Alter" (Experte, Italien).

Die Mobilität der eigenen Kinder führt dazu, dass die Entscheidung zum Verbleib oder zur Rückkehr für die Migrantinnen und Migranten zusätzlich erschwert wird.

Tabelle 17: Bleibe- und Rückkehrgründe aus Sicht der Expertinnen und Experten

Themen	Bleibegründe	Rückkehrgründe
Primäre Netzwerke	Kinder, Enkelkinder im Aufnahmeland	Kinder, Enkelkinder oder Partnerinnen und Partner[8] im Herkunftsland
Soziale Sicherung	Angewiesensein auf Sozialhilfe oder Zusatzleistungen	
Medizinische Versorgung	Gute gesundheitliche Versorgung in der Schweiz. Eher schlechte gesundheitliche Versorgung im Herkunftsgebiet (meist ländlich) der Migrantinnen und Migranten	
Finanzielle Lage		Geld reicht nicht zum Leben in der Schweiz, Sozialhilfe u.a. möchte man nicht in Anspruch nehmen. Rückkehr aufgrund der Annahme, dass Pensionskassengelder nur noch bis 2007 bar ausbezahlt werden
Immobilienbesitz		Immobilien im Herkunftsland[9]
Sozialintegration	Entfremdung vom Herkunftsland	

4.2.2 Sozioökonomische Lage

Die Auswertung der Volkszählungsdaten 2000 (siehe Kapitel 4.1) zeigte, dass ältere Menschen mit Nationalität Italien, Spanien und Serbien/Montenegro ein niedrigeres Bildungsniveau haben als Bürgerinnen und Bürger mit Schweizer Pass. Dieses Ergebnis bezieht sich – wie be-

---

8 Vor allem bei Menschen aus dem Kosovo sind nach Einschätzung der Expertinnen und Experten die Ehefrauen oft im Herkunftsland geblieben.

9 Durch die Kriegsereignisse im ehemaligen Jugoslawien wurden jedoch viele Häuser und Wohnungen von Migrantinnen und Migranten zerstört.

reits erwähnt – nur auf Personen, die keine schweizerische Staatsbürgerschaft besitzen. Zeigt sich die gleiche Tendenz auch in Bezug auf alle Migrantinnen und Migranten, die in der vorliegenden Arbeit interessieren (eingebürgerte und nicht eingebürgerte Personen)?

Aus Sicht der Expertinnen und Experten ist bei Personen aus Spanien und Italien aufgrund der Migrationsgeschichte (Anwerbung als Gastarbeiterinnen und Gastarbeiter in bestimmten Arbeitsplatzsegmenten) mit einem eher niedrigen Bildungsniveau zu rechnen. Nicht zu unterschätzen sei ausserdem das Vorkommen von Analphabetismus. Bei Personen aus Serbien/Montenegro rechnen die Befragten mit einer heterogenen Situation. In den 1960er und 1970er Jahren sind Serbinnen und Serben mit einem relativ hohen Bildungsniveau in die Schweiz eingereist (vor allem für Arbeiten in Gesundheitsberufen). Diese Personen sind nach Meinung der Expertinnen und Experten in der Zwischenzeit eingebürgert.

4.2.3 Sprachkenntnisse

Die befragten Expertinnen und Experten gehen davon aus, dass die Deutschkenntnisse der älteren Migrantinnen und Migranten aus Spanien und Italien eher gering sind, bei Personen aus Serbien/Montenegro wird diesbezüglich von besseren Fertigkeiten ausgegangen.

Die geringen Kenntnisse der deutschen Sprache werden auf folgende Faktoren zurückgeführt:

– niedriges Bildungsniveau der älteren Personen aus Italien und Spanien

– Schwierigkeit der deutschen Sprache an sich

– Deutschkenntnisse waren am Arbeitsplatz meist nicht erforderlich

– fehlende zeitliche Ressourcen

– mehrheitlich innerethnische Kontakte (die älteren Migrantinnen und Migranten aus den zwei Herkunftsgebieten bewegen sich – mit Ausnahme der in den 1960er/1970er Jahren eingewanderten Serbinnen und Serben bildungshöherer Schichten – mehrheitlich in ihren ethnischen Gruppen: die Tendenz, sich der eigenen Gruppe anzuschliessen, war schon vor der Pensionierung vorhanden)

4.2.4 Familiäres Unterstützungspotential

Personen aus Italien und Spanien wohnen den zuvor präsentierten Statistiken zufolge mehrheitlich nicht in einem gemeinsamen Haushalt mit ihren Kindern. Bei den Menschen aus Serbien/Montenegro (und dabei insbesondere bei der Gruppe der Kosovoalbanerinnen und Kosovoalbaner) sind erweiterte Paar- und Familienhaushalte häufiger vorhanden.

Wie beurteilen die Befragten das Unterstützungspotential der Familie im Falle einer Pflegebedürftigkeit der älteren Migrantinnen und Migranten? Die befragten Personen sind bei der Gruppe aus Italien und Spanien skeptisch bezüglich des Unterstützungspotentials, bei Personen aus Serbien/Montenegro wird hingegen eher noch damit gerechnet, dass pflegerische Unterstützung mehrheitlich im familiären Netz geleistet werden wird.

4.2.5 Nutzung von Angeboten der Altershilfe

Migrantinnen und Migranten nutzen den Befragten zufolge im Bereich der offenen Altenhilfe vor allem ihre eigenen Vereine und Angebote.

Bei den Beratungsangeboten werden speziell auf Migrantinnen und Migranten ausgerichtete Stellen genutzt. Es werden aber auch Beratungsstellen besucht, die sich an ältere Menschen generell (und nicht spezifisch an Menschen mit Migrationshintergrund) richten.

Im stationären Bereich sind die älteren Personen – ausser in den speziell für sie konzipierten Einrichtungen (z. B. mediterrane Abteilung im Pflegezentrum Erlenhof der Stadt Zürich) – noch eher untervertreten. Die Tatsache, dass bestimmte Angebote nicht genutzt werden, kann einerseits auf einen noch fehlenden Bedarf, andererseits aber auch auf Informationsmangel zurückgeführt werden. Finanzielle Erwägungen spielen bei der Entscheidung zur Nutzung bestimmter Angebote ebenfalls eine wichtige Rolle. Zudem sind die Bilder, die Migrantinnen und Migranten von Alters- und Pflegeheimen haben, nach der Einschätzung der Expertinnen und Experten mehrheitlich negativ besetzt.

Für die Spanisch sprechenden Personen kommt dem Projekt Adentro und dem Verein Esperanza eine besondere Bedeutung zu, da sich beide Angebote speziell an die ältere Spanisch sprechende Bevölkerung richten.

Bei den Italienerinnen und Italienern spielt neben den zahlreichen Vereinen (die meist auf einzelne italienische Regionen bezogen sind) die Missione Cattolica eine sehr wichtige Rolle. Sie bietet in der Stadt Zürich zweimal wöchentlich Altersnachmittage an.

Die älteren Personen aus Serbien/Montenegro (vor allem die Männer) nutzen ebenfalls ihre eigenen Vereine, die jedoch nicht spezifisch auf Altersfragen ausgerichtet sind.

Bei den Beratungsangeboten werden zum einen diejenigen genutzt, die sich speziell an Personen mit Migrationshintergrund richten (z. B. Beratungsangebote der Konsulate), es werden zum anderen aber zunehmend auch Beratungsstellen in Anspruch genommen, die sich an ältere Menschen generell wenden. Bei Pro Senectute sind die Migrantinnen und Migranten aus Italien und Spanien entsprechend ihrem Bevölkerungsanteil vertreten, bei der Beratungsstelle Wohnen im Alter sind sie hingegen noch unterrepräsentiert, wogegen bei dieser speziellen Beratungsstelle Personen aus Serbien/Montenegro erstaunlicherweise gut vertreten sind (vgl. Hiebert-Gfeller, 2004).

Beim „begleiteten Wohnen" spielen die Freiwilligen der Missione Cattolica eine wichtige Rolle. Über die Nutzung der Spitex durch ältere Menschen mit Migrationshintergrund existieren keine genauen Zahlen. Die Alterswohnungen der Stadt Zürich werden zunehmend auch von älteren Migrantinnen und Migranten genutzt, exakte Zahlen liegen jedoch auch hier nicht vor.

Im Bereich des betreuten Wohnens sind ausser in der mediterranen Abteilung Erlenhof und in einzelnen Altersheimen (z. B. im Städtischen Altersheim Limmat) die Migrantinnen und Migranten noch untervertreten. Es stellt sich die Frage, ob in der stationären Altershilfe spezielle Angebote, die sich ausschliesslich an ältere Migrantinnen und Migranten richten, stärker verbreitet oder ob die älteren Migrantinnen und Migranten eher in die bestehenden Angebote „integriert" werden sollen. Bei den Expertinnen und Experten finden sich hierzu verschiedene Meinungen. Während die einen separative Angebote anstreben, befürworten andere den Gedanken von integrativen Angeboten, wobei auch diese den speziellen Bedürfnissen der Migrantinnen und Migranten Rechnung tragen müssen. Dies wird in der Literatur zur Thematik als „interkulturelle Öffnung" (vgl. Baric-Büdel, 2001) bezeichnet. Die Befragung der Expertinnen und Experten zeigt, dass die Nichtnutzung bestimmter Angebote folgende Gründe haben kann:

- *Bedarf ist im Moment nicht gegeben*, da Unterstützung durch eigene Organisationen abgedeckt werden kann oder ein Unterstützungsbedarf noch nicht vorhanden ist.

- *Informationsmangel*: Die Expertinnen und Experten weisen mehrfach darauf hin, dass die älteren Migrantinnen und Migranten zum Teil nicht oder ungenügend über bestehende Unterstützungsangebote informiert sind. Broschüren in der Muttersprache scheinen den Befragten besonders wichtig.

- *Angst vor den Kosten*: Die Kosten für Alters- und Pflegeheime und Spitex werden von den Migrantinnen und Migranten als sehr hoch eingeschätzt. Ergänzungsleistungen werden ungern beansprucht.

- *Hemmungen bei der Inanspruchnahme von Ergänzungsleistungen oder Sozialhilfe*: Es bestehen vor allem von Seiten der Personen aus Italien und Spanien noch grosse Schwellenängste bei der Beanspruchung von Ergänzungsleistungen und Sozialhilfe. Ein Vertreter einer italienischen Migrantenorganisation führt dies darauf zurück, dass das „Betteln beim Sozialamt" bestätige, dass man in der Migration keinen Erfolg gehabt habe: „Wenn man nach 50 Jahren nicht in der Lage ist, so hier zu leben ohne finanzielle Probleme, hat er [der Migrant] versagt, das ist die Mentalität" (Experte, Italien).

- *Generelle Ablehnung bestimmter Institutionen*: In den Herkunftsregionen der Migrantinnen und Migranten (vor allem im ländlichen Bereich) ist es nicht üblich, dass ältere Menschen das Alter im Altersheim verbringen. Ein Vertreter einer italienischen Organisation drückt dies folgendermassen aus: „Sie müssen sich vorstellen, wenn bekannt wird, dass die Familie sie [die Mutter] in ein Altersheim geschickt hat. Das ist fast ein Skandal" (Experte,

Italien). Das Bild vom Altersheim ist vor allem bei Personen aus ruralen Gebieten sehr negativ besetzt. Die Öffnung bestimmter Altersheime für Migrantengruppen stellt einen ersten Schritt zum Abbau der negativ besetzten Bilder dar. Ein Altersheim in der Stadt Zürich hat sich zum Beispiel „geöffnet", indem einer Gruppe von Migrantinnen und Migranten wöchentlich der Eingangsbereich des Heims für eine Gymnastik-Lektion zur Verfügung gestellt wird.

Bei der Förderung von Projekten der Migrationsorganisationen selber ist Kontinuität und Nachhaltigkeit eine Schwierigkeit. Die einzelnen Projekte sind nach Meinung der Expertinnen und Experten zum Teil stark personenabhängig und werden nur von bestimmten Untergruppierungen genutzt.

4.2.6 Fazit

Generell wird von den Befragten die These vertreten, dass Personen mit Migrationshintergrund einen anderen Unterstützungsbedarf haben als „Einheimische". Die Unterschiede ergeben sich aus Sicht der Expertinnen und Experten dadurch, dass eine „Integration" der Migrantinnen und Migranten in die Aufnahmegesellschaft nicht stattgefunden habe, wobei insbesondere die Sprachkenntnisse und die Bedeutung der innerethnischen Kontakte hervorgehoben werden. Häufig findet sich in den Interviews die Bezugnahme auf „kulturelle" Unterschiede. Der Begriff „Kultur" wird von den Expertinnen und Experten vielfach mit festen (und relativ unveränderbaren) Elementen der „Herkunftskultur" in Verbindung gebracht.

Um den Zugang zu bestehenden Institutionen zu erleichtern, ist aus Sicht der Expertinnen und Experten eine Verbesserung der Information unerlässlich. Unterschiedliche Meinungen bestehen hingegen hinsichtlich der Frage, ob die Migrantinnen und Migranten eher in bestehende Institutionen integriert oder ob spezielle Einrichtungen für diese Bevölkerungsgruppe geschaffen werden sollen.

4.3 Ergebnisse aus den Interviews mit älteren Migrantinnen und Migranten

In diesem Kapitel werden die Ergebnisse der Interviews mit älteren Migrantinnen und Migranten aus Italien und dem ehemaligen Jugoslawien aufgeführt. In Kapitel 4.3.1 finden sich Angaben zu den befragten Personen (Alter, Geschlecht usw.). In 4.3.2 folgt ein Abschnitt zu den Rahmenbedingungen der Gespräche. In Kapitel 4.3.3 werden die Hauptergebnisse aus den Interviews mit Personen aus Italien vorgestellt, in Kapitel 4.3.4 die Resultate aus den Gesprächen mit Rentnerinnen und Rentnern aus Serbien/Montenegro.

4.3.1 Angaben zu den befragten Personen

Ausgewertet werden konnten 20 Interviews mit älteren Migrantinnen und Migranten, insgesamt wurden 27 Gespräche geführt. Die fünf Interviews mit Personen, die aus Spanien stammen, werden hier nicht ausgewertet, da sie in erster Linie als „Pretests" gedacht waren. Zwei Interviews konnten nicht in die Auswertung einbezogen werden, da sich im Gespräch herausstellte, dass die Interviewten nicht den zuvor festgelegten Kriterien (Alter u.a.) entsprachen.

Im Folgenden wird beschrieben, welche Merkmale die interviewte Gruppe in Bezug auf Alter, Zivilstand und andere soziodemographische Variablen aufweist. Von den hier vorgestellten Verteilungen kann nicht auf die Gesamtheit der Migrantinnen und Migranten geschlossen werden. Es geht lediglich darum, die Charakteristika der interviewten Personen aufzuzeigen.

Zehn der befragten Personen stammen aus Italien, die restlichen zehn Migrantinnen und Migranten kommen aus Serbien/Montenegro beziehungsweise den anliegenden Staaten.[10] Neun sind Frauen, elf

---

10 Zum Zeitpunkt, als die meisten interviewten Migrantinnen und Migranten in die Schweiz kamen, war Jugoslawien noch vereint als „Föderative Volksrepublik Jugoslawien" (1945–1963) bzw. als „Sozialistische Föderative Republik Jugos-

Männer. Die Befragten sind zu unterschiedlichen Zeitpunkten in die Schweiz eingewandert. Frühester Migrationszeitpunkt ist 1946, die zuletzt eingewanderte Interviewpartnerin ist erst im Jahre 1999 nach dem Tod ihres Ehemannes zu ihrem Sohn in die Schweiz gekommen. Die drei früh eingewanderten Befragten stammen alle aus Norditalien. Die eher spät eingewanderten Personen kommen hingegen aus dem ehemaligen Jugoslawien (siehe Tabelle 18).

Tabelle 18: Anzahl der interviewten älteren Migrantinnen und Migranten nach Herkunftsort und Zeitpunkt der Migration

Migrationsjahr	Herkunftsort			Gesamt
	Norditalien	Süditalien	Eh. Jugoslawien	
1945 bis 1949	3	0	0	3
1955 bis 1959	0	1	0	1
1960 bis 1964	1	4	2	7
1965 bis 1969	0	1	5	6
1974 bis 1979	0	0	1	1
1995 bis 1999	0	0	2	2
Gesamt	4	6	10	20

Der grösste Teil der befragten Personen (75%) ist zwischen 65 und 75 Jahre alt (siehe Tabelle 19).

Tabelle 19: Anzahl der interviewten älteren Migrantinnen und Migranten nach Altersgruppe

Altersklassen	Häufigkeit	Prozent
60 bis 64	3	15%
65 bis 69	5	25%
70 bis 74	10	50%
75 bis 79	2	10%
Gesamt	20	100%

Sieben der interviewten Personen leben alleine in einem Haushalt, 13 sind nicht allein lebend. Die folgende Tabelle 20 zeigt auf, welches

lawien" (1963–1992) (vgl. Brockhaus, 2005, o. S.). Die interviewten Personen stammen deshalb nicht ausschliesslich aus dem heutigen „Serbien/Montenegro".

Geschlecht und welchen Herkunftsort die Interviewten haben, die alleine bzw. nicht alleine leben.

Tabelle 20: *Anzahl der interviewten älteren Migrantinnen und Migranten nach Haushaltsform, Geschlecht und Herkunftsort*

| Haushaltsform | Geschlecht | Herkunftsort | | Gesamt |
		Italien	Eh. Jugoslawien	
Allein lebend	Frauen	2	1	3
	Männer	1	3	4
Nicht allein lebend	Frauen	3	3	6
	Männer	4	3	7
Gesamt		10	10	20

Ein Grossteil der interviewten Personen ist verheiratet, fünf Personen sind verwitwet. Geschieden sind insgesamt drei der befragten Personen (siehe Tabelle 21).

Tabelle 21: *Anzahl der interviewten älteren Migrantinnen und Migranten nach Zivilstand*

Zivilstand	Häufigkeit	Prozent
verheiratet	12	60%
verwitwet	5	25%
geschieden	3	15%
ledig	0	0%
Gesamt	20	100%

Neun Befragte haben die Primarschule zum Teil oder ganz absolviert (1 bis 5 Jahre), neun Personen haben eine Schulbildung, die über die Primarschule hinausgeht. Bei zwei Personen bestehen hierzu keine Angaben. Die Hauptsprache ist bei 16 von 20 Befragten die Muttersprache.

Alle Interviewpartnerinnen und Interviewpartner wohnen in der Stadt Zürich oder in der näheren Umgebung und können den Alltag noch mehrheitlich selbstständig bewältigen.

Zusammenfassend kann angemerkt werden, dass wir es bezüglich des Migrationszeitpunktes, des Alters, der Wohnform und des Zivilstandes mit einer heterogenen Gruppe zu tun haben.

4.3.2 Rahmenbedingungen der Interviews

Wie bereits in Kapitel 3.4 erwähnt, wird in dieser Arbeit davon ausgegangen, dass in einem Interview „Erzählungen" produziert werden, die in einer anderen Erhebungssituation (z. B. andere Interviewende) anders hätten ausfallen können (vgl. Helfferich, 2005, S. 50). Wichtig scheint aufgrund dieser Annahme, dass Interviewaussagen im Kontext der Erhebung und in Bezug auf ihre Entstehung analysiert werden. Dies wird im folgenden Abschnitt anhand von vier Beispielen getan. Es handelt sich hierbei um Interviewsituationen, die aufgrund der Erwartungen der Interviewten beziehungsweise aufgrund der Beziehung zwischen interviewender und interviewter Person besondere „Erzählungen" produzierten.

„Ich würde mich gleich bei euch melden"

In einem Interview interpretierte eine befragte Migrantin aus Serbien/Montenegro das Gespräch nicht als Interview zum Zweck der Forschung, sondern als eine Art sozialarbeiterische Abklärung mit dem Ziel, sie bei Bedarf direkt unterstützen zu können: „Aber so...[11], wenn ich etwas brauchen würde, ich würde mich gleich bei euch [gemeint ist die Hochschule für Soziale Arbeit] melden. Ich würde sagen, kommt zu mir oder schickt mir jemanden" (ältere Migrantin, ehJ). Die Konfusion Forschung versus Soziale Arbeit war in diesem Interview von Beginn an sichtbar. Die Unvertrautheit mit empirischen Studien und insbesondere mit qualitativen Interviews wird auch in anderen Studien wahrgenommen (z. B. van den Hoonaard, 2004, S. 397). Die Interviewerin hat im Gespräch mehrere Male vergeblich versucht, den Zweck des Interviews herauszustellen.

Das erwähnte Interview war für die vorliegende Untersuchung trotz dieser Fehlinterpretation von hohem Interesse. Durch das Vertrauen zur Interviewerin konnte viel über die Lebenssituation dieser Person in Erfahrung gebracht werden.

---

11   Nicht zu Ende geführte Sätze werden mit drei Punkten gekennzeichnet, Auslassungen mit drei Punkten in eckigen Klammern.

„Was erzählen wir der Chefin?"

Die oben bereits erwähnte Interviewpartnerin bildete mit der ca. 50 Jahre jüngeren Interviewerin eine Art „Bündnis": „Also sage ich, wir werden ein bisschen reden, aber wir werden nichts zeigen, was wir geredet haben" (ältere Migrantin, ehJ). Aus dem Gespräch zwischen Interviewerin und interviewter Person soll nach Meinung dieser Migrantin nur das zur „Chefin" (gemeint ist die Leiterin des Forschungsprojektes) dringen, was sie selber als vermittelbar definiert: „Also jetzt, wenn du mit deiner Chefin sprichst, sag ihr die Wahrheit, sag ihr, diese Frau [gemeint ist die Interviewpartnerin] ist nicht verbittert, und es geht ihr nicht schlecht, diese Frau ist zwar alt, aber sie sieht... wie soll ich sagen? Sie sieht gesund aus und findet sich zurecht" (ältere Migrantin, ehJ). Das Beispiel macht deutlich, wie wichtig das Vertrauen zur Interviewerin bzw. zum Interviewer für die Gespräche ist. Dieses konnte dank der gemeinsamen Sprache und des Geschicks der Interviewerin in diesem Fall gewonnen werden.

„Wir wissen, um was es geht"

Bei den Gesprächen mit den älteren Migrantinnen und Migranten gab es Situationen, in welchen Homogenität zwischen Interviewerin und Interviewten in Bezug auf den Migrationshintergrund bestand, d.h. beide Parteien gehörten zur Gruppe der Migrantinnen und Migranten. Durch die vermeintliche Nähe der interviewenden Person zu den Interviewten wurden in einzelnen Gesprächen Themen nur noch angeschnitten und trotzdem von den Gesprächspartnerinnen und Gesprächspartnern verstanden.

Die Interviews, in welchen das Prinzip „Nähe erübrigt Explikation" (Helfferich, 2005, S. 111) zum Zug kam, wurden mit der Interviewerin bzw. dem Interviewer nach dem Gespräch jeweils im Detail besprochen, um das aufgrund des gemeinsamen Hintergrundes verkürzt Dargestellte zu vervollständigen. Die Problematik dieser Komplettierung liegt darin, dass die Projektleiterin sich bei der Auswertung der Interviews einzig auf die Interpretation der Interviewerin bzw. des Interviewers stützen konnte. Die Leerstellen im Gespräch wurden sozusagen im Nachhinein gefüllt. Ob die Interviewpartnerinnen und Interviewpartner die Leerstellen in jedem Fall gleich gefüllt

162

hätten, kann nicht beurteilt werden. Diese „Problematik" betrifft jedoch nur vereinzelte Interviews.

Eine weitere Folge dieser Nähe zwischen Interviewerin bzw. Interviewer und Interviewpartnerin bzw. -partner ist, dass die Interviewenden zum Teil zu wenig nachfragten, weil sie davon ausgingen, dass klar war, worum es der interviewten Person ging. Aufgrund eines geteilten Migrationshintergrundes wurden ähnliche Erfahrungen unterstellt.

Neben den hier erwähnten Nachteilen und Gefahren einer zu grossen Nähe zwischen interviewender und interviewter Person sind aber auch die Vorteile dieses Settings zu sehen. Diese liegen vor allem im vereinfachten Zugang zum Feld und in einem Vertrauensvorschuss, den die Interviewenden bei den Interviewten haben (vgl. Helfferich, 2005, S. 106 f.).

„Ich kann mich wirklich nicht beklagen"

In den Gesprächen mit älteren Migrantinnen und Migranten fällt die in der Regel sehr positive Darstellung der eigenen Lebenssituation und die Betonung der Anspruchslosigkeit und Dankbarkeit („ich kann mich nicht beklagen") auf. Im folgenden Kapitel wird diese Haltung der Anpassung und Anspruchslosigkeit detailliert als ein spezifisches Merkmal der Situation älterer Befragter, insbesondere der Personen aus Italien, interpretiert, da von der These ausgegangen wird, dass der erwähnte „Anpassungsdiskurs" nicht alleine aufgrund der Interviewsituation zustande gekommen ist, sondern tatsächlich ein wichtiges Element in der Identitätsdefinition der Migrantinnen und Migranten darstellt. Eine „erfolgreiche" Migration scheint nach Aussagen der Interviewten auch den Aspekt der „Anpassung" zu beinhalten. Die Anerkennung dieser Anpassungsleistung durch die Aufnahmegesellschaft ist den befragten älteren Personen wichtig.

Die positiven Schilderungen wurden aber möglicherweise auch durch Interviewsettings verstärkt, in welchen die Interviewerin einen Migrationshintergrund hat, da sich die Interviewten vor einer „sozial besser gestellten" Interviewerin mit ähnlichem Migrationshintergrund möglicherweise als besonders erfolgreich darstellen wollten. Zum anderen könnten die positiven Schilderungen aber auch durch die allgemeine Tendenz erklärt werden, dass ältere Menschen allgemein stärker zu sozial erwünschtem Antwortverhalten neigen als jüngere Personen (vgl. Kühn & Porst, 1999, S. 9).

4.3.3 Hauptergebnisse aus den Interviews mit Personen aus Italien

Die Erkenntnisse aus den Gesprächen mit Migrantinnen und Migranten aus Italien werden in den folgenden Abschnitten in eine zeitliche Abfolge gebracht: Der erste Teil bezieht sich auf die Vergangenheit (Herkunft, individuelle Migrationsgeschichte). Im zweiten Teil wird das Bedürfnis der Befragten nach Anerkennung der „Anpassungsleistung", die während des gesamten Aufenthaltes in der Schweiz erbracht wurde, aufgezeigt. Im dritten Abschnitt geht es um die aktuellen familiären Unterstützungsbeziehungen der befragten Personen. Im letzten Abschnitt werden die unterschiedlichen Erwartungen und Wünsche der Interviewten in Bezug auf eine etwaige Pflegebedürftigkeit dargestellt und diskutiert.

Vergangenheit, Gegenwart und Zukunft bilden demzufolge das Raster für die Gliederung der Ergebnisse.

„Wir sind gekommen, um ein besseres Leben zu finden"

Den Gesprächen mit Migrantinnen und Migranten aus Italien ist gemeinsam, dass alle Befragten in Familien aufgewachsen sind, die eher im unteren Bereich des sozialen Raumes (vgl. Bourdieu, 1987, S. 212 f.) verortet werden können. Die befragten Personen konnten zum Teil die Primarschule nicht abschliessen, da sie den Eltern bei der Arbeit helfen mussten, oder sie begannen mit der Arbeit gleich nach Abschluss der Primarschule: „Sobald ich mit der Schule fertig war, musste ich auf dem Land arbeiten" (älterer Migrant, Norditalien).
In den Interviews finden sich Aussagen zu Push- und Pull-Faktoren der Migration (vgl. Treibel, 1999, S. 41). Zu den *Push-Faktoren* geben die Gespräche folgende Hinweise:

–   Ein Leben in Armut: „Ich wollte gehen, ich sagte mir: Es ist unnütz, wir sind hier in der Misere. Und obwohl ich nie, nie aus dem Dorf gegangen war, nie" (ältere Migrantin, Norditalien).

– In Zusammenhang mit obiger Aussage steht die fehlende Möglichkeit, am Herkunftsort eine bezahlte Arbeitsstelle zu finden: „Es gab keine Arbeit bei uns, nicht einmal für meine Brüder hatte es Arbeit" (ältere Migrantin, Norditalien).

– Schlecht bezahlte Arbeit kann hier ebenfalls als Push-Faktor genannt werden: „Aber ich verdiente wenig [...][12] und in diesen Zeiten, 1960, war es wenig für einen jungen [Mann], der 20 war" (älterer Migrant, Norditalien). Oder ein anderer Interviewpartner: „Na, ich sage es Ihnen ehrlich, es war, um eine Arbeit zu haben, die etwas mehr bringt als die, die man in Italien hatte" (älterer Migrant, Süditalien).

In einem Gespräch mit einer Migrantin aus Süditalien wird das oben Genannte nochmals auf den Punkt gebracht: „Wir sind gekommen, um ein besseres Leben zu finden, um Geld zu verdienen, um besser zu leben, weil es in Süditalien nichts gab. Jetzt gibt es eine Fiatfabrik, es gibt etwas mehr Arbeit, aber es gibt nicht viel, nicht viel Arbeit, so ist der Süden. Es ist normal, was will man sonst" (ältere Migrantin, Süditalien).

In den Gesprächen finden sich neben den Äusserungen zu Push-Faktoren auch Angaben zu Pull-Faktoren der Migration. Erwähnt wird die aktive Anwerbung so genannter Gastarbeiterinnen und Gastarbeiter durch die Schweiz und andere Länder. Eine Interviewpartnerin schildert diese Erfahrung folgendermassen:

Damals fragten sie nur nach Frauen, so sagte ich, ich gehe, auch wenn sie [die übrigen Familienmitglieder] es nicht wollten, weil ich das einzige Mädchen war, aber eben, ich musste gehen, auch weil mein jüngster Bruder, der brauchte Hilfe, weil er eine Krankheit hatte [...]. (ältere Migrantin, Norditalien).

Ein anderer Interviewpartner folgte einem Flugblatt: „Es hiess: Zürich, sie suchen. So sind wir gegangen. Zu zweit von meinem Dorf" (älterer Migrant, Norditalien). Ein weiterer Migrant schildert die Anwerbeaktivitäten in seinem Dorf: „Es gab die italienische Auswanderung. Es war ein grosses Drum und Dran, jeden Tag, alle Jungen, wer [migriert] auf [die] eine Art, wer auf eine andere Art? Wer nach Eng-

---

12   [...] zeigt an, dass ein Teil des Zitats ausgelassen wurde.

land, wer nach Argentinien, wer nach Frankreich?" (älterer Migrant, Süditalien). Ein Interviewpartner kam im Jahre 1946 als Jugendlicher durch ein „Angebot der Schweizer Regierung, italienische Kinder in Not auszubilden" nach Zürich (älterer Migrant, Norditalien).

Ein anderer Pull-Faktor ist eine Ehepartnerin bzw. ein Ehepartner, die oder der bereits in der Schweiz lebt und der/dem nach einigen Jahren nachgereist wird: „Mein Mann kam vor uns, er ist hierher gekommen und hat gesagt, ohne dich und das Mädchen will ich nicht hier bleiben" (ältere Migrantin, Süditalien). Auch dieser Migrationsgrund kommt bei den befragten Personen vor, jedoch nur bei Frauen.

„Wir haben uns angepasst"

Wie ein roter Faden ziehen sich die Aussagen der Interviewpartnerinnen und Interviewpartner zu ihren „Anpassungs- und Integrationsbemühungen" durch die gesamten Interviews. Ihre subjektive Sicht von „Integration" soll im Folgenden ausgeführt werden.

Während die befragten Personen auf der einen Seite ihre Sprachkenntnisse mehrheitlich als gering einschätzen und eindeutig die innerethnischen Kontakte die interethnischen Beziehungen überwiegen (vgl. Dietzel-Papakyriakou, 1993b), betonen die Interviewten auf der anderen Seite ihre grossen „Anpassungs- und Integrationsleistungen" in folgenden Bereichen:

– Die harte Arbeit, die geleistet wurde und für welche die Migrantinnen und Migranten positive Rückmeldungen erhielten.

– Der positive Umgang mit Schwierigkeiten: Die erste Migrationszeit wird durchgehend als schwierig beschrieben. Gleichzeitig wird aber auch betont, dass man sich danach an die Situation gewöhnt und sich angepasst habe. Die Überfremdungsinitiativen am Ende der 1960er und Anfang 1970er Jahre stellten für die befragten Migrantinnen und Migranten ein wichtiges Ereignis dar. Diskriminierungserfahrungen sind ebenfalls Thema der Interviews, sie werden jedoch an verschiedenen Stellen im Gespräch interessanterweise als unbedeutend kodiert und mit Verständnis für die Sichtweise der schweizerischen Bevölkerung („das muss man verstehen") geschildert.

– Die Regelbefolgung: Die befragten Personen betonen an mehreren Stellen, dass sie sich immer an „die Regeln" (z. B. Regeln des Zusammenlebens) gehalten hätten.

Die hier vorgestellten drei Punkte werden im Folgenden noch etwas näher ausgeführt.

„Sozialintegration" durch Beteiligung am Arbeitsmarkt
Esser (2001, S. 8) definiert Sozialintegration als

> Einbezug der *Akteure* [Hervorhebung im Original] in das gesellschaftliche Geschehen, etwa in Form der Gewährung von Rechten, des Erwerbs von Sprachkenntnissen, der Beteiligung am Bildungssystem und am Arbeitsmarkt, der Entstehung sozialer Akzeptanz, der Aufnahme von interethnischen Freundschafen, der Beteiligung am öffentlichen und am politischen Leben und auch der emotionalen Identifkation mit dem Aufnahmeland.

Ausgehend von Essers Definition von Sozialintegration lässt sich für die befragte Gruppe der älteren Migrantinnen und Migranten feststellen, dass eine hohe „Beteiligung am Arbeitsmarkt" (ebd.) stattgefunden hat, vor allem in ungelernten Tätigkeiten.

Ein Interviewpartner fasst dieses allgemeine Merkmal der italienischen Migration der 1950er und 1960er Jahre folgendermassen zusammen: „Man weiss es, in diesen Jahren waren es manuelle Arbeiten, wir waren nur Handwerker, nicht wie jetzt, oder" (älterer Migrant, Norditalien). Diese Selbstdefinition findet sich auch in einem anderen Gespräch, in welchem sich der Mann der Interviewpartnerin als Angehöriger der „Arbeiterklasse" definiert. Die interviewten Frauen haben das Pensum ihrer Erwerbsarbeit in der Regel nach der Geburt der Kinder reduziert, die Männer haben mehrheitlich Vollzeitarbeit geleistet.

In den Gesprächen zeigt sich die Zentralität der Erwerbsarbeit im Leben der Interviewten. Eine Interviewpartnerin drückt dies folgendermassen aus: „[…] wir sind anders gekommen [als die heutigen Migrantinnen und Migranten], wir mussten arbeiten, arbeiten, arbeiten" (ältere Migrantin, Süditalien). Man arbeitete viel und hart:

> Ich habe so schwere Arbeit geleistet. Mamma mia! Wie Männer haben wir damals gearbeitet. Heute, ihr Jungen arbeitet, aber mit dem Kopf, ich sage nichts, man braucht auch einen guten Kopf, um mit dem Computer zu arbeiten. Aber wir haben alles mit den Händen gemacht, damals, und wie viel Öl, Erdöl,

alles schmutzig voll von Öl. Das war harte Arbeit, harte Arbeit, harte Arbeit (ältere Migrantin, Süditalien).

„Es war damals nicht wie jetzt, dass man freie Stunden hat und so, wir hatten dienstags zwei Stunden nach dem Mittagessen [frei] und sonntags" (ältere Migrantin, Süditalien).

Die Interviewpartnerinnen und Interviewpartner betonen, zusammengefasst gesagt, ihre Anpassung an die schwierigen und harten Arbeitsbedingungen. Ausserdem heben sie hervor, dass sie gute Arbeit geleistet hätten. Es wird zudem als Erfolg bewertet, nie arbeitslos gewesen zu sein.

Eine Migrantin erzählt in Zusammenhang mit der „guten Arbeitsleistung", dass ihr Chef ihr mitgeteilt habe, dass sie „eine der besten Arbeiterinnen" sei, die sie haben (ältere Migrantin, Süditalien). „[...] Bei der Arbeit, ich kann es schwören, habe ich nie eine Klage bekommen, bei der Arbeit. Eh, was will ich mehr? Aber ich habe auch hart gearbeitet". In diesem Zitat wird zudem deutlich, dass das Lob bei der Arbeit auf die eigene Leistung zurückgeführt wird („ich habe auch stark gearbeitet"). Das Thema des Erfolgs durch eigene Leistung zeigt sich ebenso an anderer Stelle: „Ich habe gut gearbeitet, ich glaube, ich habe gegeben, was ich gekonnt habe, und ich habe verdient für das, was ich gemacht habe" (älterer Migrant, Norditalien).

Die Arbeit nahm einen so grossen Raum ein, dass wenig Zeit für andere Aktivitäten blieb, wie z. B. Deutschkurse, was von den Interviewpartnerinnen und Interviewpartnern als Grund und Rechtfertigung gegenüber Dritten für die als eher schlecht beurteilten Deutschkenntnisse erwähnt wird. Auf den Vorwurf seines Sohnes, in 45 Jahren kein Deutsch gelernt zu haben, antwortet ein Interviewpartner mit folgender Aussage „[...] wenn ich in die Schule gegangen wäre, wärst du nicht Ingenieur geworden, weil ich das Geld für dein Studium nicht gehabt hätte" (älterer Migrant, Norditalien). Eine Migrantin erwähnt: „Ich habe es bereut, dass ich keinen Kurs gemacht habe, weil die Ausländer, die jetzt kommen, die machen alle einen Kurs, alle. Damals gab es das auch, aber wir sind anders hierher gekommen [d.h. zum Zweck der Arbeit]" (ältere Migrantin, Süditalien).

Der hohe Stellenwert der Erwerbsarbeit im Leben der interviewten Personen und die damit verbundenen Anstrengungen (man passte sich an die harte Arbeit an, man bemühte sich, die Arbeit gut zu machen) kann zu Enttäuschungen bezüglich der Renten führen, die von einzelnen Migrantinnen und Migranten als niedrig beurteilt werden. Diese Unzufriedenheit wird zum Teil in den Interviews explizit genannt. Man arbeitete ein Leben lang und bekommt jetzt eine Rente, die nicht ausreicht, um den Lebensunterhalt zu bezahlen: „Ich habe nicht so viel gearbeitet, aber ich habe immer gearbeitet. Ich habe immer meine Beiträge bezahlt" (ältere Migrantin, Süditalien). „Macht die Schweizer Regierung nicht auch diese Berechnungen, dass man so nicht leben kann?" (ältere Migrantin, Süditalien).

„Sie sagten dem Sohn immer ,Tschingg'"
In den Gesprächen nennen die Befragten mehrere Situationen in ihrem Leben, die sie als besonders schwierig und herausfordernd erlebten. Diese Herausforderungen beziehen sich zum einen auf die erste Zeit nach der Migration (z. B. schwierige Wohnsituation), zum anderen auf Diskriminierungserfahrungen und die damit in Zusammenhang stehenden Überfremdungsinitiativen am Ende der 1960er und Anfang der 1970er Jahre, die für die Migrantinnen und Migranten einschneidende Erlebnisse darstellten, mit denen sie unterschiedlich umzugehen versuchten und die in der Retrospektive betrachtet möglicherweise anders (und eventuell positiver) konnotiert werden, als dies in der Situation selbst der Fall war.

Die Anfangszeit haben die befragten Personen mehrheitlich als schwierig erfahren. „Ich habe so viel geweint" (ältere Migrantin, Norditalien). Die prekäre Wohnsituation war einer der Gründe für diese negativen ersten Erfahrungen:

> Am Anfang war es traurig, weil man ein einziges Zimmer hatte und keine Wohnung, in einer Wohnung lebten drei oder vier Familien. Wir hatten noch keine Kinder, und wir benutzten eine einzige Küche zusammen. Aber es hat auch so geklappt, aber am Anfang war es traurig (ältere Migrantin, Süditalien).

Noch prekärer war die Wohnsituation eines männlichen Befragten: „Einen Monat musste ich den Gürtel enger schnallen, für alles. Und abends schlief ich in der Badewanne […]" (älterer Migrant, Norditalien). Neben den schwierigen Wohnbedingungen wurde auch die zum Teil ablehnende Haltung der Schweizer Bevölkerung den Migrantinnen und Migranten gegenüber angesprochen: „Es waren andere Jahre, es gab Rassismus […]. Ja, in den 1960ern, es war… es gab Tafeln draussen ‚Italiener sind nicht akzeptiert' […] und da sah ich dieses Schild, es tut mir weh, gut, auch nicht so viel, aber trotzdem" (älterer Migrant, Norditalien). Auch die Kinder der Interviewten mussten sich mit der Reaktion der einheimischen Bevölkerung auf ihre Präsenz auseinander setzen: „[…] sie [die anderen Kinder] sagten dem Sohn immer ‚Tschingg, du da'" (ältere Migrantin, Norditalien). Ein einschneidendes Ereignis waren für die Interviewpartnerinnen und Interviewpartner die Überfremdungsinitiativen: „Es gab so einen Schwarzenbach, der sagte, er werde alle rausschmeissen […] man konnte sich hier nicht sicher fühlen" (ältere Migrantin, Süditalien).

Interessant ist, dass die Diskriminierungserfahrungen aus der Retrospektive betrachtet von den Migrantinnen und Migranten als unbedeutend und als Einzelfälle dargestellt werden: „Danach hatte ich Kinder, und auch mit ihnen hatte ich nie Schwierigkeiten, nur etwas, einmal mit dem Lehrer, oder so" (ältere Migrantin, Norditalien). „Aber es sind alles minimale Sachen, wie ich Ihnen sage" (ältere Migrantin, Norditalien). Eine andere Interviewpartnerin betrachtet ihre Probleme bei der Wohnungssuche als „einzige Schwierigkeit": „Die einzige Schwierigkeit, die wir gehabt haben, die einzige [betont] war, das Haus zu finden. Weil, sie wollten den Italienern die Wohnungen nicht geben […]" (ältere Migrantin, Süditalien). Auffallend ist in den Gesprächen die grundsätzliche Betonung, dass man gut behandelt worden sei und sich nicht beklagen könne. „[…] eben, aber ich, sie haben mich immer, wie ich dir sage, ich kann mich nicht beschweren, sie haben mich immer, immer gut behandelt" (ältere Migrantin, Norditalien). Das Wort „Respekt" nimmt in diesem Zusammenhang einen wichtigen Stellenwert ein: „Wir haben gearbeitet, verdient, ja, wir haben immer gearbeitet, aber sie haben uns immer respektiert" (ältere Migrantin, Norditalien). „Ich habe sie respektiert, sie haben mich respektiert, ich kann nichts Schlechtes sagen" (ältere Migrantin, Süditalien). „Respektiert" wurde man, weil man sich anpassen konnte: „[…] man muss sich anpassen können" (ältere Migrantin, Süditalien). „Aber wir haben uns Schritt für Schritt an diese Art angepasst" (ältere Migrantin, Norditalien).

Dass sich die Ansicht der Öffentlichkeit über Migrantinnen und Migranten aus Italien über die Jahrzehnte ins Positive veränderte, dessen sind sich die Interviewten bewusst:

> Jetzt sind wir die Besten geworden. Ich denke nicht [dass wir die Besten sind], aber wir sind zumindest die, die von den Leuten am meisten geschätzt werden [...]. Ich denke, dass der Schweizer jetzt den Italiener als Ausländer am meisten mag (älterer Migrant, Norditalien).

Die Italienerinnen und Italiener sind sozusagen zu den „Vorzeigemigrantinnen und -migranten" geworden. Wenn die Befragten von „den Ausländern" sprechen, zählen sie sich in der Regel nicht mehr zu dieser Gruppe. „Ausländer" sind diejenigen Personen, die sich nicht an die Regeln halten: „Hier [in diesem Haus] sind wir alle Schweizer" (ältere Migrantin, Süditalien), meint eine Interviewpartnerin, die noch die italienische Nationalität hat und wenig Deutschkenntnisse mitbringt.

„Ich habe immer die Gesetze befolgt"
Die befragten Personen betonen, dass sie immer die Regeln befolgt hätten. Unter Regeln fallen in der Definition der Interviewpartnerinnen und Interviewpartner die impliziten und expliziten Regeln und Verhaltensnormen, z. B. bei der Kindererziehung: „Aber wir haben uns angepasst, auch mit den Kindern, wenn es acht Uhr abends war, liessen wir die Kinder nicht mehr raus, weil damals war es Zeit, um ins Bett zu gehen" (ältere Migrantin, Norditalien). „Niemals ist jemand gekommen, um sich zu beklagen, weil die Musik zu laut ist" (ältere Migrantin, Süditalien).

Eine andere Interviewpartnerin betont, dass sie sich an die Hausregeln halte: „Aber mit meiner Wohnung versuche ich die Regeln zu beachten. Wann man die Wäsche macht, lasse ich alles sauber. Alle diese Regeln. Und dann respektiere ich die anderen, weil wir gemeinsame Räume haben. Dann lebe ich ruhig" (ältere Migrantin, Süditalien).

Wer sich an die „Regeln" hält, verlangt von seiner Nachbarschaft dasselbe, da die Regeleinhaltung ein grosses Mass an Anstrengung beinhaltet. So stört sich eine Interviewpartnerin zum Beispiel ganz besonders am lauten Benehmen des Nachbarn, der Schweizer ist: „Das, was mich am meisten gestört hat, ist, dass sie Schweizer sind, aber sie verstehen trotzdem nicht, dass sie nach zehn, elf Uhr leise sein sollten" (ältere Migrantin, Süditalien).

Zusammenfassende Bemerkungen

Die oben vorgestellte Sichtweise, dass man sich angepasst und integriert hat, zeigt ein Integrationsverständnis der Migrantinnen und Migranten, das insbesondere eine Integration in die Aufnahmegesellschaft sowie Aspekte der „Kulturation" nach Esser (2006, S. 26) impliziert.

Die Interviews zeigen, dass sich die meisten befragten Personen in innerethnischen Netzwerken bewegen, d.h. vor allem Kontakte zu „Landsleuten" pflegen (im Sinne von Esser wäre dies eine soziale Integration in innerethnische, aber nicht in interethnische Netzwerke). Die interethnischen Kontakte haben für die meisten Befragten eine relativ geringe Bedeutung. Ein Interviewpartner drückt dies folgendermassen aus: „Wir waren immer mehr mit unserer Familie, mit den Freunden aus Italien, auch aus dem gleichen Dorf, eben, von diesen Assoziationen" (älterer Migrant, Süditalien). Ob ein „ethnischer Rückzug" im Alter erfolgt ist, wie ihn Dietzel-Papakyriakou (1993b) für die Arbeitsmigrantinnen und Arbeitsmigranten in Deutschland beschreibt, ist bei den interviewten Personen nicht auszumachen. Vermutlich ist eher davon auszugehen, dass schon während der gesamten Zeit im Aufnahmeland vorwiegend Kontakte zu Landsleuten bestanden und somit eher von einem „ethnischen Verbleib" als von einem „ethnischen Rückzug" gesprochen werden kann.

Zusammengefasst lässt sich sagen, dass die hier interviewten Migrantinnen und Migranten ihre Anpassungsleistungen weniger in der Sprache und in interethnischen Kontakten sehen, als vielmehr in ihrer Fähigkeit, sich bezogen auf die Arbeit zu „integrieren" und gute Leistungen zu erbringen, in der Einhaltung von „Regeln" des Zusammenlebens und in der positiven Bewältigung schwieriger Situationen. Der Satz „Ich habe sie respektiert, sie haben mich respektiert" fasst diese Bemühungen zusammen.

Aktuelle familiäre Unterstützungsbeziehungen

Neun der interviewten zehn Personen mit Migrationshintergrund Italien haben Kinder, die in der Schweiz leben. Nur eine Person hat keine Nachkommen. Dies hat Konsequenzen für die Unterstützungsbeziehungen dieses Migranten, was er folgendermassen ausdrückt: „Ich muss mich alleine durchwursteln" (älterer Migrant, Norditalien).

Aus den Schilderungen der befragten älteren Migrantinnen und Migranten lassen sich folgende Kernaussagen zu den familiären Beziehungen festhalten:

– *Eine hohe Kontaktfrequenz zwischen Interviewten und ihren Kindern*: „Einmal pro Woche kommen sie [die Kinder] zum Essen" (ältere Migrantin, Norditalien). „Mein Sohn besucht mich täglich" (ältere Migrantin, Süditalien).

– *Eine hohe Bedeutung der Kernfamilie im Vergleich zu Kontakten mit Bekannten*: „Es gibt viele Freunde. Aber einmal sind sie wie Freunde und einmal nicht. Sie verraten einen, aber ich gehe immer zu meiner Familie" (älterer Migrant, Süditalien). „Na ja, ich glaube, dass die Familie eine heilige Institution ist. Sehr. Schauen Sie, meiner Meinung nach. Sie können ja denken, was Sie wollen, aber ich denke, dass wenn die Familie... wenn es das Konzept Familie nicht mehr geben würde, dann wird der Staat auch fallen" (älterer Migrant, Norditalien). „Nur die Familie [ist wichtig]. Der Rest, der geht nur vorbei... Weil, wirkliche Freundschaft zu finden, ist schwierig" (älterer Migrant, Süditalien). „Das, was wichtig ist, ist immer die Familie" (älterer Migrant, Süditalien). Der Begriff „Familie" scheint sich bei den befragten Migrantinnen und Migranten tendenziell auf die „Kernfamilie" zu beziehen. Die Bedeutung der Familie zeigt sich auch in den Unterstützungsleistungen, die hauptsächlich innerhalb der Kernfamilie geleistet werden. Ein Interviewpartner, der mehrere Operationen hinter sich hat, meint „Ich habe alles alleine und mit meiner Familie durchgestanden. Meine Familie hat mir logischerweise geholfen" (älterer Migrant, Norditalien).

– *Zum Teil ein langes Zusammenwohnen mit den Kindern*: Bei zwei Interviewpartnerinnen und Interviewpartnern wohnen die Kinder noch bei den Eltern bzw. bei einem Elternteil. Das lange Zusammenwohnen zeigt sich auch im Zitat einer Interviewpartnerin, deren Sohn als 30-Jähriger ausgezogen ist: „Mit 30 ist er wegge-gangen, na weggegangen, er musste gehen, weil, was wollte er, er konnte nicht immer in einem kleinen Zimmer leben. Wegen sei-ner Arbeit hatte er zu viele Sachen, zu viele Schuhe, zu viele Kleider" (ältere Migrantin, Süditalien). Der späte Auszug aus dem Elternhaus wird auch in anderen Studien bestätigt (vgl. Bolz-man, El-Sonbati, Fibbi & Vial, 1999a, S. 78). Die Studie von Bolzman et al. (ebd.) zeigt, dass junge Erwachsene aus spani-schen und italienischen Familien später aus ihrem Elternhaus aus-ziehen als Personen aus Nicht-Migrantenfamilien: „La majorité (deux sur trois) des Suisses d'origine quittent le foyer parental avant 25 ans, alors que les enfants d'Espagnols et Italiens le font après 25 ans" (ebd.). Zu den Ursachen des längeren Zusammen-wohnens formulieren Bolzman und sein Forschungsteam zwei Thesen: bei der einen werden „kulturelle" Gründe für die Unter-schiede geltend gemacht, bei der anderen „wirtschaftliche" Grün-de (das Zusammenleben ist billiger).

– *Rückkehrpläne aufgrund der Kinder aufgeben bzw. aufschieben*: Für die meisten Interviewten aus Italien ist die Frage der Rück-kehr bereits entschieden. Ein wichtiger Grund für die Entschei-dung sind die Kinder und Enkelkinder, die in der Schweiz leben. Die Aufgabe der Rückkehrorientierung fällt den interviewten Per-sonen nicht leicht „Ich würde gehen, ja, ich würde gehen, aber mir gefallen die Kinder, es heisst, mir gefallen die Enkelkinder hier, und die Distanz, wenn ich weg von hier bin, meine Söhne... es ist, na ja, es wäre nicht so gut, aber es würde mir gefallen, nach Italien zu gehen" (älterer Migrant, Norditalien). Ein anderer Inter-viewpartner sichert sich die Erinnerungen an das Herkunftsland über die Malerei: „Ich habe beschlossen, alles zu malen, um es nicht zu vergessen" (älterer Migrant, Süditalien). Für eine Familie ist die Frage der Rückkehr noch nicht definitiv entschieden. Beim Abwägen von Pro und Contra wird der Sohn genannt: „Na ja, wenn du hinunter gehst, ist man vom Sohn entfernt, hier sehe ich meinen Sohn ein- oder zweimal pro Woche. Wenn ich runter gehe, würde ich ihn einmal pro Jahr sehen" (ältere Migrantin, Süditalien).

Zusammengefasst kann gesagt werden, dass die meisten befragten Personen zu Beginn der Migration von einem temporären Aufenthalt ausgingen, der jedoch dauerhaft wurde. Die Rückkehrorientierung wurde in den meisten Fällen bis zur Pensionierung aufrechterhalten. Danach erfolgte für viele die definitive Entscheidung für ein Bleiben aufgrund der Kinder und Enkelkinder, die keine Rückkehr nach Italien in Betracht ziehen wollen und die man nicht verlassen möchte.

Nach diesem kurzen Überblick über die wichtigsten Merkmale der familiären Beziehungen sollen im Folgenden die Unterstützungsbeziehungen zwischen den Generationen detaillierter beschrieben werden. Im Interview mit den älteren Personen stand insbesondere die Frage nach *erhaltenen* Unterstützungsleistungen im Zentrum, wobei nach administrativer, pflegerischer und emotionaler Unterstützung gefragt wurde. Die Hilfeleistungen, welche die Interviewpartnerinnen und -partner ihren Kindern *geben*,[13] wurden in den Gesprächen mit den älteren Menschen nicht speziell erfragt. Die gegenseitigen Unterstützungsleistungen waren jedoch Thema bei der Befragung der zweiten Generation.

Eine zentrale Bedeutung hat die administrative Unterstützung, welche die meisten italienischen Interviewten erhalten, insbesondere von den erwachsenen Kindern. Das Zitat einer Interviewpartnerin soll die Bedeutung der administrativen Unterstützungsleistungen illustrieren: „Ich tue alles auf die Seite. Sie [die Tochter] kommt einmal im Monat das abholen, sie kommt immer, aber am Ende des Monats, wenn die Rechnungen kommen, wenn etwas ankommt, dann gebe ich es ihr. Sie macht es" (ältere Migrantin, Norditalien). Ein Interviewpartner spricht seinen Analphabetismus an und betont, dass er deshalb in allen administrativen Belangen von anderen Personen abhängig sei: „Ich bin immer auf andere Leute angewiesen: die Söhne, einige Freunde" (älterer Migrant, Süditalien). In den Interviews mit der zweiten Generation (siehe Kapitel 4.4) zeigt sich nochmals in aller Deutlichkeit die Bedeutung dieser Art von Unterstützung, die die zweite Generation in der Regel für die erste Generation leistet. Neben den

---

13 Die interviewten Personen „kümmern" sich um ihre Kinder, indem sie am Wochenende für sie kochen, Enkelkinderbetreuung übernehmen usw.

Kindern spielen die Missione Cattolica und die Colonie Libere Italiane eine wichtige Rolle bei der Unterstützung in administrativen Fragen.

Wie entwickeln sich die Unterstützungsleistungen im zeitlichen Verlauf? Welche Generation übernimmt wann welche Aufgaben? Bolzman et al. (1999a) untersuchten in ihrer Studie die intergenerationellen Beziehungen von Migrantenfamilien, bei denen die Eltern noch nicht das Rentenalter erreicht haben. In der vorliegenden Untersuchung hingegen standen die im Rentenalter stehenden Migrantinnen und Migranten und ihre familiären Beziehungen im Vordergrund. Während Bolzman et al. (ebd., S. 84 f.) zum Ergebnis kommen, dass zahlreiche Unterstützungsbeziehungen zwischen Eltern und Kindern der italienischen und spanischen Migranten bestehen und sogar davon ausgegangen werden kann, dass die Leistungen der Eltern an die Kinder, insbesondere im finanziellen Bereich, etwas grösser sind als diejenigen in umgekehrter Richtung, zeigt die vorliegende Arbeit für die Gruppe der befragten Italienerinnen und Italiener Folgendes: Mit steigendem Alter der Eltern verschieben sich die Unterstützungsbeziehungen dahingehend, dass von den Kindern eher etwas mehr Hilfe gegeben als empfangen wird.

Was tun, wenn es zu Hause nicht mehr alleine geht?

Im Interview wurden die älteren Personen gefragt, welche Art von Unterstützung sie sich vorstellen können, „wenn es einmal nicht mehr alleine geht zu Hause". Da noch alle Gesprächspartnerinnen und Gesprächspartner zu Hause leben, ist diese Frage in die Zukunft gerichtet. Es werden die Wünsche sichtbar, über das konkrete Handeln kann aber nichts vorausgesagt werden, falls ein Bedarf nach pflegerischer Unterstützung eintreten sollte. In den Gesprächen fällt auf, dass die interviewten Personen bei der Äusserung ihrer Wünsche auf verschiedene Referenzpunkte Bezug nehmen; es sind dies die folgenden:

- *Wahrnehmung der früheren Situation im Herkunftsland*: „Man wurde in der Familie, zu Hause alt" (älterer Migrant, Norditalien).
- *Wahrnehmung der jetzigen Situation im Herkunftsland / eigene Erfahrungen mit Altersbetreuung im Herkunftsland*: „Es kommt auf die Situation drauf an, wir haben bei meiner Mutter... Ich war

176

hier [in der Schweiz], meine Schwester war dort [in Italien]. Wir haben eine Frau von morgens bis abends dorthin [zur Mutter] getan, man bezahlte dafür, aber das findet man dort [in Italien]" (ältere Migrantin, Süditalien).

– *Wahrnehmung der Situation in der Schweiz*: „Aber der Alte, der stirbt hier alleine, der stirbt alleine" (älterer Migrant, Norditalien).

Es muss hier angemerkt werden, dass die Situation im Herkunftsland (früher und heute) als positiv und negativ bewerteter Bezugspunkt vorkommt.

Diese Bezugspunkte, die im Folgenden als „transnationale Bezugspunkte" bezeichnet werden sollen, beeinflussen die Erwartungen und Wünsche der befragten Personen. Neue Tendenzen in der Altershilfe in Italien, wie z. B. die Entwicklung von informellen Pflegearrangements, bei denen insbesondere Migrantinnen und Migranten aus osteuropäischen Ländern in Privathaushalten die Pflege unterstützungsbedürftiger Personen übernehmen (vgl. von Kondratowitz, 2005), werden von den Interviewten thematisiert. Von Kondratowitz (ebd., S. 419) beschreibt diese Art von Arrangements als „Pflege älterer Menschen in Privathaushalten durch, aufenthaltsrechtlich gesprochen, illegale Pflegekräfte, die vor allem aus den osteuropäischen Ländern stammen." Insbesondere im Falle von Italien fallen diese neuen Pflegearrangements den Recherchen des Autors (ebd., S. 321) zufolge auf fruchtbaren Boden, da die innerfamiliäre Pflege nicht mehr gewährleistet werden kann (u.a. aufgrund der zunehmenden Erwerbstätigkeit der Frauen) und die staatlichen Entlastungsmöglichkeiten gering sind.

Die von den Interviewpartnerinnen und Interviewpartnern vorgestellten *idealen* Betreuungssituationen weichen von den *tatsächlich realisierbaren* Möglichkeiten ab, was sich die interviewten Personen bewusst sind. Müsste eine Hierarchie der Wünsche aufgestellt werden, so steht an erster Stelle die Betreuung durch die Familie, wenn möglich in der eigenen Wohnung / dem eigenen Haus. An zweiter Stelle würde die Pflege durch externe Betreuende (24h, in der eigenen Wohnung) stehen, und erst an dritter Stelle würden die Interviewpartnerinnen und Interviewpartner eine stationäre Altersbetreuung in Erwägung ziehen. Die Aussage „wenn ich in Italien wäre, dann würde ich..."

zeigt beispielhaft die Unrealisierbarkeit der Wünsche. Ein Interviewpartner meint in Bezug auf die externen Betreuenden zum Beispiel: „Wenn ich in Italien wäre, dann könnte ich das sehr gut machen, mit der AHV aus der Schweiz könnte ich mir eine ‚Hüterin' [ital. ‚badante'] bezahlen" (älterer Migrant, Norditalien).

Ambulante Betreuungsangebote (z. B. Spitex) in der Schweiz werden von den älteren Personen im Interview nur selten thematisiert. Eine Auswertung von Einstellungen zu diesen Angeboten ist deshalb hier nicht möglich, könnte jedoch in zukünftigen Untersuchungen erhoben werden.

Die Gründe für die Nichtrealisierbarkeit der Wünsche nach familiärer Betreuung sehen die Interviewten insbesondere in der Erwerbstätigkeit der Kinder und den Wohnbedingungen, die ein Zusammenleben der verschiedenen Generationen unter einem Dach nicht zulassen.

Im Folgenden werden nicht die Wunschvorstellungen der Interviewpartnerinnen und -partner, sondern die von ihnen als realisierbar eingeschätzten Möglichkeiten genauer betrachtet. Zuerst wird der Frage nachgegangen, ob die Befragten Erwartungen an ihre erwachsenen Kinder in Bezug auf eine pflegerische Betreuung haben. In einem zweiten Teil wird die Option „stationäre Betreuung" analysiert: Ist ein Alters- oder Pflegeheim für die befragten Personen eine Option oder nicht? Wenn ja, welche Bilder bestehen von stationären Einrichtungen der Altershilfe?

Erwartungen an die erwachsenen Kinder
Die Frage nach den Erwartungen an die Kinder hängt in erster Linie davon ab, ob überhaupt Kinder vorhanden sind. Tabelle 22 zeigt für die Gruppe der interviewten Personen den Zusammenhang zwischen Pflegeerwartungen und dem Geschlecht der Kinder auf. Ein Interviewpartner hat keine Kinder und deshalb als logische Folge dieser Tatsache auch keine Erwartungen, dass die Pflege durch die zweite Generation übernommen wird. Von den übrigen interviewten Personen werden mit Ausnahme eines Gesprächspartners keine Erwartungen an die Kinder geäussert (siehe Tabelle 22). Zwei Personen haben nur Söhne. Beide erwähnen explizit, dass sie, falls sie Töchter hätten, von diesen Unterstützung erwarten würden.

Tabelle 22: *Anzahl der interviewten älteren Migrantinnen und Migranten aus Italien nach Geschlecht der Kinder und Pflegeerwartungen an die erwachsenen Kinder*

Geschlecht der Kinder	Pflegeerwartungen an erwachsene Kinder		Gesamt
	Ja	*Nein*	*Gesamt*
Sohn/Söhne		5	5
Söhne & Töchter	1	3	4
Tochter/Töchter			
keine Kinder		1	1
Gesamt	1	9	10

a)   „Wenn ich es brauche, muss ich probieren, etwas zu machen, das mir hilft"

Bei den Personen, die von ihren Kindern im Falle einer Pflegebedürftigkeit keine Betreuung erwarten, finden sich verschiedene Argumente, weshalb eine solche Betreuung nicht möglich ist. Genannt werden folgende Überlegungen:

–   Die Erwerbstätigkeit der Kinder: „Die Söhne... es wäre unmöglich, weil sie arbeiten" (ältere Migrantin, Süditalien)

–   Man wohnt nicht zusammen

–   Die erwachsenen Kinder haben eine eigene Familie: „Obwohl sie mich mögen, haben alle ihre Arbeit, ihre Familie" (ältere Migrantin, Süditalien)

–   Man möchte die Kinder nicht belasten: „Nein, nein, ich will sie in Ruhe lassen. Falls sie möchten, können sie mich besuchen, das gerne, aber ich will sie nicht stören [...] meine Pflege ist das Altersheim" (ältere Migrantin, Süditalien)

b)   „Wenn ich eine Tochter gehabt hätte, würde ich sagen: die Tochter"

Während die Söhne bei den befragten Personen keinen Erwartungen in Bezug auf Pflege ausgesetzt sind, scheinen in einzelnen Fällen Erwartungen an die Töchter zu bestehen. Ein Interviewpartner, der vorzugsweise von einem Familienmitglied gepflegt werden würde und zwei erwachsene Söhne hat, meint: „Ich habe keine Kinder, nein, schon, aber sie können mich nicht pflegen. Sie können mich nicht betreuen. Wenn ich eine Tochter gehabt hätte, dann würde ich sagen: die Tochter" (älterer Migrant, Norditalien). Auch eine andere Gesprächspartnerin könnte sich eine familiäre Betreuung vorstellen, wenn sie eine Tochter hätte, was aber nicht der Fall ist.

Die Schwiegertöchter scheinen für eine Pflege weniger in Frage zu kommen als die Töchter, obschon sie wahrscheinlich eher als mögliche Pflegepersonen gesehen werden als die Söhne. In einem Interview findet sich explizit die Aussage, dass in Bezug auf die Schwiegertochter keine Erwartung auf Pflege besteht, während der eigene Sohn gar nicht als potentieller Unterstützungsleistender genannt wird: „[...] die Schwiegertochter kann nicht meinetwegen die Arbeit verlieren. Sie ist jung, sie muss ihr Leben machen. Das ist eine normale Sache" (ältere Migrantin, Süditalien). Der berufliche Erfolg der Kinder ist in mehreren Gesprächen ein Thema. Die Interviewten sind stolz auf den Aufstieg ihrer Kinder, den sie aus ihrer Sicht mitbewirkt haben. Ein Interviewpartner zum Beispiel betont, dass er gearbeitet hat, um den Söhnen ein Studium zu finanzieren: „Wenn ich in die Schule gegangen wäre, wärst du [gemeint ist der Sohn] nicht Ingenieur geworden" (älterer Migrant, Norditalien).

Die stationäre Betreuung als Option?
Die Meinungen und Einstellungen bezüglich einer stationären Betreuung sind bei den befragten Personen unterschiedlich. Die einen können sich ein Alters- oder Pflegeheim vorstellen, die anderen lehnen den Gedanken grundsätzlich ab. Diese zwei Sichtweisen sollen im Folgenden zusammenfassend dargestellt werden.

a)   „Man muss dann in ein Altersheim gehen"
Von den Interviewten dieses Typs wird die Option Alters- und Pflegeheim in Erwägung gezogen: „Wenn ich nicht mehr selbstständig wäre, würde ich in ein Pflegeheim gehen, aber wünschen Sie mir das nicht" (ältere Migrantin, Süditalien). Eine andere Migrantin sieht Vor- und Nachteile des Alters- oder Pflegeheims: „Es ist nicht alles schön, die Melancholie, aber, andererseits, wenigstens gibt es zu essen, und ich muss nicht denken, dass ich noch einkaufen gehen muss und so" (ältere Migrantin, Norditalien). In den zwei Zitaten wird deutlich, dass ein Alters- oder Pflegeheim als Wohnform betrachtet wird, die im Notfall akzeptiert wird. Dieses Ergebnis deckt sich mit Befragungs-

resultaten für die gesamtschweizerische Bevölkerung (vgl. Höpflinger, 2004, S. 120).

Bei einem anderen Interviewpartner kommt nochmals das Thema der Anpassung auf, dieses Mal in Zusammenhang mit der Zukunft: „Wenn ich gepflegt sein muss, dann kann ich ja nicht wählen. Man muss sich immer adaptieren können" (älterer Migrant, Süditalien). Hier wird deutlich, dass das Thema der Anpassung in der gesamten Biographie der befragten Personen einen zentralen Stellenwert zu besitzen scheint, sowohl in der ersten Phase der Migration als auch beim Blick in die Zukunft. Auch für Nicht-Migrierte gehört Anpassung zu den zentralen Entwicklungsaufgaben im gesamten Lebensverlauf. Die Migrantinnen und Migranten haben aufgrund ihrer Migrationsgeschichte und -erfahrung aber neben den generellen Anpassungsleistungen zusätzlich weitere Formen der Anpassung erlebt (z. B. Anpassung an ein neues Regelsystem).

Die obigen Zitate zeigen, dass das Bild des Alters- oder Pflegeheims eher negativ besetzt ist und der Gang in ein Heim als Zwang betrachtet wird: „Ich bin dazu gezwungen, ins Altersheim oder ins Pflegeheim zu gehen, sicher, ich bin dazu gezwungen" (älterer Migrant, Norditalien) oder „aber wünschen Sie mir das nicht" (ältere Migrantin, Süditalien) oder „hoffen wir, dass wir es nie brauchen" (älterer Migrant, Norditalien). Konnotationen in Verbindung mit den Alters- und Pflegeheimen sind in Tabelle 23 dargestellt.

Tabelle 23: *Positive und negative Konnotationen der italienischen Migrantinnen und Migranten in Bezug auf ein Alters- und Pflegeheim*

Positive Konnotationen	Negative Konnotationen
man stört niemanden	„keine Wärme"
man wird umsorgt: „wenigstens gibt es zu essen, und ich muss nicht denken, dass ich noch einkaufen gehen muss und so"	„Einsamkeit": „der Alte, der stirbt hier [in der Schweiz] alleine"
man wird gut behandelt	Abgeschobensein: „Ostern und Weihnachten kommen die Kinder mit einem Blumensträusschen"
	„Melancholie"
	zu teuer

181

Diejenigen Personen, die in der Missione Cattolica die Altersnachmittage besuchen, sind gut informiert über Betreuungsmöglichkeiten im Alter, unter anderem auch über die speziellen Angebote für ältere Migrantinnen und Migranten. Die neuen Angebote werden von den Besucherinnen und Besuchern der Nachmittage der Missione Cattolica rege diskutiert. Die Rolle der Missione Cattolica in Bezug auf die Meinungsbildung derjenigen Personen, die die Angebote der katholischen Kirche nutzen, ist deshalb nicht zu unterschätzen.

Zum Teil nehmen die Interviewten in den Gesprächen auf die *speziellen* stationären Angebote für ältere Migrantinnen und Migranten Bezug. Die Meinungen hierzu sind unterschiedlich. Eine Interviewpartnerin zum Beispiel kann sich ein solches Spezialangebot für sich selber nicht vorstellen:

> Aber, ich möchte nicht dorthin gehen, ich möchte nicht dorthin gehen, weil... es ist nicht, ich habe nichts gegen Italiener, um Himmels willen, ich bin Italienerin... aber ich fühle mich besser mit allen, auch mit den Schweizern, ich habe nicht... wie ich Ihnen sagte, es genügt, dass sie mich nicht beleidigen... und ich verstehe mich mit allen. Mir würde es besser gefallen unter ihnen [den Schweizern] als unter Italienern. Weil, unsere Italiener beklagen sich mehr als die anderen, mehr als die Schweizer (ältere Migrantin, Norditalien).

Ein anderer Interviewpartner bewertet das Spezialangebot generell als positiv: „Es ist gut, weil sie haben so ein italienisches Ambiente, ihre Mentalität... da sprechen sie italienisch, sie essen italienisch, ich finde das sehr gut. Ja, ja" (älterer Migrant, Norditalien).

Bezüglich der Finanzierung eines Alters- oder Pflegeheims sehen die Interviewten Probleme. Die Befragten sind in der Regel auf einer eher diffusen Ebene über die Möglichkeit von finanzieller Unterstützung (über Ergänzungsleistungen u.a.) informiert: „Wenn man dann einmal in ein Altersheim gehen muss, ist es hier zu teuer, und das ist auch das Problem. Ja, sie haben gesagt, die Gemeinde hilft denen, die [es sich] nicht [finanzieren] können" (ältere Migrantin, Süditalien).

b)   „Das Altersheim kommt nicht in Frage"

Wie bereits oben erwähnt, wird eine stationäre Betreuung im Alter als eine Betreuungsform betrachtet, die zwar im Notfall eine Option darstellen würde, die aber lieber so lange wie möglich vermieden wird.

Nur in einem Fall äussert eine Interviewpartnerin ganz klar, dass ein Alters- oder Pflegeheim für sie nicht in Frage kommt. Eine Freundin dieser Interviewpartnerin, von der im Gespräch die Rede ist, liess sich bereits auf die Warteliste eines Altersheims setzen, für die Interviewpartnerin selbst kommt dieser Schritt aber nicht in Frage: „Sie, ja, meine Freundin, aber ich nicht, ich nicht, mich werden sie ins Altersheim tragen müssen, wenn sie wollen… ich gehe nicht, solange ich noch gehen kann, nein" (ältere Migrantin, Süditalien). Was für diese Interviewpartnerin ein mögliches alternatives Betreuungsszenario wäre, darüber möchte sie sich erst Gedanken machen, wenn der Zeitpunkt für eine Entscheidung gekommen ist. Dieses Handeln in der konkreten Situation ist eine Denk- und Vorgehensweise, die nicht nur in diesem Interview sichtbar wird.

4.3.4 Hauptergebnisse aus den Interviews mit Personen aus dem ehemaligen Jugoslawien

Insgesamt konnten zehn Personen interviewt werden, die aus dem ehemaligen Jugoslawien stammen, vier Frauen und sechs Männer. Mehr als die Hälfte der Interviewten ist in den Jahren zwischen 1960 und 1969 in die Schweiz migriert, eine Person zwischen 1975 und 1979 und zwei Personen erst zwischen 1994 und 1999.

Sechs der Befragten sind 60 bis 69 Jahre alt, die übrigen Interviewten sind zwischen 70 und 74.

Die Interviewpartnerinnen und Interviewpartner stammen aus verschiedenen Gebieten des ehemaligen Jugoslawien. Ein Grossteil kommt aus Serbien/Montenegro (siehe Tabelle 24).

Tabelle 24: *Anzahl der interviewten älteren Migrantinnen und Migranten aus dem ehemaligen Jugoslawien nach Herkunftsgebiet*

Herkunftsgebiet	Anzahl	Prozent
Heutiges Serbien	6	60%
Heutiges Bosnien-Herzegowina	2	20%
Heutiges Kroatien	1	10%
Heutiges Mazedonien	1	10%
Gesamt	10	100%

Drei Personen sind geschieden, zwei verwitwet, und die übrigen Interviewten sind verheiratet.

Alle Befragten haben Kinder, bei einer Person besteht kein Kontakt mehr zu diesen, bei einer weiteren Person leben die Kinder in Serbien/Montenegro.

Koresidenz mit den Kindern kommt nur bei zwei der Interviewten vor: Ein Interviewpartner lebt mit Frau und Sohn in einer Wohnung, eine Gesprächspartnerin wohnt bei ihrem Sohn und dessen Familie. Sie ist dort für den Haushalt und die Mitbetreuung ihrer Enkelin zuständig.

Nach diesen einleitenden Bemerkungen zu den Charakteristika der Interviewpartnerinnen und Interviewpartner werden im Folgenden die wichtigsten Erkenntnisse aus den Interviews zusammengefasst.

Ein erster Abschnitt bezieht sich auf die Vergangenheit (Herkunft, individuelle Migrationsgeschichte), im zweiten Teil geht es um die bei einzelnen Interviewpartnerinnen und Interviewpartnern vorhandene Rückkehrorientierung, und im letzten Teil werden die unterschiedlichen Erwartungen und Wünsche der befragten Personen in Bezug auf einen eventuellen zukünftigen Unterstützungsbedarf dargestellt und diskutiert.

„Ich bin das Kind eines Krieges"

Im Gegensatz zu den meist ähnlichen Migrationsgründen der Migrantinnen und Migranten aus Italien sind die Gründe für die Migration bei den Befragten aus Serbien/Montenegro heterogener. Genannt werden von den Interviewten ökonomische, politische, familiäre Gründe (Familiennachzug) und die Abenteuerlust („ich wollte andere Kulturen und Länder kennen lernen").

Direkte und indirekte Kriegserfahrungen in der Kindheit und in späteren Lebensjahren werden in verschiedenen Gesprächen thematisiert, zum einen sind dies die Kriegserfahrungen gegen Ende des Zweiten Weltkrieges, zum anderen die Ereignisse seit Ende des Zweiten Weltkrieges bis heute. Kriegsereignisse sind zwar auch Thema bei den Migrantinnen und Migranten aus Italien, betreffen aber meist die Zeit vor der Einwanderung in die Schweiz. Bei den interviewten Personen aus dem ehemaligen Jugoslawien hingegen ist die Thematik der Kriege vor und während der Migration mehr oder weniger konstant präsent. Eine Interviewpartnerin drückt die dauernde Präsenz des Krieges in ihrem Leben folgendermassen aus: „Von 1942 bis 1990 hat der Krieg gar nie aufgehört" (ältere Migrantin, ehJ). Die interviewten Personen waren zum Teil direkt von den Kriegsereignissen betroffen. Eine Person erzählt zum Beispiel, dass sie sechs Jahre alt gewesen sei, als ihre Mutter im Krieg umgekommen sei. Ein Interviewpartner schildert seine eigenen Erfahrungen im Konzentrationslager Jasenovac während des Zweiten Weltkrieges.

Die Kriegsereignisse im ehemaligen Jugoslawien hatten zum Teil auch zur Folge, dass Familien ihre Migrationspläne ändern mussten. In einem Fall zum Beispiel führten die Vorkommnisse dazu, dass die

Kinder des Interviewpartners, die zuvor in Serbien/Montenegro geblieben waren, zur Familie in die Schweiz migrierten.

Die kriegerischen Ereignisse haben zum Teil zur Abwertung bzw. zu einem schlechten Image bestimmter „ethnischer Gruppen" geführt. Dies trifft insbesondere auf die Gruppe der Serbinnen und Serben zu (vgl. Fachstelle für interkulturelle Fragen der Stadt Zürich, 2001; Mikic & Sommer, 2003). Die Wahrnehmung einer Abwertung zeigt sich in den Gesprächen, die im Rahmen der vorliegenden Arbeit geführt wurden. Ein Interviewpartner beschreibt zum Beispiel, dass man als „Jugoslawe" früher im Vergleich zu heute noch etwas wert gewesen sei: „Jede Firma wollte nur, dass du aus Jugoslawien bist" (älterer Migrant, ehJ).

Die Abwertungen führen möglicherweise zum in den Interviews sichtbaren Phänomen, dass die eigene „ethnische" Identität Thema in den Gesprächen ist, sei es, dass die Interviewpartnerinnen und -partner ihre ethnische Zugehörigkeit betonen („ich bin ein grosser Serbe") und sich von anderen „Ethnien" abgrenzen, sei es, dass sie sich davon distanzieren.

Zusammenfassend lässt sich die Bedeutung des Krieges im Leben der interviewten Personen folgendermassen darstellen:

- Einige Interviewte haben im Krieg Gewalt erfahren und sich mit dem Tod von Familienmitgliedern auseinander setzen müssen. Der Umgang mit diesen Erfahrungen zeigt sich zum Beispiel in folgendem Satz einer Interviewpartnerin: „Eben, ich habe schon immer gesagt, der Mensch muss nur hartnäckig bleiben und die Zähne zusammenbeissen. Dann überlebt er alles" (ältere Migrantin, ehJ).

- Die verschiedenen Kriege im ehemaligen Jugoslawien führten zur Umstellung von Migrationsplänen, indem z. B. Kinder, die zuvor im Herkunftsland wohnten, in die Schweiz einreisten.

- Die Kriegsereignisse im ehemaligen Jugoslawien prägten das Image, welches die Migrantinnen und Migranten dieser Herkunftsregion in der Schweiz haben. Die Erfahrung, als Serbe/Serbin in Frage gestellt zu werden, beschreiben anhand von Falldarstellungen Mikic und Sommer (2003) in ihrem Buch „Als Serbe warst du plötzlich nichts mehr wert". Die im Rahmen der vorliegenden Arbeit interviewten Personen nehmen diese Abwertung ebenfalls wahr.

„Wir alle werden irgendwann einmal wieder dorthin zurückkehren "

Während bei den befragten Personen aus Italien die Rückkehrfrage in den meisten Fällen bereits entschieden ist, steht bei den Interviewten aus dem ehemaligen Jugoslawien die Frage der Rückkehr bei einzelnen Personen noch zur Diskussion. Bei den Befragten gibt es Personen, die sich für ein definitives Bleiben entschieden haben, und solche, welche eine Rückkehr in Erwägung ziehen. Diese beiden Typen werden im Folgenden beschrieben.

Diejenigen, die sich definitiv für ein Bleiben entschieden haben: Bei diesen Personen spielen, wie bei den befragten Italienerinnen und Italienern, die in der Schweiz lebenden Kinder und Enkelkinder eine bedeutende Rolle. Ein Interviewpartner, der sich selber für das Bleiben entschieden hat, hebt die Bedeutung hervor, die sein Enkel, der in der Schweiz lebt, für ihn hat: „Und für wen lebe ich? Ich lebe für meinen Enkel" (älterer Migrant, ehJ). Er thematisiert die Rückkehrfragen in einem allgemeinen Rahmen:

> Und was das grösste Problem ist, niemand kehrt zurück. Und alles bleibt hier [...] logischerweise, wenn sie einen Sohn, eine Tochter haben, wenn er Enkel hat, wenn er alles hat. Weggehen? Zurückkehren? Dort bist du ein Ausländer, vor allem nach diesem Krieg (älterer Migrant, ehJ).

Ein anderer Interviewpartner betont die Wichtigkeit, die seine Kinder und Enkelkinder für ihn haben: „Das sind, so möchte ich es ausdrücken, meine besten Freunde, mein Ein und Alles" (älterer Migrant, ehJ). „Meine Enkelkinder sind mein Hobby" (älterer Migrant, ehJ). „Der Mensch fühlt sich immer mit dem Ort, von dem er stammt, verbunden. Aber ich fühle mich wegen meiner Kinder und meiner Enkelkinder stark mit der Schweiz verbunden" (älterer Migrant, ehJ).

Die Bedeutung der Beziehung Grosseltern-Enkelkinder wird auch in der Befragung der Bezugspersonen deutlich. Obschon die Entscheidung für ein Bleiben bereits definitiv ist, nutzen einzelne Interviewpartnerinnen und Interviewpartner ihren guten Gesundheitszustand im

Moment noch um zu pendeln: „Solange ich dazu imstande bin, werde ich regelmässig nach Hause reisen. Wenn ich dazu nicht mehr in der Lage sein werde, werde ich für immer hier [in der Schweiz] bleiben" (älterer Migrant, ehJ).

Diejenigen Personen, die rückkehrorientiert sind: Ein rückkehrorientierter Migrant ist der Ansicht, dass die Bedeutung des Herkunftslandes mit dem Alter wächst: „Ich denke oft darüber nach, wenn ein Mensch in die alten Jahre kommt, ist die Nostalgie nach dem Ort, wo er geboren wurde, immer grösser" (älterer Migrant, ehJ). Während der erwähnte Interviewpartner im Moment noch pendelt, da es für ihn finanziell nicht möglich ist, auf die finanziellen Zusatzleistungen in der Schweiz zu verzichten, möchte er spätestens dann nach Serbien zurückkehren, wenn er spürt, dass er nicht mehr lange zu leben hat. Das Risiko, hier in der Schweiz beerdigt zu werden, ist ihm zu gross:

> Und ich möchte gerne beerdigt werden, wo mein Vater und meine Mutter liegen. Und nicht hier, denn ich habe gesehen, dass nach 20 oder 30 Jahren, egal, hier die Gräber umgewälzt und wieder geglättet werden. Solche, die niemand benutzt. Das habe ich alles beobachtet. Deshalb möchte ich solch ein Schicksal nicht erleben (älterer Migrant, ehJ).

„Und ich denke, wenn ich spüre, dass ich langsam nicht mehr kann, in acht Jahren oder zehn oder zwölf oder fünf [Jahren]… ich weiss nicht… Dann sage ich euch vielen Dank" (älterer Migrant, ehJ). Die „Rückkehr nach dem Tod", d.h. das Beerdigtwerden im Herkunftsland, ist für eine andere Interviewpartnerin ebenfalls wichtig: „Ich kann nur in Belgrad [beerdigt werden] wegen meines Ehemannes. Und das ist normal. Aber sonst zieht mich nichts dorthin, weil auch meine Familie hier ist und so" (ältere Migrantin, ehJ). Bei einer Interviewpartnerin stellt sich die Rückkehr ins ehemalige Jugoslawien mehr als Notwendigkeit denn als aktive Entscheidung dar:

> Ich kann immer noch. Aber es wird die Zeit kommen, dann werde ich nicht mehr [alleine] können. Und ich habe Kinder [in Serbien]. Was soll ich jetzt jemandem hier klagen und mich hinstellen und verlangen, dass mir jemand hilft, wenn ich meine Kinder habe? Und dann gehe ich dorthin, und Ende der Geschichte, obwohl ich Serbien gar nicht mag, aber mein Gott, dort sind meine Kinder, und

dann habe ich keine Wahl. Dort sind meine Brüder und Schwestern (ältere Migrantin, ehJ).

Zusammengefasst lässt sich sagen, dass bei den befragten älteren Personen aus dem ehemaligen Jugoslawien noch verstärkt eine Rückkehrorientierung vorhanden ist, dies insbesondere, wenn die familiären Bezüge in der Schweiz fehlen. Bei denjenigen Personen, die eine Entscheidung zum Verbleib bereits gefällt haben, war meist ausschlaggebend, dass man die Kinder bzw. Enkelkinder, die in der Schweiz leben, nicht verlassen möchte. Bei den befragten Personen aus Italien findet sich dasselbe Argument für die Aufgabe der Rückkehrpläne.

Was tun, wenn es zu Hause nicht mehr alleine geht?

In Bezug auf die Erwartungen an familiäre Pflege und die Frage, ob eine stationäre Betreuung in der Schweiz in Frage kommt oder nicht, sind die Wünsche und Einstellungen der Interviewpartnerinnen und Interviewpartner äusserst unterschiedlich. Während die einen von ihren Kindern eine Pflege im Alter erwarten, können sich andere Personen ein solches Arrangement nicht vorstellen. In den folgenden zwei Unterkapiteln werden zum einen die Erwartungen an erwachsene Kinder diskutiert, zum anderen die Einstellungen zu einer möglicherweise erforderlichen stationären Betreuung.

Erwartungen an die erwachsenen Kinder
In den drei folgenden Unterkapiteln wird dargestellt, ob und – wenn ja – welche Erwartungen an erwachsene Kinder in Bezug auf eine Betreuung im Alter bestehen. Ausserdem wird im letzten Unterkapitel ein weiterer möglicher Umgang mit einer Pflegebedürftigkeit beschrieben, nämlich die Heirat im Alter zur Sicherstellung der familiären Pflege.

Die folgende Tabelle 25 führt für die interviewten Personen auf, welche Pflegeerwartungen an die Kinder bestehen.

Auch hier zeigt sich, dass bei den Interviewten nur wenige Personen an ihre Kinder die Erwartung haben, dass diese sie im Alter pflegen; eher besteht die Hoffnung, dass diese die *Organisation* der Pflege übernehmen. Es gibt aber auch Personen, die von ihren Kindern im

Alter pflegerische Betreuung erwarten. Diese unterschiedlichen Positionen werden im Folgenden dargestellt.

Tabelle 25: *Anzahl der interviewten älteren Migrantinnen und Migranten aus dem ehemaligen Jugoslawien nach Geschlecht der Kinder und Pflegeerwartungen an die Kinder*

Geschlecht der Kinder	Pflegeerwartungen an erwachsene Kinder		Gesamt
	Ja	*Nein*	
Sohn/Söhne in der CH		3	3
Söhne & Töchter in der CH	1	2	3
Tochter/Töchter in der CH	1		1
Tochter/Töchter in Serbien	1		1
keine Kinder oder Kontakt zu Kindern abgebrochen		1	1
Gesamt	3	6	9

a)   „Ich hoffe auf meine Töchter"

In den Interviews werden zum Teil Erwartungen an die erwachsenen Kinder sichtbar. Diese können sich zum einen rein auf das „Organisatorische" beziehen: „Nicht, dass er [der Sohn] mich pflegt, sondern, dass er die Pflege organisiert. Wenn es nicht dein engstes Familienmitglied tut, wer soll es dann sonst tun?" (älterer Migrant, ehJ). Zum anderen können sie auch Erwartungen beinhalten, die konkrete Pflegeleistungen umfassen: „Ich hoffe auf meine Töchter, wenn sie gesund sind. Bei anderen Personen mache ich mir keine Hoffnungen" (ältere Migrantin, ehJ). Die interviewte Person, die auf ihre Töchter hofft, ist der Ansicht, dass niemand ausser ihren Kindern „mich so lieben oder sich so um mich kümmern [kann]" (ältere Migrantin, ehJ). Eine der beiden Töchter der Interviewpartnerin hat ihre Mutter bereits aufgefordert, zu ihrer Familie zu ziehen, was die Interviewpartnerin aber hinausschieben möchte, bis es „wirklich nicht mehr geht". Im geschilderten Fall treffen also Unterstützungserwartungen und Unterstützungsmöglichkeiten zusammen.

In einem anderen Fall zieht die Interviewpartnerin eine Rückkehr nach Serbien in Betracht, um Unterstützung von ihren dort lebenden Kindern zu erhalten: „Was soll ich jetzt jemandem klagen und mich hinstellen und verlangen, dass mir jemand hilft, wenn ich meine Kin-

190

der habe. Und dann gehe ich dorthin [nach Serbien] und Ende der Geschichte" (ältere Migrantin, ehJ).

Auch in anderen Interviews werden die Erwartungen an die Kinder sichtbar, wobei eine stationäre Betreuung dann in Erwägung gezogen wird, wenn die Kinder aus irgendeinem Grund keine Unterstützung geben können: „Ich verlasse mich auf meine Kinder. Wenn die Kinder mir keine Hilfe gewähren können, dann ein Heim" (älterer Migrant, ehJ).

Zum Teil werden die Erwartungen nicht explizit genannt, sondern müssen aufgrund von Aussagen der Interviewten „zwischen den Zeilen" interpretiert werden, wie zum Beispiel im Falle eines Gesprächspartners, dessen grösste Sorge im Moment ist, dass sein Sohn noch nicht verheiratet ist. Der Interviewpartner hofft auf eine baldige Heirat seines Sohnes. Sobald diese vollzogen wäre, würde der interviewte Migrant für die ganze Familie eine Wohnung suchen, die gross genug wäre für alle. Seine Erwartung ist die Koresidenz. Er ist sich jedoch bewusst, dass dies die Schwiegertochter anders sehen könnte: „Aber ob die Schwiegertochter das auch so sehen wird, das wird sich zeigen" (älterer Migrant, ehJ). Möglicherweise sind mit einer Koresidenz auch Erwartungen an eine Schwiegertochter bzw. an den Sohn verbunden, wenn der Fall einer Pflegebedürftigkeit des Interviewpartners eintreten sollte. Dies wird vom Interviewpartner jedoch nicht direkt geäussert.

In einem anderen Fall sind möglicherweise Wünsche des Interviewpartners an eine familiäre Betreuung vorhanden, die Unterstützungsmöglichkeiten durch die Kinder sind in diesem Fall jedoch nicht gegeben. Der Interviewte erwähnt, dass sein Sohn bereits angekündigt habe, dass er ihn aufgrund seiner eigenen Arbeitsverpflichtungen nicht betreuen könne „[der Sohn sagt]: Aber ich weiss nicht, wenn es dir morgen schlecht geht, ich kann nicht die Arbeit verlassen, um zu dir zu springen. Ich kann dir nicht hinterher springen [...]" (älterer Migrant, ehJ).

b) „Deshalb habe ich geheiratet"

Im Falle eines Interviewpartners sind zwar Kinder vorhanden, mit diesen besteht jedoch aufgrund eines Streites kein Kontakt mehr. Der Interviewpartner, der nach dem Tod seiner ersten Frau alleine war, heiratete im Alter nochmals, um Betreuung und Unterstützung zu erhalten, was er im Interview im Beisein seiner Frau explizit erwähnt: „Es ist mir nur wichtig, dass ich meine Rente erhalte und dass mir meine Frau hilft. Deshalb habe ich auch geheiratet. So lange es geht, werde ich ihr helfen und danach sie mir. Ich bin ja älter als sie" (älterer Migrant, ehJ). Die Unterstützung durch Nachbarn funktionierte zwar bei diesem Interviewpartner, der in verschiedenen Bereichen bereits temporär auf Pflege angewiesen war, aber die nachbarschaftliche Unterstützung stiess irgendwann an ihre Grenzen: „Aber nach einiger Zeit musste ich heiraten [...]. Ich habe mich bemüht, eine gute Freundin zu finden, die ich heiraten konnte. Jemand, der sich um mich sorgt" (älterer Migrant, ehJ).

Die Möglichkeit, im Alter nochmals zu heiraten, wünscht sich auch ein anderer Gesprächspartner: „Ich hätte es am liebsten, wenn ich eine Ehefrau hätte, die bei mir ist und ich bei ihr" (älterer Migrant, ehJ). Diese Person hat zwar einen Sohn in der Schweiz, dieser kommt aber aufgrund der eigenen schwierigen Lebenssituation nicht als Unterstützender in Frage, was der Sohn seinem Vater gegenüber bereits explizit erwähnte.

c) „Dass ich eine Tochter habe, heisst nicht,
    dass sie mich pflegen muss"

In einem Interview wird sichtbar, dass die Interviewpartnerin von ihrer Tochter keine Unterstützung erwartet. Dies wird im Interview mehrmals und verschiedentlich betont und als Sichtweise hervorgehoben, die nicht gängig ist. Die Argumentation der Interviewpartnerin beinhaltet folgende zentralen Aussagen:

– Das selbstständige Lösen von Problemen als Strategie: „Ich denke, dass man von anderen Menschen nicht zu viel erwarten soll, sondern versuchen sollte, selbstständig alles zu lösen" (ältere Migrantin, ehJ).

– Kinder sind keine Altersvorsorge: „Die Tatsache, dass meine Tochter meine Tochter ist, heisst nicht, dass sie mir helfen muss, immer, wann ich es will und wie ich es will. Das muss sie nicht. Ich wollte sie auf die Welt bringen, nicht sie mich" (ältere Migrantin, ehJ). Die Gesprächspartnerin verlässt sich auf die staatliche Unterstützung in Fragen der Pflege, nicht aber im emotionalen Bereich: „Was die menschliche Seite betrifft, das ist etwas anderes" (ältere Migrantin, ehJ).

– Abweichung der eigenen Meinung von den Sichtweisen anderer Personen: „Vielleicht wird jemand denken, was ist das bloss für eine Frau? Aber das interessiert mich nicht" (ältere Migrantin, ehJ). Die interviewte Frau könnte sich auch vorstellen, dass sie eine spezielle Meinung vertritt, weil sie aus einem Ort in Serbien kommt, an dem sie sich selber als „eine Art Ausländerin" fühlt. Sie stammt aus der Vojvodina: „Dort wurden die Menschen anders erzogen als diejenigen südlich der Donau. So, wie ich erzogen wurde, so erziehe ich auch meine Kinder. Auch sie haben ihre Prinzipien" (ältere Migrantin, ehJ).

Ähnlich ist die Position eines anderen Interviewpartners, der nicht mit der Unterstützung der Kinder rechnet: „Meine Haltung ist, dass ich im Fall einer Krankheit oder wenn ich einmal alt bzw. hilflos bin, überhaupt nicht mit der Hilfe von Privatpersonen rechne, weder mit derjenigen des Sohnes noch von Verwandten noch der Freunde. Die würden mir sicher helfen, aber ich möchte sie nicht mit meinen Problemen belasten" (älterer Migrant, ehJ).

Auch bei anderen Interviewten wird deutlich, dass keine Erwartungen an die Kinder bestehen und in diesem Zusammenhang die Unabhängigkeit der Kinder betont wird: „Was hier fantastisch gemacht ist, was in der Schweiz und in diesem Westen gut ist, dass die Kinder zur Unabhängigkeit erzogen werden, schon mit 17..." (älterer Migrant, ehJ).

Die stationäre Betreuung als Option?
Im nachfolgenden Abschnitt wird dargelegt, ob eine stationäre Betreuung für die interviewten Personen aus dem ehemaligen Jugoslawien eine Option darstellt oder nicht.

a)   „Es wird sich eine Lösung finden …das Altersheim"
Für einen Teil der Befragten ist das Alters- oder Pflegeheim eine Option, die im Bedarfsfall wahrscheinlich in Anspruch genommen wird.

Ob eine stationäre Betreuung die letzte Option überhaupt ist, auch darüber denken die Interviewten unterschiedlich. Während die einen zuerst Lösungen finden würden, bei denen sie „zu Hause" bleiben können, ist eine Interviewpartnerin zum Beispiel der Ansicht, dass *man* nicht zu lange warten sollte mit dem Eintritt in ein Alters- oder Pflegeheim: „Man sollte nicht zu lange warten, bis man krank wird, sondern schon vorher ins Altersheim gehen, unter die gleichaltrigen Leute. Dann kann man diese kennen lernen, Freundschaften schliessen und sich integrieren" (ältere Migrantin, ehJ). Ob das „man" auch für sie selber gelten wird, bleibt offen.

b)   „Ich werde nie dorthin gehen"

Neben den Personen, die eine stationäre Betreuung in der Schweiz als Option für ihr eigenes Alter sehen, können sich andere eine solche Betreuungsform nicht vorstellen, zum Teil bestehen aber auch keine anderen Betreuungsoptionen: „Nein, nein. Das Ganze solide zu Ende bringen. Wenn ich jetzt eine Pistole hätte, würde ich mich umbringen" (älterer Migrant, ehJ).

Sichtbar wird auch, welche Bilder von Altersheimen vorhanden sind: „Im Altersheim... 40 Leute schlafen in einem Raum, wie in der Kaserne. Ich sagte: ich soll hier hin? [...] die einen nehmen Drogen, die anderen trinken, alles gibt es. Die einen schlagen sich, sind blutig. Lieber nehme ich einen Strick" (älterer Migrant, ehJ). Es wird aus dem Interview nicht ersichtlich, woher der Interviewpartner diese Vorstellung von Altersheim bezieht.

Die Alternative zur stationären Betreuung wäre, jemanden zu bezahlen, damit eine Betreuung zu Hause gewährleistet ist. Die bezahlte Betreuung zu Hause war bereits bei den Interviewpartnerinnen und Interviewpartnern aus Italien ein Thema und wird auch hier wieder als mögliche Option angesprochen: „Ich würde nie dorthin (ins Altersheim) gehen. Ich würde eher jemanden bezahlen, damit er zu mir nach Hause kommt und sich um mich kümmert" (ältere Migrantin, ehJ).

4.4 Ergebnisse aus den Interviews mit der zweiten Generation

In diesem Kapitel werden die Erkenntnisse aus den Interviews mit Personen der zweiten Generation vorgestellt. In Kapitel 4.4.1 werden die Charakteristika (Alter, Geschlecht usw.) der Befragten dargelegt. In Kapitel 4.4.2 werden die Ergebnisse aus den Interviews mit Personen vorgestellt, deren Eltern/Schwiegereltern im Rentenalter sind und aus Italien stammen. Anschliessend (in Kapitel 4.4.3) folgen die Resultate aus den Interviews mit Personen, deren Eltern aus Serbien/Montenegro oder der näheren Umgebung stammen.

4.4.1 Angaben zu den befragten Personen

In die Auswertung konnten insgesamt 19 Interviews einbezogen werden: zwölf Gespräche mit Personen, deren Eltern einen italienischen Migrationshintergrund haben, und sieben Interviews mit Gesprächspartnerinnen und -partnern, deren Eltern/Schwiegereltern aus dem ehemaligen Jugoslawien eingewandert sind. 14 der interviewten Personen sind weiblichen Geschlechts, fünf Personen sind Männer. Die Befragten sind zwischen 31- und 49-jährig, durchschnittlich 39-jährig.

Acht der Interviewten sind in der Schweiz aufgewachsen, elf im Ausland. Von diesen elf Personen sind vier in die Schweiz gekommen, als sie zwischen drei und sechs Jahre alt waren, der Rest kam erst im Erwachsenenalter. Die befragten Personen sind mit einer Ausnahme alle erwerbstätig, neun mit einem Pensum von 100%, der Rest mit einem Pensum zwischen 20% und 70%.

Sechs Personen haben keine Kinder, die übrigen 13 Interviewten haben ein bis drei Kinder. In zwei Haushalten sind die Kinder bereits erwachsen, in allen übrigen Fällen ist mindestens eines der Kinder noch minderjährig[14].

Die befragten Personen leben zu einem Grossteil in unmittelbarer Nähe (bis zehn Kilometer entfernt) zu den Eltern/Schwiegereltern,

---

14   D.h. unter 18 Jahre alt.

vereinzelt sogar mit ihnen zusammen in der gleichen Wohnung / dem gleichen Haus. Nur vier der interviewten Personen wohnen mehr als zehn Kilometer von ihren Eltern/Schwiegereltern entfernt (siehe Tabelle 26).

Drei der befragten Personen aus dem ehemaligen Jugoslawien und eine Interviewpartnerin aus der Gruppe Italien wohnen in der gleichen Wohnung bzw. im gleichen Wohnhaus wie die Eltern oder Schwiegereltern.

Tabelle 26: Anzahl der Interviewpartnerinnen und -partner nach Wohnnähe zu den Eltern und Herkunftsland

Wohnnähe zu den Eltern	Italien	ehemaliges Jugoslawien	Gesamt
Gleiche Wohnung	0	2	2
Gleiches Haus, getrennte Wohnung	1	1	2
bis 10 km	9	2	11
11 bis 20 km	2	0	2
21 bis 40 km	0	2	2
Gesamt	12	7	19

4.4.2 Hauptergebnisse aus den Interviews mit der zweiten Generation Italien

Neben biographischen Angaben und Fragen zur momentanen Lebenssituation beinhaltete der Hauptteil des Interviews Fragen zur Qualität der Beziehung zwischen den Befragten und ihren Eltern/Schwiegereltern, zu den momentanen Unterstützungsbeziehungen und zu den Überlegungen, die sich die zweite Generation der Italienerinnen und Italiener in Bezug auf eine möglicherweise eintretende Pflegebedürftigkeit der Eltern/Schwiegereltern macht.

In den folgenden Unterkapiteln werden die zentralen Themen zur Qualität der Beziehung, den momentanen Unterstützungsbeziehungen und den Überlegungen zur Zukunft dargestellt.

„Der Kontakt ist also fast ein wenig zu intensiv, zum Teil"

Die interviewten Personen sind häufig in persönlichem oder in telefonischem Kontakt mit ihren Eltern.

Die Häufigkeit der „face-to-face"-Kontakte reicht bei den befragten Personen von täglichen Begegnungen bis zu Kontakten, die zweimal im Monat stattfinden (siehe Tabelle 27). Die enge Kontakthäufigkeit ist auch bei denjenigen Fällen vorhanden, bei welchen die Beziehung zwischen Eltern und Kindern eher konfliktiv ist.

Tabelle 27: Zweite Generation Italien nach Häufigkeit der persönlichen Kontakte mit den Eltern

Interview-nummer	täglich	mehrmals pro Woche	einmal pro Woche	zweimal im Monat
1		X		
2	X			
3		X		
4		X		
5				X
6			X	
7			X	
8				X
9				X
10	X			
11		X		
12			X	

Hellgrau schraffiert: zutreffende Kontakthäufigkeit

Bei den Bezugspersonen aus Italien wird deutlich, dass sich ihre Beziehung zu den Eltern durch eine „Intimität auf Abstand" auszeichnet, d.h. eine grosse emotionale Verbundenheit trotz getrennten Wohnens (Höpflinger, 1999, S. 32).

Der enge Kontakt wird einerseits positiv erlebt, andererseits aber in bestimmten Situationen auch als negativ und zu eng: „Also fast ein wenig zu intensiv, zum Teil" (Tochter, Italien). „Wir sind ein wenig der Sauerstoff des Lebens" (Tochter, Italien). Die Eltern möchten ihre Kinder mehr sehen, als diese dies wollen bzw. aufgrund ihrer momentanen Lebenssituation können: „[…] dass sie [die Eltern] immer anrufen und immer möchten, dass wir dort sind. Das ist manchmal halt nicht möglich, wenn man den ganzen Tag arbeitet" (Tochter, Italien).

Die „Abgrenzungsversuche" der Kinder stossen deshalb nicht immer auf Verständnis von Seiten der Eltern. Eine Interviewpartnerin betont, dass sie mehr „Raum" gebraucht habe und dass es für ihre Eltern schwierig gewesen sei, dies zu akzeptieren. Auch den Kindern fällt dieser Abgrenzungsprozess nicht leicht: „Da habe ich wirklich vorwärts gemacht mit [der] Abgrenzung, weil es ganz schwierig ist. Sie sind total abhängig von uns" (Tochter, Italien).

Die Bedürfnisse der älteren Migrantinnen und Migranten nach diesem engen Kontakt mit den Kindern hängen möglicherweise auch damit zusammen, dass sich ihre sozialen Beziehungen durch Rückkehr von Freunden nach Italien reduziert haben. Ausserdem besteht, wie im nächsten Kapitel gezeigt wird, ein hoher Unterstützungsbedarf in allen administrativen Fragen, was die Kontakthäufigkeit zwischen Eltern und Kindern zusätzlich erhöht.

Die hohe Kontakthäufigkeit, die zum jetzigen Zeitpunkt bei den interviewten Personen festzustellen ist, lässt sich nicht auf die gesamte Aufenthaltsdauer der Eltern in der Schweiz generalisieren. Kinder und Eltern waren zum Teil für längere Phasen voneinander getrennt, was „face-to-face"-Kontakte reduzierte. Dieser Aspekt der Trennung soll nun etwas detaillierter ausgeführt werden: Fünf der befragten Personen aus der zweiten Generation der Gruppe Italien haben längere bzw. kürzere Phasen in Italien verbracht. Die folgende Tabelle 28 zeigt für diese fünf Interviewpartnerinnen und -partner auf, welche Lebensjahre sie in Italien verbracht haben. Die ersten drei Personen, die in Tabelle 20 aufgeführt sind, haben ihre ersten drei, vier bzw. sechs Lebensjahre in Italien verbracht, bei den letzten beiden Fällen sind die Zeitspannen länger. Im letzten Fall ist eine Pendelbewegung zwischen der Schweiz und Italien auszumachen.

Tabelle 28: In Italien verbrachte Lebensjahre von fünf Interviewpartnerinnen und -partnern

Nr. IP.	Lebensjahr der interviewten Person																													
---	01	02	03	04	05	06	07	08	09	10	11	12	13	14	15	16	17	18	19	20	21	22	23	24	25	26	27	28	29	30
1	▨	▨	▨																											
2	▨	▨	▨																											
3	▨	▨	▨				▨	▨	▨																					
4	▨	▨	▨				▨	▨	▨			▨	▨	▨			▨	▨	▨											
5					▨	▨	▨	▨			▨	▨	▨	▨					▨	▨	▨	▨			▨	▨	▨	▨		

grau schraffiert: in Italien verbrachte Lebensphasen

Die fünf Interviewpartnerinnen und Interviewpartner lebten in Italien entweder mit der Mutter, der Grossmutter oder weiteren Verwandten:

> Ja, sie [die Eltern] waren hier [in der Schweiz] berufstätig, beide. Und so war ich bei meinen Grosseltern [in Italien], weil auch die Wohnverhältnisse damals nicht so waren, dass sie gekonnt hätten [gemeint ist: mich bei sich hätten haben können]. Also sie hatten ein möbliertes Zimmer ohne Küche. Und dann hätten sie ein kleines Kind gar nicht aufziehen können. Ist mir gesagt worden (Tochter, Italien).

Bei einer weiteren Person sind die Kinder mit der Mutter im Herkunftsland geblieben und erst als Jugendliche/Erwachsene eingewandert. Die späte Einwanderung war für diese Interviewpartnerin eine negative Erfahrung: „Und da habe ich verstanden, warum mein Vater uns nie hierher bringen wollte, er wollte uns schützen". Die Vorstellungen von der Schweiz stimmten nicht mit der Realität überein: „Die Schweiz war für mich das, was er [der Vater] in seinem Koffer trug, als er nach Hause kam […]. In seinem Koffer hatte er Schokolade, Kleider, Farbstifte, Schulmaterial. Wir hatten die schönsten Etuis in der Schule" (Tochter, Italien).

Wie beurteilen die befragten Personen die Trennung von den Eltern in der Retrospektive?

Die Trennung von den Eltern wird in der Regel als negativ beurteilt und mit „Zerrissenheit" und „Vernachlässigung" in Verbindung gebracht: „Sie haben, glaube ich, schon gemerkt, dass wir halt auch vernachlässigt worden sind, schon auch als Kinder, weil sie wirklich den ganzen Tag arbeiten mussten" (Tochter, Italien). Die befragten Interviewpartnerinnen und Interviewpartner gehen unterschiedlich mit dieser Erfahrung um. Bei der Analyse der Interviews konnten zwei Umgangsweisen ausgemacht werden:

Die Schuld für die schwierige Trennungserfahrung wird den Eltern zugeschrieben: Eine Bezugsperson, die nun Mutter eines Säuglings ist, fragt sich heute, weshalb sie ihre Eltern als Kleinkind nach Italien gebracht haben:

> Also ich habe zum Beispiel mich dann gefragt, warum... Ich habe zum Beispiel herausgefunden, dass es nicht immer nur einfach ist, alleine daheim zu sein mit einem Baby. Dann habe ich mir ungefähr einen zweiten Grund auszumalen begonnen, warum mich meine Eltern nach Italien gebracht haben. Und ich habe immer noch keine Stellungnahme [von den Eltern] zu diesem Problem (Tochter, Italien).

Die Schuld für die schwierige Situation wird unter Bezugnahme auf die damalige Situation der Migrantinnen und Migranten erklärt: Eine andere Interviewpartnerin erklärt ihre „Zerrissenheit" unter Bezugnahme auf die generell schwierige Situation, die die damaligen „Gastarbeiterinnen" und „Gastarbeiter" und ihre Familien erlebten:

> [...] Jetzt haben wir eine gute Beziehung. Ich musste aber sehr und über Jahre an dieser Beziehung arbeiten, aber jetzt ist es ok [...]. Aber wenn man versucht, das Ganze zu verarbeiten, versteht man, dass nicht sie [die Eltern] schuldig waren für das, was passiert ist, sondern die Tatsache, dass an diesem Ort die Integration sehr schwierig war [...]. Ich denke, dass all die, die zu meiner Generation gehören, unter dieser Zerrissenheit gelitten haben, oder zumindest diejenigen, die ein ähnliches Leben gehabt haben wie ich und natürlich wie meine Eltern auch... weil nicht nur die Kinder haben unter dieser Zerrissenheit gelitten, denn ich glaube nicht, dass Eltern freiwillig und leicht sich von den eigenen Kindern trennen (Tochter, Italien).

Trennungserfahrungen machten aber nicht nur die interviewten Personen, welche einen Lebensabschnitt in Italien verbrachten. Es gibt auch Befragte, die aufgrund der Erwerbstätigkeit der Eltern wenig Zeit mit diesen verbrachten: „Dann mussten sie [die Eltern] mich dann in die Kinderkrippe tun, und sie durften mich nur am Wochenende zu Hause behalten" (Tochter, Italien).

Zusammenfassend kann gesagt werden, dass einzelne Interviewte über kürzere oder längere Zeit von ihren Eltern bzw. von Elternteilen getrennt lebten, was sie tendenziell als negative Erfahrung schildern, mit der sie unterschiedlich umgehen. Zumindest in einem Fall hat die Trennung eher negative Auswirkungen auf die Beziehung zu den Eltern heute, da die „Schuld" für die als negativ erlebte Zeit bei den Eltern gesehen wird.

Familiäre Unterstützungsbeziehungen

Das Verhältnis der Eltern gegenüber ihren erwachsenen Kindern ist geprägt von gegenseitiger Unterstützung. Da die administrative Unterstützung, welche die Töchter und Söhne von Migrantinnen und Migranten aus Italien leisten, gross ist, wird diesem Punkt besondere Aufmerksamkeit gewidmet. Zuerst soll jedoch aufgezeigt werden, in welchen Bereichen die Töchter und Söhne der Migrantinnen und Migranten von ihren Eltern Unterstützung *erhalten*. Es sind dies insbesondere folgende Unterstützungsleistungen:

- *Finanzielle Unterstützung* der Kinder bei Engpässen

- *Unterstützung im Haushalt*: Wäsche waschen, Näharbeiten u.a.

- *(Fachliche) Beratung*: Die erwachsenen Kinder erhalten Rat in verschiedenen Situationen, z. B. bekommt eine Tochter von ihrem Vater, der Schreiner war, fachliche Beratung beim Hausbau. Eine andere Interviewpartnerin schätzt den Erfahrungsvorsprung, den ihre Eltern durch den Altersunterschied haben: „[…] meine Eltern können mir noch sehr viel beibringen. Sie haben einige Jahre mehr Erfahrung im Leben als ich" (Tochter, Italien).

- *Enkelkinderbetreuung*: Übernommen wurde und wird von den Eltern der befragten Personen zum Teil auch die Enkelkinderbetreuung: „Ja, in der Zeit, als ich nach der Trennung mit meinem kleinen Sohn hierher kam, hat meine Mutter ihre Rolle als Grossmutter wahrgenommen und hat sich für meinen Sohn zur Verfügung gestellt […]. Ich konnte ab sofort 100% arbeiten" (Tochter, Italien).

- *Emotionale Unterstützung*: Auch die emotionale Unterstützung wird von den interviewten Personen angesprochen. „Es ist praktisch in jeder Handlung, jeden Tag sind die Gedanken bei den

Kindern. Das ist auch eine Art von Unterstützung […]. Es ist also zu jeder Zeit immer die Türe offen, und auch um irgendetwas anzusprechen oder auch einmal ein Problem zu lösen oder halt einfach nur dort sein […]" (Sohn, Italien).

Im Folgenden geht es um die Unterstützung in umgekehrter Richtung, d.h. es werden diejenigen Leistungen beleuchtet, welche die zweite Generation für die erste Generation *erbringt*. Ein bedeutender Bereich der Hilfe ist die Unterstützung in allen administrativen Fragen.

Aufgrund der hohen Bedeutung der administrativen Unterstützung wird dieser Bereich im Folgenden detaillierter dargestellt.

Wenn die Interviewten von administrativer oder „bürokratischer" Unterstützung sprechen, sind damit zum Beispiel folgende Tätigkeiten gemeint:

- *Hilfe bei der Unterscheidung von Werbepost und „wichtigen" Briefen*: „Also für jeden Brief, für jeden Werbezettel, der im Briefkasten hängt, werden wir herzitiert. Es ist egal. Sie können auch nicht mehr unterscheiden zwischen Werbung und richtig wichtigen Dingen" (Sohn, Italien).

- *Briefe übersetzen*: „Und wenn sonst so Briefe kommen von den Krankenkassen und so… dann sind wir da oder mein Bruder, die ihr [der Mutter] das übersetzen" (Tochter, Italien). „Wir müssen einfach ziemlich alles übersetzen" (Tochter, Italien).

- *Briefe schreiben*: „Er [der Vater] konnte keine Korrespondenz schreiben, dass es für draussen reicht" (Sohn, Italien).

- *Texte korrigieren*: „Also wenn sie [die Mutter] wirklich einen ganz korrekten Brief machen muss, dann gibt sie ihn vielleicht zum Durchlesen" (Tochter, Italien).

- *Bestätigen, dass die Eltern/Schwiegereltern ein Schreiben richtig verstanden haben*: „Aber sie [die Eltern] haben ihre [sprachlichen] Bausteine [um etwas zu verstehen]. Das ist es. Und viele Male sage ich dann: Ja es ist so" (Tochter, Italien).

- *Beratung in Fragen der Pensionskasse, Krankenkasse, beim Wohnungskauf u.a.*: „Dort habe ich auch mit meiner Mutter <weiss

der Gugger>[15] wie viele Stunden damit verbracht, um sie [die Mutter] eigentlich... die Möglichkeiten, die bestehen mit einer Pensionskasse aufzuzeigen oder zu beraten" (Sohn, Italien).

– *Termine (z. B. beim Arzt) abmachen für die Eltern*: „Und dann hat das so angefangen mit dem Arzt anrufen und einen Termin abmachen..." (Tochter, Italien).

– *Steuererklärung ausfüllen*: „Also ich unterstütze sie [die Eltern] bei der Steuererklärung" (Tochter, Italien).

– *Bei Gesprächen übersetzen*: „Wenn irgendetwas gewesen ist in der Schule mit ihm [dem Bruder] oder bei meiner Schwester, musste ich immer übersetzen [schon als Kind]" (Tochter, Italien). „Nicht alle Ärzte dort [im Spital] haben Italienisch gekonnt. Dann sind entweder ich oder meine jüngere Schwester dorthin gegangen. Bei den Voruntersuchungen [zur Operation] und dann, um [dem Vater] die Operation zu erklären" (Tochter, Italien).

Die Intensität der Unterstützung ist unterschiedlich. Während bei einigen Befragten die Hilfe in allen Bereichen geleistet wird (diese Interviewpartnerinnen oder Interviewpartner haben meist auch die Vollmacht für die Belange der Eltern), geht es bei anderen nur darum, den Eltern zu bestätigen, dass sie etwas richtig verstanden haben.

Der Unterstützungsbedarf der Eltern, der sich vor allem im administrativen Bereich zeigt, wird von den erwachsenen Kindern mit den Begriffen „Hilflosigkeit", „Trägheit/Bequemlichkeit", „masslose Überforderung" und „Abhängigkeit" umschrieben. „Wie Kinder" seien die Eltern, weil die Unterstützung in verschiedensten Bereichen notwendig sei. Teilweise leisteten die Interviewten diese administrative Unterstützung auch schon im Kindes- und Jugendalter, meist ging es dabei um Übersetzungen (z. B. in der Schule): „Und auch schon sehr früh auf Ämter gehen mit ihnen. Also ich habe nicht diese Rolle gehabt als Kind [gemeint ist: Ich musste als Kind Aufgaben von Erwachsenen übernehmen und konnte deshalb nicht wirklich Kind sein]" (Tochter, Italien).

---

15   „Gugger" bedeutet „Kuckuck". „Weiss der Gugger wie viele Stunden" meint im Kontext des Interviews „ich weiss nicht, wie viele Stunden".

Wenn mehrere Geschwister vorhanden sind, werden die Aufgaben bei den Befragten untereinander aufgeteilt, wobei die Wohnnähe, die zeitliche Verfügbarkeit (eigene Erwerbstätigkeit, Kinderbetreuung) und zum Teil auch geschlechtsspezifische Überlegungen darüber entscheiden, wer wie viel Unterstützung in welchen Bereichen übernimmt. Zum geschlechtsspezifischen Aspekt sei an dieser Stelle folgendes Zitat aufgeführt: „Eben einfach das Fürsorglichere halt, macht immer die Frau" (Tochter, Italien).

Die Interviewten sehen folgende Gründe für den hohen Bedarf an administrativer Unterstützung:

– mangelnde Kenntnisse der deutschen Sprache
– niedriger Bildungsstand
– das Alter der Eltern

Nach Meinung der interviewten zweiten Generation sind es vor allem die eher schlechten Deutschkenntnisse der Eltern, die zu einer Abhängigkeit in allen administrativen Fragen führen: „Das, was sie nicht an Deutsch können, haben wir als Mehraufwand, [wir] die Kinder" (Sohn, Italien).

Während die älteren Migrantinnen und Migranten in den Gesprächen ihr Angepasstsein hervorheben, wird von der zweiten Generation derselbe Punkt in Frage gestellt: „Der gemeinsame Nenner dieser Dinge [gemeint ist die administrative Unterstützung] ist halt effektiv, dass man sich zu wenig angepasst… nicht, nicht angepasst, zu wenig integriert, vor allem sprachlich" (Sohn, Italien). Sichtbar ist in den Gesprächen eine Ambivalenz zwischen dem Verständnis für die fehlenden Sprachkenntnisse der Eltern und einem gleichzeitigen Unverständnis für dieses Phänomen: „Und dann habe ich ein bisschen weniger… also Verständnis ist schon da, aber ich muss doch den Kopf schütteln…" (Sohn, Italien). Was für die zweite Generation jetzt unvorstellbar ist, war für die erste Generation Realität: „Ich kann es nicht nachvollziehen. Ich könnte es mir nicht vorstellen, irgendwo zu leben und keinen Pieps mitreden zu können. Voll ausgeschlossen bleiben" (Sohn, Italien).

Während die älteren Migrantinnen und Migranten selbst die externen Gründe für ihre eher schlechten Sprachkenntnisse betonen (Arbeit als zentraler Lebensinhalt, am Arbeitsplatz wurde Italienisch gesprochen, nur temporärer Aufenthalt geplant, migrationspolitisch schwierige Situation), akzeptiert die zweite Generation diese Begründungen nicht in jedem Fall. Die Befragten werfen ihren Eltern zum Teil vor, sich zu wenig bemüht zu haben.

Neben der Sprache wird auch der eher niedrige Bildungsstand der älteren Migrantinnen und Migranten, der sich auch in den Volkszählungsdaten 2000 zeigt, von den Befragten als Grund für den hohen Unterstützungsbedarf im administrativen Bereich hervorgehoben: „Sie [die Mutter] ist eine einfach gebildete Frau" (Sohn, Italien). Ausserdem wird das Alter als möglicher Faktor für einen grösseren Unterstützungsbedarf betrachtet: „ich merke einfach, auch halt vom Hirn her, an gewisse Dinge zu denken und so... es wird einfach im Alter halt schon schwieriger. Das ist einfach so [...]. Das ist halt auch altersbedingt. Das ist bei allen gleich, wahrscheinlich" (Tochter, Italien).

Wie gehen die befragten Personen mit dem von ihnen als hoch erachteten Unterstützungsbedarf der Eltern um? Bei den Interviewten finden sich drei Arten von Umgang mit dieser Situation:

- Die Unterstützung wird übernommen, und die Situation wird nicht als Belastung empfunden.

- Die Unterstützung wird übernommen, und die Situation wird als mühsam und belastend erlebt.

- Die Eltern werden „zur Selbstständigkeit erzogen".

Eine Interviewpartnerin, die betont, dass sie in „95% der Fälle" die Hilfe als nicht belastend erlebt, schildert im ganzen Interview ihre enge Beziehung zu den Eltern, die auf gegenseitiger Unterstützung in verschiedenen Bereichen beruht. Die Befragte hilft ihren Eltern bei gewissen Aufgaben, wird aber von diesen in anderen Tätigkeiten (z. B. Wäsche waschen u.a.) ebenso unterstützt, weshalb sie die administrative Unterstützung als relativ unbedeutend erlebt.

Die Unterstützungsleistungen werden aber auch als „mühsam", „zeitaufwendig" und „rechte Belastung" beschrieben, die die Interviewpartnerinnen und Interviewpartner zum Teil zu meiden versuchen:

Ja, zum Teil gehe ich absichtlich nicht zu ihnen nach Hause, in dem Sinne, damit ich ein wenig Ruhe habe… weil ich weiss genau, sobald man dort in die Türe reingeht, dann kommt es ‚Ah, dieses Papier ist gekommen oder diese Bankkarte'. Und es ist fast das erste, das man sagt (Tochter, Italien).

Das Thema der „Abgrenzung" stellt eine dritte Umgangsform mit der Unterstützungssituation dar:

Wir haben uns einfach auch abgegrenzt. Also nicht nur, weil wir wohnen gegangen sind für uns. Jeder hat sein Leben, sondern auch sonst einfach abgegrenzt und gesagt: He, Leute, wir machen auch nicht mehr all diese bürokratischen Sachen. Ihr müsst wirklich auch einmal selbstständig werden und irgendwie… (Tochter, Italien).

Nun übernehmen Personen, die nicht zum engeren Familienkreis gehören, diese Aufgaben, zum Teil gegen Bezahlung: „Sie haben jetzt einen Steuerberater, und das läuft eigentlich gut" (Tochter, Italien). „Also meine Mutter hat in der italienischen Kirche noch jemanden gefunden, der auch so Sekretariatsarbeiten macht in der Kirche, aber auch Steuererklärungen macht zum Teil noch für andere" (Tochter, Italien).

Oben wurden drei mögliche Formen des Umgangs mit dem hohen Unterstützungsbedarf der älteren Migrantinnen und Migranten (Gruppe Italien) im administrativen Bereich aufgeführt. Diese Möglichkeiten des Umgangs sind nicht exakt trennbar. Zum Teil weisen die Haltungen Ambivalenzen auf, wie dies am Beispiel eines befragten Mannes sichtbar wird, der es einerseits als Belastung erlebt, seine Eltern in diesem Masse unterstützen zu müssen, andererseits aber auch als Selbstverständlichkeit aufgrund der Unterstützung, die er in früheren Jahren von ihnen erhielt:

Vorher haben wir alles bekommen. Deshalb vielleicht auch die gegenseitige Hilfe jetzt. Dass die Rollen halt vertauscht worden sind. Ich glaube, es liegt in keinem Verhältnis […]. Wenn ich rechne, was dort an moralischer, finanzieller und erzieherischer Unterstützung gekommen ist, dann liegt das in keinem Verhältnis zu dem, was ich jetzt mache. Dann ist das Peanuts, was ich jetzt mache. Es sind doch halt 25 Jahre gewesen, in welchen sie für uns gerade gestanden sind. Also mehr (Sohn, Italien).

Was tun, wenn es zu Hause nicht mehr alleine geht?

Von besonderer Wichtigkeit für die vorliegende Arbeit ist die Frage nach der Bereitschaft der befragten Personen, ihre Eltern zu unterstützen, falls eine selbstständige Alltagsbewältigung nicht mehr möglich sein sollte.

Bei allen Interviewten muss die Frage rein hypothetisch beantwortet werden, da dieser Zustand bei den Eltern der Befragten noch nicht eingetroffen ist.

Im ersten Unterkapitel „Über das haben wir eigentlich nicht wirklich gesprochen" wird zusammengefasst, dass das Thema der Pflegebedürftigkeit in den meisten Familien bisher noch nicht diskutiert wurde. Danach werden drei mögliche Umgangsformen mit einer eventuellen Pflegebedürftigkeit der Eltern dargestellt.

„Über das haben wir eigentlich nicht wirklich gesprochen"
Alle Eltern der Interviewten sind noch nicht pflegebedürftig. In einem Fall liegt eine Pflegebedürftigkeit eines Elternteils vor. Die Unterstützung geschieht dort aber nicht durch die erwachsenen Kinder, sondern durch die nicht-pflegebedürftige Ehepartnerin.

Wie in der Situation einer Pflegebedürftigkeit der Eltern gehandelt werden soll, darüber bestehen noch keine konkreten Pläne: „Ich habe mir das auch schon, also nicht konkret überlegt, aber es geht einem schon durch den Kopf. Aber ich habe dann nie so weit gedacht, dass man irgendein Modell hat [...]" (Tochter, Italien). Im Interview selbst machen sich die Gesprächspartnerinnen und Gesprächspartner jedoch weitergehende und konkretere Gedanken zu einem möglichen Zukunftsszenario, auch wenn zwischendurch betont wird, dass man lieber abwarte und schaue, wie sich die Situation entwickle und dann ad hoc entscheide: „Ich denke, das würden wir dann ad hoc überlegen, wenn es so weit ist" (Tochter, Italien). Die Vorstellung einer Pflegebedürftigkeit der Eltern ist mit Ängsten verbunden und mit der Hoffnung, dass man so lange wie möglich „verschont" bleibe: „Also das ist etwas, was mir eigentlich relativ viel Angst macht in dem Sinne" (Tochter, Italien).

Die Interviewten sind bei ihren Zukunftsprojektionen weitgehend auf ihre eigenen Vorstellungen und auf ihre eigene Interpretation, was die Wünsche der Eltern sein könnten, angewiesen, da das Thema einer möglichen Pflegebedürftigkeit in der Regel bisher nicht oder nur „durch die Blume" mit den Eltern oder Geschwistern diskutiert wurde: „[…] mich interessiert schon auch, was macht sie [die Mutter], wenn sie wirklich pflegebedürftig werden sollte, oder? Was bedeutet das für uns Kinder? Für mich und meinen Bruder? Was bedeutet das für uns als Familie? Aber gesprochen haben wir nie darüber, eigentlich" (Sohn, Italien). „Das haben wir nie ausgesprochen, aber ich wüsste nicht. Es würde mich noch Wunder nehmen. Ich würde das gerne mal mit ihnen [den Eltern] besprechen und mal schauen, was sie denken, ja" (Tochter, Italien).

Die Bereitschaft der Interviewten, familiäre Unterstützung zu leisten, scheint von folgenden Faktoren bestimmt zu sein:

- Von den „objektiven" Möglichkeiten der erwachsenen Kinder (räumlich, Wohnnähe, finanzielles Angewiesensein auf Erwerbsarbeit, Eingebundensein in Kinderbetreuung, eigene Gesundheit u.a.)

- Von den geäusserten und antizipierten Wünschen der Eltern: „Also ich denke jetzt mal so: Meine Eltern, so von der Einschätzung her, würde ich jetzt sagen, sind eigentlich nicht so [dass sie sagen würden]: ich möchte jetzt… du musst mich jetzt pflegen" (Tochter, Italien). „Ich glaube, meine Mutter würde nicht bei uns wohnen wollen, im Sinne von: Ich störe dann" (Tochter, Italien)

- Von den Möglichkeiten anderer potentieller Unterstützender (Geschwister, Ehepartner)

- Von der Beziehungsqualität zwischen Eltern/Kindern

- Von Normen/Werten (man soll, es ist logisch/normal/typisch)

- Von Bildern, welche die Interviewpartnerinnen und Interviewpartner von den bestehenden Angeboten der Altershilfe haben

- Von Reziprozitätsüberlegungen (man gibt zurück, was man bekommt)

In den folgenden Unterkapiteln geht es um die persönliche Bereitschaft der Interviewpartnerinnen und Interviewpartner, ihre Eltern im Falle einer Pflegebedürftigkeit zu betreuen. Es werden drei potentielle Formen des Umgangs mit einer Pflegebedürftigkeit der Eltern vorgestellt.

„Ich würde sicher nicht einfach alles aufgeben"
Die Aussage, dass man für die Eltern nicht alles aufgeben würde, kommt in verschiedenen Gesprächen vor: „Ich meine, ich würde sicher meinen Teil machen, aber ich würde sicher nicht einfach alles aufgeben [...]" (Tochter, Italien).

Was ein „Sich-Aufgeben" bedeuten könnte, erlebte eine Interviewpartnerin im Bekanntenkreis, inklusive der von ihr als negativ beurteilten Konsequenzen: „Dann hat man das halbe Leben irgendwie verbracht, um jemanden zu pflegen, und am Schluss bist du selber krank" (Tochter, Italien).

Im erwähnten Interview ist besonders interessant, dass diese Argumentation erst relativ spät im Interview vorkommt. In früheren Teilen des Gesprächs führt die Interviewpartnerin in erster Linie das räumliche Argument als Hinderungsgrund für eine Pflege der Eltern bei ihr zu Hause an: Ihr eigenes Haus habe Treppen und keinen Lift. Es sei deshalb nicht möglich, dort jemanden zu betreuen. Möglicherweise ist das „bauliche Argument" aus Sicht der Interviewpartnerin ein legitimeres Argument für Nicht-Betreuung als das Bedürfnis, sich nicht selber aufgeben zu wollen. Dieses Bedürfnis wird im Interview selbstkritisch als „das ist jetzt vielleicht ein wenig hart, aber..." bezeichnet, aber relativiert durch die Äusserung, dass die Eltern sicher nicht „abgeschoben" würden und man schon seinen Teil beitragen würde zu ihrem Wohlergehen: „Es wird sicher nicht so sein, dass man sie einfach irgendwo abschieben wird, das nicht" (Tochter, Italien). Hilfe wird gegeben, aber nur bis zu einem gewissen Punkt, denn „wir haben auch unser Leben" (Tochter, Italien) und „Also sicher würde ich helfen. Das ist klar. Aber nicht, dass ich irgendwie gerade meinen Job vernachlässigen würde" (Tochter, Italien).

Zusammenfassend lässt sich zu der hier vorgestellten Position sagen, dass die Interviewpartnerinnen und Interviewpartner dieses Typs bereit sind, die *Organisation* der Pflege, nicht aber die Pflege selbst zu übernehmen.

„Es wird sicher nicht so sein, dass man sie einfach
irgendwo abschieben wird"
„Abschieben" und „Stationäre Betreuung" sind für die Interviewpartnerinnen und Interviewpartner ein eng verknüpftes Wortpaar. „Ab-

schieben" ist negativ konnotiert und wird als Vorgang betrachtet, den man so lange wie möglich vermeiden möchte. Das Ziel wäre deshalb, „[...] dass man möglichst lange ohne externe Hilfe sein kann" (Tochter, Italien), weil es vom „Familienbild her" (Tochter, Italien) so sei. Grenzen der Betreuungsmöglichkeiten sieht eine andere Interviewpartnerin, wenn ihre Eltern pflegerische Unterstützung benötigen würden. In diesem Fall würde sie „[...] es eher einem Profi, einem Experten geben". In diesem Interview ist damit in erster Linie die Spitex gemeint (Tochter, Italien). Zum Teil bestehen jedoch Zweifel, wie leicht es den Eltern fallen würde, eine externe Betreuung wie die Spitex zu akzeptieren. Eine Interviewpartnerin erzählt, dass ihre Eltern nach einer Operation Spitexleistungen, da sie mit diesen unzufrieden waren, nur kurze Zeit beanspruchten: „aber die Spitex hat sie [die Mutter] hinausgeworfen, weil… die machen [nach Meinung der Mutter] nicht genug sauber" (Tochter, Italien).

Der Ausdruck „Abschieben" in Zusammenhang mit einer stationären Altersbetreuung macht deutlich, dass die interviewten Personen es als einen negativen Akt empfinden, ihre Eltern „abschieben" zu müssen. Auch wenn die Eltern der Befragten explizit geäussert haben, dass sie in ein Heim gehen möchten, ist sich die zweite Generation nicht sicher, ob sie dies zulassen würde: „Aber wahrscheinlich hängt es damit zusammen, dass ich die Altersheimstruktur gar nicht kenne. Es hat ein bisschen schon noch die Erinnerung: Altersheim… die eingeschlossenen Leute" (Tochter, Italien). Ein anderer Interviewpartner erwähnt, dass seine Mutter explizit erwähnt habe, dass sie in ein Altersheim gehen würde, bevor sie „jemandem zur Last falle". Der Interviewpartner stellt jedoch in Frage, ob seine Mutter dies wirklich möchte: „Das ist das, was sie sagt. Was sie dann möchte, ist etwas anderes" (Sohn, Italien).

In den Fällen, in welchen mit den Eltern noch nicht darüber diskutiert wurde, ob ein Alters- oder Pflegeheim in Frage kommen würde, interpretieren die Kinder die Wünsche der Eltern, so zum Beispiel ein Interviewpartner, der annimmt, dass das Altersheim der „moralische Tod" für seinen Vater wäre „und das würde er nicht akzeptieren [...]. Aber das wäre für ihn wahrscheinlich der Anfang vom Untergang" (Sohn, Italien). Oder eine andere Interviewpartnerin meint: „Also das ist etwas, was mir eigentlich relativ viel Angst macht in dem Sinne. Weil... so, wie ich ihre Mentalität kenne, wollen sie sicher nicht in ein Altersheim gehen. Sie wollen sicher zu Hause bleiben" (Tochter, Italien). Die zweite Generation befürchtet, dass die mit einem „Abschieben in ein Heim" verbundenen Schwierigkeiten einen grösseren Aufwand bedeuten würden, als wenn die Betreuung selber geleistet wird: „Eben, wenn es nicht anders geht, dann wollen wir es [gemeint ist die stationäre Betreuung] wirklich vermeiden, weil es ist für uns dann mit noch mehr Ärger oder noch mehr Aufwand verbunden" (Sohn, Italien). Dieser Interviewpartner sieht Probleme einer stationären Betreuung in folgenden Bereichen: spezielle Essensgewohnheiten („ein Gläschen Wein darf nicht fehlen") versus vorgegebenes Essen, flexible Essenszeiten versus vorgegebene Essenszeiten, vorbereitet sein auf die stationäre Betreuung versus nicht darauf vorbereitet sein, sprachliche Barrieren u.a.

Um ein „Abschieben" verhindern zu können, wäre nach Meinung einzelner Interviewpartnerinnen und Interviewpartner eine Lösung sinnvoll, wie sie in Italien bereits verbreitet ist: die Anstellung von Betreuenden, die 24 Stunden vor Ort präsent sind. Dies sei in Italien finanzierbar, nicht aber in der Schweiz.

Die Thematik der externen Betreuerinnen und Betreuer ist omnipräsent, sowohl in den Interviews mit den älteren Migrantinnen und Migranten als auch in den Gesprächen mit der zweiten Generation. Die externen Betreuenden scheinen eine Art „Kompromiss" darzustellen zwischen dem Zustand, wie er im Herkunftsland einmal war, und den Möglichkeiten, die sich in der Migration ergeben (getrenntes Wohnen, andere Lebensentwürfe, eventuell weniger starke Familienorientierung).

„Ich habe immer gesagt, dass ich meine Eltern
nie in ein Altersheim schicken werde"
Einige Interviewte können sich ein Alters- oder Pflegeheim für ihre Eltern unter keinen Umständen vorstellen. Bei einer Pflegebedürftigkeit der Eltern würde man sich zusammen im Familienverbund (inkl. Geschwister) entscheiden und organisieren, was zu tun ist „[...] und möglicherweise einer arbeitet, einer muss arbeiten, weil ich... ich muss arbeiten, weil ich alleine bin [...]" (Tochter, Italien). Die eben zitierte Interviewpartnerin ist sich bewusst, dass es nicht einfach sein wird,

die Betreuung im Familienverbund zu übernehmen, sie ist aber sicher, dass sich eine Lösung finden wird. Auffallend ist im eben zitierten Interview die Aussage, dass diese Einstellung mit „dem natürlichen Ablauf des Lebens zu tun" hat (Tochter, Italien). Als „natürlich" wird in diesem Interview angesehen, dass die Frauen die familiäre Betreuung übernehmen, was zum Beispiel in folgendem Zitat, in welchem sich die Interviewpartnerin auf ihr eigenes Alter bezieht, sichtbar wird: „Aber wenn ich alt werde, ich habe nur meinen Sohn, und er ist auch ein Mann [...]. Daher denke ich, dass ich schon in ein Altersheim gehen werde" (Tochter, Italien).

Eine andere Interviewpartnerin, die sich für ihre Eltern ebenfalls keine stationäre Betreuung vorstellen kann, begründet ihre Meinung insbesondere mit der Tatsache, dass sich ihre Eltern dort nicht wohl fühlen würden und es sprachliche Probleme geben könnte. Die Interviewpartnerin würde mit ihrem Bruder zusammen schauen, wer vielleicht Teilzeit arbeiten könnte, um die Eltern zu betreuen: „Und durch das, dass wir eigentlich ein schönes Verhältnis zu ihnen [den Eltern] haben, kann ich mir durchaus vorstellen, dass jemand von uns halt, weiss auch nicht, vielleicht halt Teilzeit dann arbeitet oder irgendwie so" (Tochter, Italien). Das Thema der Gegenseitigkeit ist in diesem Fall zentral. Die Eltern unterstützen ihre Kinder in verschiedenen Situationen, die Kinder haben die Bereitschaft, dies auch für ihre Eltern zu tun. In einem anderen Fall sind die Erwartungen auf „Gegenleistung" eher ein Hinderungsgrund für eine mögliche Unterstützung im Alter. Die Tochter ist sich nicht sicher, ob sie ihre Mutter bei sich aufnehmen würde, falls eine Pflegebedürftigkeit eintreten würde. Obwohl die Interviewpartnerin von den objektiven Bedingungen her (Wohnsituation, eigene Arbeitssituation) die Möglichkeit für eine Betreuung sehen würde, weiss sie nicht, ob sie das wirklich möchte. Es stört sie, dass ihre Mutter die Erwartung hat, dass ihre Tochter diese Leistung erbringen werde, da sie als Mutter den Kindern „viel gegeben" habe.

Die Norm der Reziprozität scheint Hilfe auslösen zu können, Erwartungen in Bezug auf Gegenleistungen können Unterstützung aber auch verhindern, vor allem, wenn nicht von beiden Seiten von einer symmetrischen Beziehung ausgegangen wird. Unabhängig von Reziprozitätsüberlegungen scheint hingegen die Unterstützungsbereitschaft der ersten in diesem Unterkapitel geschilderten Person zu sein: Es ist

„natürlich", dass man hilft, unabhängig von bisherigen Leistungen und Gegenleistungen.

„Aber ich glaube, so schlecht geht es einem
in einem Altersheim nicht, oder?"
Die Bilder, welche die Interviewpartnerinnen und Interviewpartner von der stationären Pflege in der Schweiz haben, beinhalten positive und negative Konnotationen. Tabelle 29 zeigt auf, welche positiven und negativen Sichtweisen des Alters- und Pflegeheims bei den interviewten Personen vorhanden sind:

Tabelle 29: *Positive und negative Konnotationen der Interviewpartnerinnen und -partner in Bezug auf die stationäre Betreuung in der Schweiz*

Positive Konnotationen	Negative Konnotationen
wie ein Hotel	„eingeschlossene Leute"
hell, freundlich	„rigide Regeln", „ziemlich strenge Regeln"
es ist immer jemand da	feste Essenszeiten
„es wird etwas geboten für die Leute"	teuer
„diese Altersheime, das sind immer die schönsten Häuser"	

Der Informationsstand bezüglich der Angebote der Altershilfe ist unterschiedlich. Während einige in Bezug auf die bestehenden Einrichtungen sehr gut im Bilde sind, sind andere eher schlecht über das Angebot informiert. Zum Teil wissen die Interviewten auch nichts von den Einrichtungen, die speziell für die Gruppe der Migrantinnen und Migranten erstellt wurden.

4.4.3   Hauptergebnisse aus den Interviews mit der zweiten Generation ehemaliges Jugoslawien

Die folgenden Überlegungen stützen sich auf die sieben Gespräche mit der zweiten Generation aus dem ehemaligen Jugoslawien. Bei fünf dieser Personen geht es im Gespräch um die eigenen Eltern, bei zwei Personen um die Schwiegereltern.

Bei den interviewten Personen handelt es sich um eine Gruppe, die sich von den Bezugspersonen aus Italien unterscheidet. Ein grosser Teil der Interviewten gehört selber zu den Migrantinnen und Migranten, die aus unterschiedlichen Gründen und zum Teil nach ihren Eltern in die Schweiz gekommen sind. Zum Teil haben sie ihre Kindheit und Jugend getrennt von den Eltern in Serbien/Montenegro verbracht und sind erst im Erwachsenenalter in die Schweiz gekommen, wobei die Migrationsgründe kriegsbedingt bzw. ökonomischer Art sind und/oder in der Familienzusammenführung liegen. Um die Heterogenität der Fälle zu illustrieren, sollen sie hier kurz dargestellt werden:

- Die Interviewpartnerin, die als über 30-Jährige aufgrund des Krieges im ehemaligen Jugoslawien zu ihren Eltern, die bereits einige Jahre zuvor in die Schweiz gekommen sind, migriert.

- Eine Interviewpartnerin, die als ca. 20-Jährige zu ihrem Ehemann, dessen Eltern bereits in den 1960er Jahren in die Schweiz migriert sind, in die Schweiz reist und hier eine Familie gründet. Im Interview geht es um ihre Schwiegereltern.

- Der Interviewpartner, der als Kind zusammen mit seinen Eltern in die Schweiz reist.

- Die Interviewpartnerin, die bei ihren Eltern in der Schweiz aufwächst.

- Der Interviewpartner, der als knapp über 20-Jähriger in die Schweiz reist und nach dem Tod seines Vaters die Mutter aus Serbien in die Schweiz holt.

- Die Interviewpartnerin, die im Alter von 18 Jahren zu ihren Eltern in die Schweiz migriert.

- Der Interviewpartner, der als ca. 30-Jähriger in die Schweiz reist, hier eine Serbin der zweiten Generation heiratet und im Interview über die Beziehung zu seinen Schwiegereltern berichtet.

Bei vier Interviewten haben die Eltern bzw. Schwiegereltern einen „Migrationsvorsprung", d.h. sie sind schon länger in der Schweiz als ihre Kinder.

Im nachfolgenden Abschnitt werden zuerst einige Angaben zu den Rahmenbedingungen der Interviews gemacht, die es erlauben, die Ergebnisse der Gespräche besser zu verstehen. Danach werden die

Aussagen zur Enge der Beziehung zwischen Eltern und Kindern dargestellt. In einem dritten Teil geht es um die potentiellen Unterstützungsbeziehungen in der Zukunft. Die Eltern oder Schwiegereltern der befragten Personen sind noch nicht in der Situation, dass sie Pflege benötigen würden. Die befragten Personen müssen deshalb auch hier wieder einen Zustand antizipieren, der noch nicht eingetreten ist.

Exkurs zu den Rahmenbedingungen der Interviews

In den Gesprächen mit einem Grossteil der zweiten Generation aus dem ehemaligen Jugoslawien fällt auf, dass es den Interviewten wichtig ist, ihre Situation als „normal" aber trotzdem „anders", darzustellen. Diese zwei Tendenzen, die sich auf den ersten Blick zu widersprechen scheinen, sollen im Folgenden detaillierter ausgeführt werden:

- *„Wir sind eine ganz normale Familie"*: Ein Interviewpartner aus Serbien betont im Gespräch mehrmals, dass sie eine „ganz normale" Familie seien. Dass dies einer Interviewerin gegenüber betont wird, kann als Folge der Abwertungen der Migrantinnen und Migranten aus dem ehemaligen Jugoslawien gesehen werden: Personen dieser Herkunftsländer müssen immer wieder ihre „Normalität" herausstellen und sich von anderen Personen (aus einer anderen oder aus derselben Migrationsgruppe) abgrenzen, wie dies auch der erwähnte Interviewpartner im Nachgespräch tut, als er erwähnt, in Zürich gebe es eindeutig zu viele „nicht integrierte" Ausländerinnen und Ausländer. Auch Karrer (2002, S. 171) stellt in seiner Untersuchung zu interethnischen Beziehungen im Quartier Hard fest, dass bei bestimmten Interviewgruppen die Tendenz besteht, nach aussen ein möglichst positives Bild der Familie zu vermitteln.

- *„Wir"-„sie"-Konstruktionen eventuell verstärkt durch die Interviewsituation*: Die in den Interviews sichtbaren „Wir"-„sie"-Konstruktionen, die in den nachfolgenden Kapiteln detaillierter ausgeführt werden, sind möglicherweise durch das Interviewsetting verstärkt worden. Da die Interviews mit der zweiten Generation mehrheitlich von Interviewerinnen ohne Migrationshintergrund durchgeführt wurden, erachteten es mehrere Gesprächspartnerinnen und Gesprächspartner als notwendig, der Interviewerin bestimmte Dinge zu erklären („in Serbien ist das so", „wir Serben machen das so…"). Für Helfferich (2005, S. 111) steht fest, dass Fremdheit (Interviewerin ohne Migrationshintergrund, interviewte Person mit Migrationshintergrund) Explikation fördert und Nähe diese erübrigt.

„Also bei uns ist es eigentlich mehr so familiär, wissen Sie"

Bei den interviewten Personen bestehen in der Regel häufige, d.h. fast tägliche Kontakte zu den Eltern/Schwiegereltern. Die Koresidenz in zwei bzw. drei Fällen (bei einer Person wohnen die Eltern/Schwiegereltern im selben Haus, nicht aber in derselben Wohnung) trägt dazu bei, dass der Kontakt häufig ist. Aber auch bei den Personen, die nicht zusammenleben, sind die Kontakthäufigkeiten hoch (siehe Tabelle 30).

Tabelle 30: *Zweite Generation Serbien/Montenegro nach Häufigkeit der persönlichen Kontakte mit den Eltern*

IP-Nr.	täglich	mehrmals pro Woche	einmal pro Woche	zweimal im Monat
1		■		
2				■
3	■			
4	■			
5	■			
6	■			
7			■	

Das Zitat im Titel des Kapitels zeigt die Bedeutung des „Familiären" in der Wahrnehmung mehrerer Interviewpartnerinnen und Interviewpartner auf. „Familiär" bedeutet für die Befragten:

- Häufige Kontakte

- „Gute" Beziehung

- Das Erfahrungswissen der Eltern/Schwiegereltern schätzen: „Ein junger Mann muss eine eigene Meinung haben, aber die Meinung der Eltern ist auch gut" (Schwiegersohn, ehJ)

- Entscheidungen zusammen treffen: Die Tochter einer Interviewpartnerin betont im Gespräch zum Beispiel, dass in ihrer Familie

216

alles über ein „Riesenbudget" laufe (Enkeltochter[16], ehJ). Auch die Entscheidung zur Rückkehr der Eltern/Schwiegereltern kann eine Familienentscheidung sein: „Also bis ich die Lehre nicht fertig habe, geht niemand von denen von da weg. Die Grossmutter ist mein Koch" (Enkeltochter, ehJ). Interessant ist in diesem Zusammenhang auch die Verwendung des „Wir": „Aber wir haben den Schweizer Pass genommen [im Sinne von „beantragt"], damit sie [die Schwiegereltern] überall hin können" (Schwiegertochter, ehJ)

Dass die Beziehungen so positiv geschildert werden, erstaunt aufgrund der Tatsache, dass viele dieser Migrationsfamilien oft über Jahre oder sogar Jahrzehnte aufgrund der Migration der Eltern getrennt voneinander leben mussten. Gemäss bisherigen Erkenntnissen wäre zu erwarten gewesen, dass sich diese Trennungserfahrung negativ auf das aktuelle Erleben der Beziehung zwischen Eltern und Kindern auswirkt (vgl. Krüger, 1995), was jedoch erstaunlicherweise nicht der Fall ist oder zumindest in den Interviews nicht problematisiert wird. Möglicherweise hängt dieses Ergebnis mit der Tatsache zusammen, dass bei den Familien der befragten Personen aus Serbien die Migration in stärkerem Masse ein „Familienprojekt" darstellt als bei Personen, deren Kinder in der Schweiz aufgewachsen sind, wobei mit Familienprojekt gemeint ist, dass an den jeweiligen Migrationsprojekten nicht nur einzelne Personen, sondern auch deren Angehörige im Herkunfts- und Aufnahmeland beteiligt sind (vgl. Bundesministerium für Familie, Senioren, Frauen und Jugend, 2000a, S. 129).

Dass dieser enge Bezug zur Familie etwas ist, das die Interviewerin als unüblich empfinden könnte, zeigt sich in erklärenden Aussagen der Interviewpartnerinnen und Interviewpartner, wie z. B. in der folgenden: „Das ist vielleicht bei uns ganz anders...". Dieses „bei uns" kann Unterschiedliches heissen, z. B.:

- Bei uns in Serbien/Montenegro bzw. im ehemaligen Jugoslawien

- Bei uns serbischen Migrantinnen und Migranten in der Schweiz

---

16 Ein Interview fand im Beisein der 15-jährigen Tochter dieser Frau statt. Diese bringt ihre Meinung mehrmals ins Gespräch ein. Einzelne Zitate dieser 15-Jährigen sind in dieser Arbeit abgedruckt. Diese Zitate werden mit der Bezeichnung „Enkeltochter" kenntlich gemacht.

– Bei uns, den Personen aus dem ehemaligen Jugoslawien, die in der Schweiz leben

In den Gesprächen bleibt zum Teil offen, auf was sich das „uns" bezieht, zum Teil wird aber auch klar gesagt „wir Serben" oder „wir Jugoslawen". Die Aussage „anders als" bedeutet, dass von den Befragten ein Unterschied zwischen zwei Denk- und Handlungsweisen gemacht wird: In der Wortwahl der Interviewten handelt es sich um eine unterschiedliche „Mentalität", ein Wort, das von den Interviewenden im Gespräch nicht gebraucht, aber von den Gesprächspartnerinnen und Gesprächspartnern selbst eingebracht wurde.

Während es bei einigen Befragten die Aussage „das ist einfach *unsere* Mentalität" (Tochter, Serbien) gibt, wird in einem Interview sichtbar, dass die Interviewpartnerin selbst nicht mehr diese „Mentalität" hat, aber dass ihre Eltern diese noch haben „das ist *ihre* Mentalität" (Tochter, Serbien). In diesem Fall handelt es sich um eine Befragte, die hier in der Schweiz geboren und aufgewachsen ist.

Zusammengefasst kann bei den Befragten von einer engen Beziehung zwischen Kindern und Eltern/Schwiegereltern ausgegangen werden, die sich in gemeinsamen Entscheidungen, Koresidenz und einer gemeinsamen „Wir"-Konstruktion zeigt, bei der die Befragten von einer Andersartigkeit des „Wir" im Vergleich zur „Mentalität" in der Schweiz ausgehen. Diese „Wir"-Konstruktionen werden im Kapitel zu den Zukunftsvorstellungen („Was tun, wenn es zu Hause nicht mehr alleine geht?") nochmals aufgenommen, da sie dort erneut präsent sind.

„Der Grosselternservice"

In den Interviews mit der zweiten Generation aus dem ehemaligen Jugoslawien fallen die umfangreichen Unterstützungsleistungen zwischen den Befragten und ihren Eltern bzw. Schwiegereltern auf. Sichtbar wird, dass im Gegensatz zur befragten zweiten Generation Italien bei den interviewten Personen aus Serbien in der Regel keine administrative Unterstützung für die Eltern/Schwiegereltern geleistet wird. Dies hängt unter Umständen mit dem bereits erwähnten „Migrationsvorsprung" der Eltern zusammen. Wenn administrative Unterstützung zwischen den Generationen vorkommt, dann eher in entgegen gesetzter Richtung (die erste Generation unterstützt die zweite Generation). Unterstützungsleistungen erfolgen aber generell in beide Richtungen (von den Eltern zu den Kindern und umgekehrt): „Also man hilft sich gegenseitig, überall, wo man kann" (Tochter, ehJ).

Eine besonders hohe Bedeutung hat jedoch die Enkelkinderbetreuung, welche die erste Generation für die zweite Generation leistet. Dieser Unterstützungsbereich soll deshalb in den folgenden Zeilen detaillierter ausgeführt werden.

Bei der Mehrheit der interviewten Personen übernehmen die Eltern/Schwiegereltern einen grossen Anteil der Enkelkinderbetreuung, zum Teil täglich. Eine Enkeltochter erzählt in einem Gespräch: „Anstatt Hort hat sie [die Grossmutter] einfach auf uns aufgepasst" (Enkeltochter, ehJ). Die Betreuung durch die Grosseltern erlaubt es den Interviewpartnerinnen und Interviewpartnern, einer Erwerbstätigkeit nachzugehen, während ihre Kinder von den Grosseltern betreut werden. Bei den koresidenten Familien wird die Kinderbetreuung arbeitsteilig organisiert. So erzählt eine Tochter, dass ihre Schwiegermutter früher jeweils bis vier Uhr nachmittags gearbeitet habe und sie selber dann ab vier Uhr und am Wochenende ihrer Erwerbstätigkeit nachging. Jetzt, da die Schwiegermutter nicht mehr erwerbstätig ist, ist die Organisation einfacher: „Wenn ich wütend werde, dann sage ich der Schwiegermutter: ‚Nimmst du die Kinder? Ich kann nicht mehr.' Dann beruhigt sie [die Kinder] und spricht. Sie hat die Nerven mit den Enkeln" (Schwiegertochter, ehJ).

Die Grosseltern holen die Enkelkinder von der Schule ab, kochen für sie und erledigen weitere Betreuungsaufgaben. Die 15-jährige Tochter einer Interviewpartnerin, die mit den Grosseltern und den Eltern zusammen in einer Fünfeinhalbzimmerwohnung lebt, bezeichnet die Grossmutter als ihren Koch „[...] Sie [die Grossmutter] weiss eben genau, was ich will. Ich sage nicht, dass sie [die Mutter] es nicht kann, aber das Grossmami hat mich halt aufgezogen" (Enkeltochter, ehJ).

Die Eltern/Schwiegereltern übernehmen vielfach das Kochen für die ganze Familie, was von den Interviewpartnerinnen und Interviewpartnern als sehr positiv hervorgehoben wird: „Wenn du nach Hause kommst, wartet die Mutter mit dem fertig zubereiteten Mittagessen" (Sohn, ehJ).

Eine allein erziehende Interviewpartnerin, die eine zehnjährige Tochter hat, wählte bewusst eine Wohnung in der Nähe der Wohnung ihrer Eltern, damit die Unterstützungsbeziehungen in beide Richtungen vereinfacht werden: „Also wenn ich am Arbeiten bin, dann ist der Grossvater immer hier unterwegs. Abholen, bringen, abholen" (Tochter, ehJ). In einem anderen Gespräch wird die Bedeutung der Wohnnähe ebenfalls deutlich: Die Familie zieht demnächst aus der bisherigen Wohnung (die in unmittelbarer Nähe der Wohnung der Schwiegereltern liegt) aus und bezieht eine Wohnung, die zu Fuss immer noch lediglich wenige Minuten von den Schwiegereltern entfernt liegt. Für die Schwiegereltern hat dieser Wohnungswechsel die Konnotation „sie verlassen uns".

Was tun, wenn es zu Hause nicht mehr alleine geht?

Bei keiner der interviewten Personen sind die Eltern bzw. Schwiegereltern bereits pflegebedürftig. Die Aussagen der Interviewpartnerinnen und Interviewpartner beziehen sich deshalb wieder, wie bei den Gesprächen mit den Bezugspersonen Italien, auf die Zukunftsvorstellungen der Interviewten. Es gibt bei den interviewten Personen zwei unterschiedliche potentielle Umgangsweisen mit einer möglichen Pflegebedürftigkeit der Eltern/Schwiegereltern; es sind dies die folgenden:

– Eine stationäre Betreuung kommt nicht in Frage
– Eine stationäre Betreuung stellt eine Option dar

Diese beiden Umgangsweisen werden in den folgenden Abschnitten detailliert dargestellt.

„Ich möchte die Eltern nicht in einem Altersheim verrotten lassen"
In den Interviews mit den Personen, die sich eine stationäre Betreuung nicht vorstellen können, findet sich wiederum eine Identifizierung mit den Handlungsweisen des „Wir" in Abgrenzung zu den Handlungsweisen der „Schweizer" (siehe Tabelle 31).

Tabelle 31: „*Wir*" *und* „*die Schweizer*"*: Die Konstruktion einer Differenz in Bezug auf Denk- und Handlungsweisen zu Formen der Altersbetreuung*

„*Wir*" „*sie*" *[die Eltern]*	„*die Schweizer*"
„Bei uns besteht die Option, dass wir uns um die alten Leute und unsere Eltern kümmern, so lange das möglich ist, sozusagen fast bis zum letzten Tag. Bis sie sterben" (Tochter, ehJ)	„Sie [die Schweizer] machen da kurzen Prozess, ins Altersheim und fertig" (Sohn, ehJ)
Diejenigen, die keine Familie haben, müssen ins Altersheim: „Es gibt Leute, die dorthin gehen müssen. Aber [nur], wenn sie keine Familie haben, um zu pflegen und so zu geben" (Schwiegertochter, ehJ)	Auch diejenigen, die eine Familie haben, müssen ins Altersheim
„Das macht einen sehr schlechten Ruf in der Familie, wenn einer im Altersheim landet" (Enkeltochter, ehJ)	
„Das Altersheim, das ist für sie [die Eltern], als ob man sie abschieben würde" (Tochter, ehJ)	
Man wird zu Hause alt: „Ja, von der Mentalität her kommt das nicht in Frage. Sondern sie bleiben lieber zu Hause, bis… bis zum Tode, oder. Also nicht ein Heim. Das ist für sie das Schlimmste" (Tochter, ehJ)	
„Also man hilft sich gegenseitig, überall, wo man kann" (Tochter, ehJ)	

Die Interviewten, die sich eine stationäre Betreuung nicht vorstellen können, identifizieren sich mit demselben „Wir" wie ihre Eltern. Nur bei einer Interviewpartnerin, die in der Schweiz aufgewachsen ist, wird das „Wir" zum „sie", d.h. es erfolgt eine Abgrenzung ihres eigenen Denkens vom Denken ihrer Eltern: Die Eltern dieser Interviewpartnerin haben bereits explizit erwähnt, dass eine stationäre Betreuung für sie nicht in Frage kommt. Während die Interviewpartnerin sich ein Altersheim vorstellen könnte und die Eltern darauf aufmerksam macht, dass stationäre Einrichtungen in der Schweiz anders seien als am Herkunftsort der Eltern, halten diese an ihrer Meinung fest: „Das ist einfach festgefahren" (Tochter, ehJ).

In den Interviews spielt das Thema der Reziprozität eine zentrale Rolle. Da u.a. die Eltern/Schwiegereltern im Moment einen hohen Beitrag zur Erziehung und Betreuung der Enkelkinder leisten, ist es für die Interviewten selbstverständlich, dass sie ihre Eltern so weit als möglich bei einer Pflegebedürftigkeit unterstützen werden:

> Man muss auch noch ein wenig Respekt zeigen... du bist jahrelang unterstützt worden von jemandem und letztendlich, wenn du von dir selber etwas geben musst, dann möchtest du das plötzlich nicht mehr. Nein, das geht nicht (Tochter, ehJ).

Neben den Vorstellungen, wie es „bei uns" läuft, und den Reziprozitätsüberlegungen sind auch konkrete Erfahrungen mit Alters- und Pflegeheimen im Herkunftsland beziehungsweise negative Bilder, die von diesen Institutionen bestehen, ausschlaggebend für die Ablehnung einer stationären Betreuungsform: „Und psychisch bist du nachher noch kränker. Weil du weißt, dass du nie mehr gesund raus kommst. Einfach nur die Erde" (Schwiegertochter, ehJ).

Die interviewten Personen, die eine stationäre Betreuung ablehnen, können sich folgende Szenarien vorstellen:

– *Familiäre Betreuung*: Die Interviewten kümmern sich um ihre Eltern/Schwiegereltern. Die Unterstützung wird mit Geschwistern organisiert und aufgeteilt.

– *Familiäre Betreuung kombiniert mit externer Unterstützung*: Falls aufgrund der Rahmenbedingungen (eigene Erwerbstätigkeit u.a.) eine ausschliesslich familiäre Pflege nicht möglich sein sollte, ist für die Interviewten denkbar, dass sie externe Unterstützung als zusätzliche Möglichkeit hinzuziehen: „Ich kann nicht irgendwie... ich weiss nicht, meine Eltern irgendwo in einem Altersheim sozusagen, ich weiss nicht,... es klingt vielleicht hart, so ‚verrotten' lassen. Nein, nein, nein. Dann eher jemanden, der... ich weiss es nicht... der mir vielleicht noch zusätzlich helfen würde" (Tochter, ehJ).

– *24h-Betreuung zu Hause durch „illegale Arbeitskräfte aus dem Osten"*: Dieses Pflegearrangement wird bereits praktiziert, zwar nicht von den befragten Interviewpartnerinnen und Interviewpartnern, aber von Bekannten der Befragten: „Ich merke, unsere Leute bringen jetzt Leute aus dem Ausland" (Schwiegertochter, ehJ). Den Vorteil sehen die Interviewten darin, dass die Eltern/Schwiegereltern zu Hause bleiben können und die zweite Generation die eigene Erwerbstätigkeit nicht aufgeben muss bzw. von der Aufgabe einer pflegerischen Betreuung verschont bleibt: „Und ich finde auch das nicht so lustig, oder. Du musst Essen geben und die Kleider wechseln... einfach alles machen und helfen. Und das... eben. Oder lachen, reden oder freundlich sein, oder. Eben, sie sind wie Kinder, irgendwie so" (Schwiegertochter, ehJ). Die Option der 24h-Betreuung durch bezahlte Pflegende scheint eine Betreuungsform zu sein, die zwar nicht der „Mentalität" entspricht, aber unter Migrationsbedingungen trotzdem vertretbar scheint, denn sie wird von Personen praktiziert, die „unser System vertreten". Aus der Sicht einer Interviewpartnerin wären damit alle zufrieden: die pflegebedürftigen älteren Menschen, da sie nicht in ein Alters- oder Pflegeheim eingewiesen werden, ebenso wie die Bezugspersonen, da sie den Eltern ein „Leben zu Hause" ermöglichen und unter den bestehenden Rahmenbedingungen in der Migration dies eine mögliche Betreuungsform darstellt.

„Ich habe auch meine Grenzen"
Während für die einen Interviewpartnerinnen und Interviewpartner eine stationäre Betreuung unter keinen Umständen in Frage kommt, könnten sich andere Personen diese Art der Betreuung für ihre Eltern/Schwiegereltern vorstellen: „Ja, vielleicht kommt das Altersheim in Frage... also falls sie senil werden sollte, nicht mehr weiss, was sie macht. Verstehst du, das ist [...] wir sind keine medizinischen Angestellten" (Sohn, ehJ). Hier werden die Grenzen der familiären Betreuung in der medizinischen Betreuung gesehen. Ein anderer Interviewpartner sieht Einschränkungen in zeitlicher Hinsicht, da er durch seine Arbeit limitierte zeitliche Ressourcen hat: „Ich habe auch meine Arbeit und... aber ich kann nicht den ganzen Tag neben ihnen [den Schwiegereltern] bleiben" (Schwiegersohn, ehJ). „Vielleicht müssen sie irgendwo in ein Alters- oder Pflegeheim... das ist... ich helfe gerne. Aber ich habe auch Grenzen" (Schwiegersohn, ehJ).

Die Personen, die sich eine Betreuung im Alters- und Pflegeheim vorstellen könnten, haben zum Teil indirekte Erfahrungen mit familiärer Betreuung gemacht: In einem Fall betreute die Mutter des Interviewpartners ihre eigene Mutter ca. zehn Jahre lang. Der Interviewpartner beurteilt die Situation als negativ: „Man musste sich 24 Stunden am Tag um sie [die Grossmutter] kümmern. Meine Mutter konnte nirgends hingehen" (Sohn, ehJ). Im anderen Fall kümmerte sich die Schwester des Interviewpartners jahrelang um die Schwiegermutter, was als eine Situation bewertet wird, die für die Schwester schwierig war. Es ist möglich, dass diese Erfahrungen dazu geführt haben, ein Alters- oder Pflegeheim als Betreuungsform in Betracht zu ziehen.

Eine Interviewpartnerin würde ihre Eltern gerne unterstützen, aufgrund ihrer eigenen schlechten Gesundheit wird es für sie aber unter keinen Umständen möglich sein, Pflege zu übernehmen.

Von dieser Gruppe von Interviewten wird ausserdem betont, dass man Entscheidungen fälle, wenn die Situation ansteht: „Wenn etwas passieren sollte, in dem Moment überlegst du..." (Sohn, ehJ). Die konkreten Unterstützungsmöglichkeiten hängen nach Meinung dieses Interviewten hauptsächlich davon ab, in welcher Lebenssituation man sich zum Zeitpunkt des Unterstützungsbedarfs der Eltern selber gerade befindet.

5. Diskussion

Die Ergebnisse der Interviews mit den Betroffenen zeigen, dass es *die* Migrantinnen und Migranten aus Italien ebenso wenig gibt wie *die* Migrantinnen und Migranten aus dem ehemaligen Jugoslawien. Je nach Art der Migration, des Migrationszeitpunktes, des transnationalen Bezugsrahmens und der Lebenssituation bestehen von Seiten der älteren Personen unterschiedliche Vorstellungen in Bezug auf das Älterwerden und eine mögliche Pflegebedürftigkeit. Ebenso gibt es keine einheitlichen Vorstellungen der zweiten Generation, wie mit einer Unterstützungsbedürftigkeit der Eltern umgegangen würde. Dieses Ergebnis stimmt mit bisherigen Studien überein (z. B. Dietzel-Papakyriakou, 2001, S. 79).

Trotz der erwähnten Heterogenität sind Gemeinsamkeiten sichtbar. Im Folgenden werden die Ergebnisse, die in Kapitel 4 vorgestellt wurden, in Bezug auf die eingangs formulierten Fragestellungen diskutiert. Zudem sollen erste Thesen formuliert werden.

Das Kapitel gliedert sich in vier Teile. In einem ersten Unterkapitel 5.1 wird der Frage nach der Anzahl von älteren Migrantinnen und Migranten und der zahlenmässigen Entwicklung nachgegangen und eine Prognose bezüglich der Pflegebedürftigkeit dieser Personen gewagt. 5.2 widmet sich drei Kernthemen, die für die Lebensphase „Alter" für die Zielgruppe von Bedeutung sein könnten. In Unterkapitel 5.3 wird das familiäre Unterstützungspotential diskutiert, und 5.4 geht auf die Frage nach dem Bedarf an ausserfamiliärer Unterstützung ein.

5.1 Prognose zur Anzahl pflegebedürftiger Migrantinnen und Migranten

Die folgenden Überlegungen stützen sich auf drei verschiedene Quellen. Es sind dies:

– Die Expertengespräche, die im ersten Teil der Studie geführt wurden

– Die Auswertung der Volkszählungsdaten 1990 und 2000

– Weitere statistische Daten zur gesamtschweizerischen Situation

Die Anzahl der älteren ausländischen Personen aus Italien und dem ehemaligen Jugoslawien, die in der Stadt Zürich wohnhaft sind, ist von 1990 bis 2000 gestiegen. Im Vergleich zu den Schweizerinnen und Schweizern sind bei den zwei erwähnten Migrationsgruppen aber noch eher die jüngeren Personen vertreten.

Das Phänomen, dass die Anzahl der älteren Migrantinnen und Migranten steigt, zeigt sich auch in anderen Ländern (für die Entwicklung in Deutschland siehe z. B. Adolph, 2001, o. S.). Worauf ist diese Entwicklung zurückzuführen?

Die Migrantinnen und Migranten, die in den 1950er bis 1970er Jahren mehrheitlich als so genannte „Gastarbeiterinnen" und „Gastarbeiter" in die Schweiz eingewandert sind, erreichen nun das Rentenalter. Obschon zum Migrationszeitpunkt nur ein kurzer Aufenthalt geplant war (von der Seite des Aufnahmelandes wie auch seitens der Migrantinnen und Migranten), ist die Migration dauerhaft geworden. Eine Rückkehr ins Herkunftsland wird im Rentenalter nur noch von wenigen Personen umgesetzt. Die vielfach diskutierte „Drei-Drittel-Regel" (ein Drittel bleibt im Herkunftsland, ein Drittel pendelt[1], ein Drittel geht zurück) stimmt gemäss den meisten Aussagen der Expertinnen und Experten zufolge nicht mehr. Generell scheint im Moment und in Zukunft mehr als ein Drittel der Migrantinnen und Migranten das Alter in der Schweiz zu verbringen, dies gilt vor allem für Personen aus Italien. Bei Menschen aus Serbien/Montenegro könnte die Drei-Drittel-Regel laut Einschätzungen der Expertinnen und Experten

---

1 In bisherigen Untersuchungen bleibt die Definition des Pendelns eher unscharf.

noch eher zutreffen. Auch Zahlen des Bundesamtes für Statistik[2] für die Jahre 1991 bis 2005 zu Auswanderungen bestätigen die Annahmen der Expertinnen und Experten. Die Mehrheit der auswandernden Personen mit italienischer Staatsangehörigkeit kehrt im Alter zwischen 20 und 64 zurück. Im Jahre 2005 sind 69.2% aller italienischen Rückwanderer zwischen 20 und 64. Ab dem Alter 65 kehren deutlich weniger Personen in ihr Herkunftsland zurück, d.h. im Jahre 2005 sind es nur noch 15.6% aller Rückwandernden mit italienischer Nationalität. Über die Zeitspanne von 1991 bis 2005 zeigt sich eine leichte Erhöhung der Prozentzahl der Personen, die erst ab 65 in ihr Herkunftsland zurückkehren (der Prozentwert für das Jahr 1991 lag bei 6.5%). Bei den Personen mit Nationalität Serbien/Montenegro zeigt sich für die Jahre 1999 bis 2005 ein ähnliches Bild. Es wandern auch hier vor allem Personen ins Herkunftsland zurück, die jünger als 65 sind. Die Rückwanderung im Rentenalter bleibt eine Ausnahme. Ähnliche Prognosen bezüglich einer Rückkehr der älteren Migrantinnen und Migranten in ihr Herkunftsland finden sich auch für Deutschland (Schopf & Naegele, 2005, S. 385). Schopf und Naegele (ebd., S. 385) zitieren Befragungen, nach welchen über die Hälfte der in Deutschland lebenden Ausländerinnen und Ausländer über 65 dauerhaft in Deutschland bleiben möchten.

Ein Anstieg der Anzahl älterer Migrantinnen und Migranten durch neu zugewanderte Personen (im Rahmen von Familiennachzug u.a.) ist den befragten Expertinnen und Experten zufolge als gering einzuschätzen, vor allem bei der Gruppe Serbien/Montenegro, bei welcher ein Familiennachzug nur in Ausnahmefällen zu erwarten ist.[3]

---

2   Eigene Berechnungen aufgrund einer Tabelle des Bundesamtes für Statistik. *Quelle*: Bundesamt für Statistik: Auswanderung der ständigen ausländischen Wohnbevölkerung nach detaillierter Staatsangehörigkeit, Geschlecht und Alter, 1991–2005. Tabelle petra-T12-08 (abgerufen am 13.6.2008 über das statistische Lexikon der Schweiz: <http://www.bfs.admin.ch/bfs/portal/de/index/infothek/lexikon.html>).

3   Das Freizügigkeitsabkommen, welches Nichterwerbstätigen (z. B. Rentnerinnen und Rentnern) ein Aufenthaltsrecht gewährt, gilt nur für die EU-/EFTA-Mitgliedstaaten.

Gesamtschweizerische Zahlen des Bundesamtes für Statistik[4] zeigen, dass diese Vermutung der Expertinnen und Experten wahrscheinlich zutrifft. Von allen im Jahre 2005 zugewanderten Personen italienischer Nationalität sind nur 4.3% 65-jährig oder älter. Von 1991 bis einschliesslich 2005 zeigt sich eine leichte Erhöhung dieser Zahl (von 2.5 auf 4.3%). Bei Personen mit serbischer Staatsangehörigkeit ist der Anteil der im Alter einwandernden Personen gemäss den eben erwähnten statistischen Daten noch kleiner. Im Jahre 2005 waren nur 0.6% aller serbischen Einwanderinnen und Einwanderer im Alter von 65+.

Denkbar ist jedoch, dass Personen, die erst im Alter zu ihren Familienangehörigen in die Schweiz kommen, als „Touristen" in die Schweiz reisen und somit nicht in den Statistiken erscheinen.

Es stellt sich die Frage, ob bei älteren Migrantinnen und Migranten mit einer höheren Pflegebedürftigkeit zu rechnen ist als bei den Einheimischen, wobei Pflegebedürftigkeit in Anlehnung an Höpflinger und Hugentobler (2004, S. 33) definiert wird als Unfähigkeit, „selbstständig alltägliche Aktivitäten zu verrichten, wie sich an- und auskleiden, zu Bett gehen oder sich waschen." Im Rahmen des empirischen Teils dieser Arbeit ist keine Aussage zu dieser Frage möglich, da die interviewten Personen noch nicht pflegebedürftig sind. Bisherigen Studien zufolge kann aber davon ausgegangen werden, dass Migrantinnen und Migranten einen schlechteren Gesundheitszustand[5] haben als Schweizerinnen und Schweizer; dies insbesondere aufgrund „krankmachender Lebensumstände" (Lanfranchi, 2002, S. 88). „Arbeitsmigrantinnen" und „Arbeitsmigranten" tragen ein erhöhtes Erkrankungsrisiko, da sie am Anfang oder während der ganzen Migrationszeit meist schwere körperliche und gesundheitsschädigende Arbeit geleistet haben (vgl. Bundesministerium für Familie, Senioren, Frauen und Jugend, 2000a, S. 195; Schopf & Naegele, 2005, S. 391).

---

4   Eigene Berechnungen aufgrund einer Tabelle des Bundesamtes für Statistik. *Quelle*: Bundesamt für Statistik: Einwanderung der ständigen ausländischen Wohnbevölkerung nach detaillierter Staatsangehörigkeit, Geschlecht und Alter, 1991–2005. Tabelle petra-T-12-07 (abgerufen am 13.6.2008 über das statistische Lexikon der Schweiz: <http://www.bfs.admin.ch/bfs/portal/de/index/infothek/lexikon.html>).

5   Informationen zur gesundheitlichen Lage der Migrationsbevölkerung liefert z. B. das Gesundheitsmonitoring der schweizerischen Migrationsbevölkerung (GMM) (vgl. Eckert, Rommel & Weilandt, 2006, S. 15).

Es kann vermutet werden, dass ältere Migrantinnen und Migranten aufgrund ihres schlechteren Gesundheitszustandes früher und häufiger pflegebedürftig werden als die einheimische Bevölkerung.

Es ist davon auszugehen, dass die Anzahl der älteren Migrantinnen und Migranten aus Italien und dem ehemaligen Jugoslawien auch in den nächsten Jahren zunimmt und diese Klientengruppe aufgrund der zu erwartenden höheren Pflegebedürftigkeit für die Altershilfe bedeutsamer werden wird.

5.2 Biographie und Lebenssituation

In Bezug auf die Lebenssituation der älteren Migrantinnen und Migranten waren folgende Fragen in der Untersuchung von Bedeutung:
–   Welches sind zentrale Themen in der Biographie und der momentanen Lebenssituation der älteren Migrantinnen und Migranten?
–   Lassen sich Kernthemen ausmachen, die für die Lebensphase „Alter" bestimmend sein könnten?

In den folgenden Unterkapiteln werden drei Kernthemen diskutiert, die insbesondere in den Interviews mit den älteren Migrantinnen und Migranten, aber auch über die Gespräche mit der zweiten Generation als Schlüsselthemen herauskristallisiert werden konnten. Es ist dies erstens die subjektive Bedeutung, welche die älteren Migrantinnen und Migranten ihren *Anpassungsleistungen* zuschreiben. Zweitens werden die *Sprachkenntnisse* der älteren Personen thematisiert, und drittens werden die „*transnationalen Bezugspunkte*" als wichtiges Element beschrieben, welches das Denken und Handeln in Bezug auf das Alter prägt.

5.2.1 Identitätskonstruktionen

Sowohl bei den älteren Personen aus Italien als auch bei den Interviewten aus dem ehemaligen Jugoslawien zeigen sich ähnliche Identitätskonstruktionen, in welchen die Anpassungsleistung besonders hervorgehoben und die eigene Identität in Abgrenzung zu den „anderen" konstruiert wird.

Tabelle 32 und Tabelle 33 zeigen die Konstruktionen im Sinne von „Wir"[6] und „die anderen" der älteren Migrantinnen und Migranten aus Italien bzw. aus dem ehemaligen Jugoslawien auf. Dabei dient das Schema, das Wimmer (2003, S. 217) und Karrer (2002, S. 146) in ihren Untersuchungen zu den Beziehungen zwischen Alteingesessenen und Neuzuziehenden[7] in Quartieren verschiedener Schweizer Städte erarbeiten, als Ausgangspunkt. Das erwähnte Schema unterscheidet zwischen „normativen Dichotomien" und „Gruppenklassifikationen", wobei mit normativen Dichotomien „grundlegende normative Oppositionspaare" (Wimmer, 2003, S. 217) gemeint sind und unter Gruppenklassifikation die „Dichotomien, die bei der Kategorisierung von Gruppen ins Spiel kommen" (ebd.), verstanden werden.

Bei den Italienerinnen und Italienern scheinen Angepasstsein, Bescheidenheit und Dankbarkeit wichtige Charakteristika der „Wir"-Konstruktion zu sein (siehe Tabelle 32). Dies hat wahrscheinlich damit zu tun, dass die Italienerinnen und Italiener seit ihrer Ankunft in der Schweiz eine Image-Aufwertung erfahren haben.

---

6   Das „Wir" ist ein Ideal, das es in der Realität nicht oder nur annähernd gibt.

7   Die Überlegungen von Karrer (2002) und Wimmer (2003) stehen in Bezug zu einer in den 1960er Jahren durchgeführten Untersuchung von Elias und Scotson (1990), in welcher die beiden Forschenden in einer englischen Vorortgemeinde die Beziehungen zwischen den „Etablierten" (d.h. den lang Ansässigen) und den „Aussenseitern" (d.h. den neu in die Gemeinde Zugezogenen) analysierten.

Tabelle 32: „Wir" und „die anderen": Schema für die Gruppe der älteren Migran-
tinnen und Migranten aus Italien

Normative Dichotomien	
angepasst	unangepasst
bescheiden/anspruchslos	fordernd
dankbar	undankbar
befolgen die Regeln	befolgen die Regeln nicht
waren/sind nicht vom Staat abhängig	waren/sind vom Staat abhängig
wurden/werden respektiert	wurden/werden nicht respektiert
beklagen sich nicht „man soll nie in den Teller spucken, aus dem man isst"	beklagen sich über alles
sind/waren fleissig, haben harte Arbeit geleistet	sind faul
sauber	unsauber
haben Diskriminierung erfahren, beklagen sich aber nicht darüber	haben Diskriminierung erfahren, beklagen sich darüber
haben erfolgreiche Kinder	haben keine erfolgreichen Kinder
Gruppenklassifikation	
„Wir"	„die anderen"
Die „Vorzeigemigrantinnen" und „Vorzeigemigranten"	Die „Nicht-Vorzeigemigrantinnen" und „Nicht-Vorzeigemigranten": - Italienerinnen und Italiener, die sich nicht so verhalten wie die „Vorzeigemigrantinnen" und „Vorzeigemigranten" - „Ausländerinnen" und „Ausländer" (vor allem Personen aus dem ehemaligen Jugoslawien u. „Schwarze")
Die Mehrheit der Schweizerinnen und Schweizer	Schweizerinnen und Schweizer, die sich nicht an die Regeln halten (Ausnahme)

Quelle: Die Darstellung wurde in Anlehnung an Wimmer (2003, S. 217) konzipiert

Die Interviewten sind sich dessen sehr wohl bewusst. Ein Gesprächspartner benennt im Interview die „soziologischen Ursachen":

> Jetzt sind wir die Besten geworden [in Bezug auf andere Ausländer]. Ich denke
> nicht [dass wir die Besten sind], aber wir sind zumindest die, die von den Leuten
> am meisten geschätzt werden.... Na ja, na ja. Es mussten die Schlimmeren kom-
> men, damit wir besser valorisiert würden sozusagen (älterer Migrant, Norditalien).

Diesen neu erworbenen Status möchten die Interviewpartnerinnen und Interviewpartner nicht mehr einfach abtreten. Dies erklärt möglicherweise auch, weshalb in den Gesprächen das Angepasstsein besonders hervorgehoben wird und die eigene Identität durch Abgrenzung von anderen Gruppen gestärkt wird. Die „Valorisierung" der Italienerinnen und Italiener zeigt auch Wimmer (2003, S. 215 f.) auf, indem er die italienischen und spanischen Migrantinnen und Migranten zu den „Etablierten" zählt, „... denn sie fügen sich in die Welt der ‚Geordneten' und ‚Anständigen' ein."

Die Abgrenzung von denjenigen Migrantinnen und Migranten, die sich nicht angepasst haben, erfolgt nach Meinung von Karrer (2002, S. 144), weil durch die neuen Zuwanderer die eigenen Anpassungsleistungen, die viele Entbehrungen gekostet haben, in Frage gestellt werden, wenn man mit den Neuzuwanderern in einen Topf geworfen wird.

Bei den Migrantinnen und Migranten aus dem ehemaligen Jugoslawien zeigen sich die Dichotomien aufgrund der Heterogenität der interviewten Gruppe (in Bezug auf Migrationszeitpunkt, Migrationsgründe u.a.) nicht so prägnant wie bei den Italienerinnen und Italienern (siehe Tabelle 33). Hauptdichotomie scheint bei dieser Gruppe das Paar gebildet/ungebildet zu sein. Mit diesem Gegensatz grenzen sich die Interviewpartnerinnen und Interviewpartner zum Teil von anderen Migrantengruppen ab, die später eingewandert sind (die „Bauern"), denn diese Gruppen bedrohen den eigenen Status, wie auch Karrer (2002) in seiner Untersuchung beschreibt.

Tabelle 33: *„Wir" und „die anderen": Schema für die Gruppe der älteren Migrantin-*
nen und Migranten aus dem ehemaligen Jugoslawien

Normative Dichotomien	
gebildet	ungebildet
Legalität	Illegalität
migriert aus „Abenteuerlust" oder aus politischen Gründen	Migration aus wirtschaftlicher Notwendigkeit
korrekt, ehrlich, anständig	unkorrekt, unehrlich, unanständig
integriert/angepasst	nicht integriert / nicht angepasst
„normale" Menschen	„Wilde"
arbeiten (gerne)	arbeiten nicht (gerne)
haben „Kultur"	haben keine „Kultur"
Gruppenklassifikation	
„Ich"/"Wir"	„die anderen
	- „Die Albaner" - Andere „Ausländerinnen" und „Ausländer" (z. B. „Schwarze") - Andere Personen aus dem ehemaligen Jugoslawien

Quelle: Die Darstellung wurde in Anlehnung an Wimmer (2003, S. 217) konzipiert.

Zusammenfassend kann gesagt werden, dass die älteren Migrantinnen und Migranten ihre eigene Position in der Aufnahmegesellschaft definieren und immer wieder verteidigen müssen. Dieser konstante Prozess der Auseinandersetzung mit dem Eigenen und dem Fremden hat eine zentrale Bedeutung im Leben von Migrantinnen und Migranten generell, aber insbesondere auch für die Gruppe der älteren Personen, die bereits eine längere Migrationsgeschichte der Anpassung, Ausgrenzung und Abgrenzung erlebt haben. Während bei den Italienerinnen und Italienern insbesondere die Betonung der eigenen Anpassungsleistung auffällt, ist bei Migrantinnen und Migranten aus dem ehemaligen Jugoslawien die Statusabwertung etwas, womit sich diese Gruppe auseinander setzen muss. Das bei Migrationsbeginn gute Ansehen, welches Migrantinnen und Migranten aus dem ehemaligen Jugoslawien genossen („Wir wurden in der Schweiz wie Götter empfangen" (älterer Migrant, ehJ)), schlug um in einen schlechten Ruf dieser Bevölkerungsgruppe, der in der Publikation von Mikic und Sommer (2003) bereits im Titel („als Serbe warst du plötzlich nichts mehr wert") sichtbar wird.

Für ältere Migrantinnen und Migranten hat die Anerkennung der Anpassungsleistungen, die sie während der gesamten Migrationszeit erbracht haben, eine hohe Bedeutung. Der Wertschätzung dieser Leistungen könnte deshalb in der Altersbetreuung eine grosse Bedeutung zukommen, insbesondere bei Personen, die schon seit mehreren Jahrzehnten in der Schweiz leben.

Exkurs: Sozialintegration aus unterschiedlicher Perspektive

Die Betonung der „Anpassungsleistungen" erfolgt insbesondere bei den italienischen Migrantinnen und Migranten, die damals als „Gastarbeiterinnen" und „Gastarbeiter" in die Schweiz eingereist sind. Der Aspekt der Fremd- und Selbstwahrnehmung der „Sozialintegration" (Esser, 2001, 2006) soll im Folgenden ausführlicher diskutiert werden. In den Interviews mit den Expertinnen und Experten, den älteren Migrantinnen und Migranten und der zweiten Generation zeigt sich nämlich, dass bei den Befragten unterschiedliche Konzepte und Wahrnehmungen diesbezüglich vorhanden sind. Ausserdem zeigen sich verschiedene Bewertungen dieser „Integration". Tabelle 34 zeigt auf, zu welchen Grundprozessen der Sozialintegration nach Esser (2001, 2006) in den Gesprächen mit den älteren Migrantinnen und Migranten bzw. den Expertinnen und Experten aus dem Altersbereich[8] Aussagen gemacht werden und wie die einzelnen Ebenen von den entsprechenden Interviewgruppen bewertet werden.

---

8   Die Sichtweise der Expertinnen und Experten, die selbsr zur Gruppe der Migrantinnen und Migranten gehören, wurde nicht einbezogen, da hier insbesondere die Sicht der „Einheimischen" interessiert.

234

Tabelle 34: *Sozialintegration aus Sicht der älteren Migrantinnen und Migranten, der Expertinnen und Experten und im Spiegel der Volkszählungsdaten*

Grundprozesse der individuellen Sozialintegration	*Erwähnung und Bewertung der jeweiligen Ebene durch...*		*Auswertung der Volkszählungsdaten*
	...ältere Migrantinnen und Migranten	*...Expertinnen und Experten aus dem Altersbereich*	
Kulturation bezogen auf ethnische Gruppe			
Kulturation bezogen auf Aufnahmegesellschaft	(+) „Anpassung" in Bezug auf zentrale Regeln (-) Deutschkenntnisse gering	(-) Deutschkenntnisse gering	(=) Deutsch ist nicht Hauptsprache
Platzierung bezogen auf ethnische Gruppe			
Platzierung bezogen auf Aufnahmegesellschaft	(+) berufliche Integration		(=) rechtlicher Status mit C-Bewilligung in der Regel gut abgesichert
Interaktion bezogen auf ethnische Gruppe	(+) überwiegend innerethnische Kontakte	(=) überwiegend innerethnische Kontakte	
Interaktion bezogen auf Aufnahmegesellschaft	(+) Hervorhebung der wenigen interethnischen Kontakte	(-) wenig interethnische Kontakte	
Identifikation bezogen auf ethnische Gruppe			
Identifikation bezogen auf Aufnahmegesellschaft			

(+) positive Bewertung, (=) neutrale Bewertung, (-) negative Bewertung

Es zeigt sich, dass ältere Migrantinnen und Migranten ihre Anpassungsleistungen in Bezug auf zentrale Regeln des Aufnahmelandes (Kulturation), ihre berufliche Integration (Platzierung) sowie ihre innerethnischen und interethnischen Kontakte (Interaktion) positiv hervorheben, während sie ihre tendenziell eher geringen Deutschkenntnisse (Kulturation) negativ bewerten. Von Seiten der Expertinnen und Experten aus dem Altersbereich finden sich eher negative Bewertungen in Bezug auf die Grundprozesse der Sozialintegration: Die Deutschkenntnisse der älteren Migrantinnen und Migranten werden bemängelt, die fehlenden interethnischen Kontakte werden negativ hervorgehoben, während die zahlreichen innerethnischen Kontakte der älteren Migrantinnen und Migranten tendenziell neutral beurteilt werden (siehe Tabelle 34).

Die obigen Ausführungen haben gezeigt, dass je nach Perspektive (Migrantinnen und Migranten bzw. Expertinnen und Experten) unterschiedliche Aspekte der Sozialintegration besonders hervorgehoben und bewertet werden.

5.2.2 Sprachkenntnisse

Die statistischen Analysen der Volkszählungsdaten zeigen, dass bei den beiden untersuchten Gruppen Deutsch nicht die Hauptsprache ist. Das Wissen um die Hauptsprache sagt jedoch noch nichts aus über die Sprachkenntnisse der älteren Migrantinnen und Migranten. In der Sprachkompetenz-Matrix von Grin, Rossiaud und Kaya (2003, S. 428), die zwischen vier Kompetenzniveaus (sehr gute bzw. perfekte Kenntnisse, gute Kenntnisse, Grundkenntnisse und geringe bzw. keine Kenntnisse) und vier Kompetenzbereichen (Verstehen, Sprechen, Lesen, Schreiben) unterscheidet, sind die befragten Italienerinnen und Italiener in ihrer Selbsteinschätzung hauptsächlich im Bereich „Grundkenntnisse" und „geringe bzw. keine Kenntnisse" einzuordnen. „Grundkenntnisse" zu haben, bedeutet bezüglich des Verstehens, dass eine Gesprächspartnerin bzw. ein Gesprächspartner verstanden wird, wenn er langsam spricht und wenn es um einfache Themen geht. Beim Sprechen ist es möglich, sich in alltäglichen Situationen verständlich zu machen.

Bei Personen aus dem ehemaligen Jugoslawien sind die Sprachkenntnisse heterogener, aber in der Regel besser als bei den befragten Italienerinnen und Italienern.

236

Das Ergebnis bezüglich Sprachkompetenz deckt sich mit der Wahrnehmung der Bezugspersonen und der Expertinnen und Experten (siehe hierzu auch Tabelle 34).

In Zusammenhang mit der Sprache fällt eine Diskrepanz in der Bewertung der Relevanz der Sprachkenntnisse zwischen der ersten und der zweiten Generation auf. Während die älteren Migrantinnen und Migranten aus Italien die Sprache nur am Rande erwähnen und ihr damit auch keine besondere Relevanz beimessen, wenn sie ihre „Anpassungsleistungen" in der Schweiz thematisieren, schreibt die zweite Generation den Sprachkenntnissen eine hohe Relevanz zu, was die „Integration" in die Aufnahmegesellschaft betrifft.

Die gegensätzlichen Interpretationen zwischen italienischen Eltern und Kindern in Bezug auf die Sprachfrage werden ausserdem in der Ursachenzuschreibung in Bezug auf die Sprachkenntnisse sichtbar. Während die älteren Migrantinnen und Migranten selbst in der Regel die externen Gründe betonen (Arbeit als zentraler Lebensinhalt, am Arbeitsplatz wurde Italienisch gesprochen, nur temporärer Aufenthalt geplant, migrationspolitisch schwierige Situation), akzeptiert die zweite Generation diese Begründungen nicht in jedem Fall. Die Befragten werfen ihren Eltern zum Teil vor, sich zu wenig bemüht zu haben.

Der eher niedrige Bildungsstand der ehemaligen „Gastarbeiterinnen" und „Gastarbeiter" ist u.a. mitverantwortlich dafür, dass nur Grundkenntnisse in der Sprache des Aufnahmelandes bestehen. Nach Wanner et al. (2005, S. 91) ist der niedrige Bildungsstand älterer ausländischer Staatsangehöriger durch die Eigenheiten der Nachkriegsmigration zu erklären. Die erste Einwanderungsgeneration wurde „aus ungelernten Personengruppen rekrutiert und war grösstenteils in Bereichen tätig, die keine besonders hoch qualifizierte Ausbildung erfordern (vor allem im Bausektor sowie im Hotel- und Gastgewerbe)" (Wanner et al., 2005, S. 91).

Ein zentraler Punkt für das Nicht-Erlernen der deutschen Sprache ist ausserdem die lange vorherrschende Sichtweise der Migrantinnen und Migranten und des Aufnahmelandes Schweiz, dass der Aufenthalt nur temporär sei. Esser (2006) hat sich in einem neueren Werk ausführlich mit dem Zusammenhang zwischen Sprache und „Integration" beschäftigt und aufzuzeigen versucht, welche Faktoren den Fremdsprachenerwerb bei Migrantinnen und Migranten begünstigen bzw. behindern. Die Rückkehrorientierung gehört zu den Aspekten, welche die Motivation und die Effizienz für den Erwerb der Sprache des Aufnahmelandes deutlich mitbeeinflussen (ebd., S. 99).

Die Interviews haben gezeigt, dass die zum Teil fehlenden Sprachkenntnisse der ersten Generation der Migrantinnen und Migranten aus Italien zu einer Abhängigkeit in verschiedensten administrativen Fragen führt. Der Unterstützungsbedarf in diesem Bereich wird mehrheitlich von den Kindern abgedeckt, vereinzelt kommen aber auch externe Unterstützende zum Einsatz, zum Teil bezahlt, zum Teil unentgeltlich (z. B. Caritas-Beratung, Infodona, Missione Cattolica Italiana, Colonie Libere Italiane u.a.).

Fassen wir zusammen: Es kann davon ausgegangen werden, dass insbesondere bei den älteren Migrantinnen und Migranten aus Italien aufgrund ihrer Migrationsgeschichte und -pläne („Gruppenmigration", am Arbeitsplatz wurde nur Italienisch gesprochen, die Migration wurde als „temporär" betrachtet, eher niedriges Bildungsniveau u.a.) zum Teil nur Grundkenntnisse der deutschen Sprache anzutreffen sind. Diese fehlenden fremdsprachlichen Fertigkeiten möchten die Migrantinnen und Migranten aber nicht als eigenes Versagen interpretiert wissen, weder von der Öffentlichkeit noch von ihren eigenen Kindern. Für ihre Identitätskonstruktion ist es wichtig, dass die von ihnen als positiv bewerteten anderen Anpassungsleistungen wahrgenommen und wertgeschätzt werden.

Interessant ist, dass es dieses „Sprachproblem" für Personen, die im französischsprachigen Teil der Schweiz wohnen, nicht gibt: „La question de la langue ne pose guère de problèmes aux Italiens et aux Espagnols ..." (Bolzman et al., 2002, o. S.). Erklärt werden kann die Beobachtung von Bolzman et al. (ebd.) vor allem durch die sprachliche Nähe des Französischen zum Italienischen. Auch Esser (2006, S. 124) konnte zeigen, dass die „linguistische Distanz" zwischen Muttersprache und Sprache des Aufnahmekontextes Einfluss auf Motivation und Effizienz des Spracherwerbs hat.

Ältere Migrantinnen und Migranten, insbesondere Personen, die vor 40 bis 50 Jahren aus Italien in die Schweiz eingewandert sind, haben mehrheitlich (nur) Grundkenntnisse der deutschen Sprache, was zu einem hohen Unterstützungsbedarf dieser Gruppe in allen administrativen Fragen führt. Der Bedarf wird grösstenteils durch die erwachsenen Kinder gedeckt. Die älteren Migrantinnen und Migranten sind sich ihrer zum Teil fehlenden Sprachkenntnisse bewusst, möchten diese aber nicht als eigenes Versagen interpretiert wissen.

5.2.3 Transnationale Bezugspunkte

Die interviewten Migrantinnen und Migranten und Personen der zweiten Generation haben bei der Beurteilung der Altersbetreuung folgende Referenzpunkte ausserhalb der „Aufnahmegesellschaft":

– Die Wahrnehmung der Situation im Herkunftsland (wie sie war und ist)

– Die Wahrnehmung der Situation in der „ethnischen Gemeinschaft" im Aufnahmeland

Auf diese Bezugspunkte wird im Folgenden näher eingegangen.

Die Beurteilung der Situation im Herkunftsland früher:
Die älteren Migrantinnen und Migranten haben während ihrer Kindheit im Herkunftsland erfahren, welche Formen der Altersbetreuung in Italien bzw. im ehemaligen Jugoslawien „typisch" waren. Als typisch wahrgenommen wird das mehrgenerationelle Wohnen unter einem Dach, welches intergenerationelle Unterstützungsbeziehungen in beide Richtungen (von den Eltern zu den Kindern und vice versa) möglich machte.

Die Beurteilung der Situation im Herkunftsland heute:
Die interviewten Personen verfügen über Bilder, was die Altersbetreuung in ihren Herkunftsländern betrifft. Diese Bilder entstehen durch:

– *Eigene Erfahrungen mit alten Eltern in den Herkunftsländern*: Durch ihre eigenen Eltern, die meist im Herkunftsland blieben, waren die Migrantinnen und Migranten mit Betreuungsfragen konfrontiert. Zum Teil leisteten sie selber Betreuung: Eine Interviewpartnerin erwähnt zum Beispiel, dass ihre Eltern die ältere Grossmutter in die Schweiz geholt hätten und dass diese dann abwechslungsweise von den einzelnen Kindern betreut worden sei. Eine andere Bezugsperson schildert, wie ihre Eltern die letzten zehn Jahre die pflegebedürftige Grossmutter in Italien im Spital betreuten: „Also meine Mutter und mein Onkel haben sich jeweils abgewechselt, sechs Monate [sie] und sechs Monate [er], in der Betreuung von meiner Grossmutter" (Tochter, Italien).

–   *Häufige Kontakte zum Herkunftsland*: Aufgrund der meist häufigen Kontakte zum Herkunftsland (telefonisch, durch Ferienaufenthalte), die bei den interviewten Personen aus Italien und dem ehemaligen Jugoslawien anzutreffen sind (sowohl bei den älteren Migrantinnen und Migranten als auch bei der zweiten Generation), besitzen die Interviewten konkrete Bilder von der Altersbetreuung in ihren Herkunftsländern. Ob diese immer der Realität entsprechen, kann und soll an dieser Stelle nicht beurteilt werden. Der „pendlerhafte Charakter der ‚Gastarbeitermigration'", den Giordano (1984, S. 444) bereits 1984 in einem Artikel mit dem Titel „Zwischen Mirabella und Sindelfingen" beschrieb, scheint weiterhin Bestand zu haben und für die Denk- und Handlungsweisen der Migrantinnen und Migranten bestimmend zu sein: „Durch das Pendeln ist der Auswanderer nicht ausschliesslich der fremden Kultur der Aufnahmegesellschaft ausgeliefert, sondern er setzt sich periodisch auch mit den spezifischen kollektiven Denkinhalten und mit den Handlungsmustern der eigenen Herkunftsgemeinde auseinander" (ebd., S. 453).

Die Beurteilung der Situation der eigenen Migrantengruppe
im Aufnahmeland:
Da sich die meisten der in dieser Studie interviewten Personen in ethnisch relativ homogenen Gruppen bewegen (vor allem die Befragten aus Italien), ist ein Wissen darüber vorhanden, welche Betreuungsoptionen möglich sind und wie diese in der Gemeinschaft beurteilt werden. Die Altersnachmittage der Missione Cattolica z. B. bilden eine Plattform für den Austausch von Informationen und die Bewertung neuer Angebote der Altershilfe. Die Migrantinnen und Migranten

erfahren in diesen Gruppen, welche Tendenzen (neue und alte) in ihrer Gemeinschaft bestehen und wie diese bewertet werden. Die dominante Stellung der Vereine zeigt sich bei den befragten Personen aus dem ehemaligen Jugoslawien nicht in derselben Weise.

In Anbetracht der obigen Ausführungen wird hier die These formuliert, dass die älteren Migrantinnen und Migranten transnationale Bezugspunkte haben, die ihre eigenen Wünsche bezüglich einer zukünftigen Altersbetreuung beeinflussen. In der Migrationsforschung bedeutet das eher neuere Konzept der Transmigration, dass Migrantinnen und Migranten in mehreren Gesellschaften gleichzeitig leben. „Migranten wären dann nicht mehr als *Entwurzelte*, sondern *an mehreren Orten Verwurzelte* zu begreifen" (Treibel, 1999, S. 236, Hervorhebungen im Original). Für die Gruppe der interviewten Personen, die tatsächlich an mehreren Orten verwurzelt sind, macht das Konzept des Transnationalismus (vgl. Glick-Schiller, Basch & Blanc-Szanton, 1992a; Glick-Schiller et al., 1992b, 1995) Sinn, insbesondere für Personen aus Italien, die während der gesamten Migrationsphase in ihr Herkunftsland reisen konnten. Bei den befragten Personen aus dem ehemaligen Jugoslawien kann nicht während der ganzen Migrationszeit von „Transmigration" gesprochen werden. Die Kriege im ehemaligen Jugoslawien führten dazu, dass die befragten Personen zumindest während bestimmter Zeiten nicht in ihr Herkunftsland zurückkehren konnten.

Besonders deutlich sichtbar werden die transnationalen Bezugspunkte darin, dass mehrere ältere Migrantinnen und Migranten und Personen aus der zweiten Generation aus beiden Herkunftsorten einen neuen Trend in ihren Herkunftsländern ansprechen, nämlich die 24h-Betreuung zu Hause durch „illegale" Arbeitskräfte aus dem Osten: Dieses Pflegearrangement wird in den Herkunftsländern (vgl. von Kondratowitz, 2005) und zum Teil von Bekannten der Migrantinnen und Migranten bereits praktiziert. Für die älteren Migrantinnen und Migranten stellt dieses Betreuungsarrangement eine Form der Altersbetreuung dar, die sie sich für die Zukunft vorstellen können, da sie einen Kompromiss bildet zwischen dem Wunsch (zu Hause mit den Kindern alt werden) und der Realität (Kinder können die Betreuung nicht mehr gewährleisten). Für die Kinder der älteren Migrantinnen und Migranten ist diese Betreuungsform ebenfalls attraktiv, da sie es ihnen erlauben würde, die Eltern nicht in eine stationäre Betreuung „abschieben" zu müssen und zugleich sicherstellen könnte, dass der eigene Lebensplan nicht aufgegeben werden muss. Was in Italien oder dem ehemaligen Jugoslawien finanzierbar ist, ist jedoch aus Sicht der Interviewten in der Schweiz (noch) nicht möglich. Ob diese neue Form der Betreuung nicht nur in den Herkunftsländern, sondern auch in der Schweiz weitere Verbreitung finden wird, kann aufgrund der Interviewaussagen nicht vorausgesagt werden.

Verschiedene Länder gehen laut von Kondratowitz (2005, S. 420) unterschiedlich mit der neuen „irregulären Pflegearbeit" um. Während in Deutschland versucht wird, das Arrangement zu sanktionieren, dulden andere Länder (z. B. Österreich) die Situation bzw. fördern solche Versorgungsarrangements (z. B. Italien) sogar. Da die irregulären Pflegekräfte mit einem Touristenvisum einreisen und deshalb nach einer bestimmten Zeit wieder ausreisen müssen, ergibt sich ein häufiger Wechsel der Betreuung.

Ältere Migrantinnen und Migranten und ihre Familien haben transnationale Bezugspunkte, die ihre eigenen Wünsche bezüglich einer zukünftigen Altersbetreuung beeinflussen.

5.3 Familiäres Unterstützungspotential

Die Diskussion des familiären Unterstützungspotentials soll die Beantwortung folgender Fragen beinhalten:

– Welches ist das auf die Familie bezogene „strukturelle Unterstützungspotential"[9] der älteren Migrantinnen und Migranten? (siehe Kapitel 5.3.1).

---

9 Die Ausführungen fokussieren das strukturelle Unterstützungspotential, welches in der *Familie* der Migrantinnen und Migranten liegt. Ausserfamiliäre Unterstützung wird an dieser Stelle nicht diskutiert.

– Welche Bedeutung kommt der Familie im „Migrationsprojekt"
zu? Welche Auswirkung hat das Migrationsprojekt auf aktuelle
und zukünftige Unterstützungsbeziehungen und die Bewertung
dieser durch die älteren Migrantinnen und Migranten und ihre
Kinder? (siehe Kapitel 5.3.2)

Diese beiden Fragen werden in den beiden nächsten Kapiteln behandelt.

5.3.1 Strukturell verfügbares Unterstützungspotential

Wie bereits erwähnt, wird „strukturell verfügbares Unterstützungspotential" verstanden als „das im Prinzip verfügbare Unterstützungspotential im Alter" (Künemund & Hollstein, 2000, S. 226), d.h. die Verfügbarkeit von Personen (im familiären oder nicht-familiären Umfeld), die als Unterstützende in Betracht kommen könnten. Szydlik
(2000, S. 85) sieht in den Familienstrukturen, den Wohnentfernungen
und den Solidaritätsnormen wichtige Potentiale für familiäre Solidarität, weist aber darauf hin, dass es sich nur um *Potentiale* für familiäre
Solidarität und nicht um die faktische Unterstützung handelt.

Die statistischen Auswertungen der Volkszählungsdaten für die
Stadt Zürich zeigten, dass Schweizerinnen und Schweizer eher alleine
alt werden als Personen aus Italien bzw. Serbien/Montenegro. Bei den
Italienerinnen und Italienern erhöht sich jedoch der Anteil der Einpersonenhaushalte mit dem Alter, bei Personen aus Serbien/Montenegro
steigt hingegen die Anzahl der erweiterten Familienhaushalte mit dem
Alter. Schweizerinnen und Schweizer und Personen aus Italien werden diesen Daten zufolge eher alleine alt als Personen aus Serbi-
en/Montenegro.

In Deutschland sieht die Situation laut Schopf und Naegele (2005,
S. 389) ähnlich aus: Ältere Migrantinnen und Migranten aus Italien
und Serbien/Montenegro werden im Gegensatz zur einheimischen Bevölkerung seltener alleine alt.

Zahlen für die gesamte Bevölkerung der Schweiz zeigen die Tendenz, dass immer weniger mit Kindern zusammen gewohnt wird. Laut
Höpflinger ist der „Anteil der 65-jährigen und älteren Menschen, welche mit ihren Kindern zusammen wohnen, zwischen 1960 und 2000

von 27% auf unter 10% gesunken" (Höpflinger, 2004, S. 41), wobei Höpflinger diese Entwicklung positiv bewertet, da getrenntes Wohnen die Beziehung zwischen Eltern und Kindern generell verbessere. Ob diese Entwicklung in Richtung getrenntes Wohnen auch bei älteren Migrantinnen und Migranten anzutreffen sein wird, lässt sich an dieser Stelle nicht beurteilen, da der Vergleich zwischen den Volkszählungsdaten 1990 und 2000 aufgrund der geringen Fallzahlen für das Merkmal Haushaltssituation nicht möglich war.

Als Unterstützende kommen neben der Familie auch Bekannte und Freunde in Frage. Die befragten Interviewten bewegen sich vor allem in Gruppen desselben Herkunftslandes, nehmen aber eher Unterstützungsleistungen der Familie und nicht der Gemeinschaft in Anspruch.

Zusammenfassend lässt sich aus den Daten schliessen, dass ältere Personen mit Staatsangehörigkeit Serbien/Montenegro im Jahre 2000 noch hauptsächlich in Haushalten wohnten, in denen mindestens eine *potentielle* Unterstützungsperson anwesend war; dies im Gegensatz zu den Schweizerinnen und Schweizern, die mit steigendem Alter eher alleine wohnen. Die Italienerinnen und Italiener nehmen eine Mittelposition ein zwischen den Schweizerinnen bzw. Schweizern und Personen aus Serbien/Montenegro. Hier muss jedoch angemerkt werden, dass sich die statistischen Auswertungen immer auf das Kriterium der Nationalität beziehen. Die vielen serbischen Migrantinnen und Migranten, die eingebürgert sind, sind nicht Teil der Statistik.

Das strukturell verfügbare familiäre Unterstützungspotential ist bei älteren Ausländerinnen und Ausländern, insbesondere bei Personen aus Serbien/Montenegro, aufgrund der Haushaltszusammensetzung tendenziell höher als bei älteren Einheimischen.

5.3.2 Frühere, aktuelle und zukünftige familiäre Unterstützungsbeziehungen

In den bisherigen Kapiteln wurden die Ergebnisse aus den Interviews mit älteren Migrantinnen und Migranten und der zweiten Generation getrennt ausgewertet. Nun wird versucht, die von den älteren Personen und ihren Bezugspersonen beschriebenen familiären Beziehungen zu analysieren, indem die „Migrationsfamilie" die Analyseeinheit darstellt. „Migrationsfamilien" sind gemäss der Eidgenössischen Kommission für Familienfragen (EKFF) „Familien, die ihren Wohnsitz in der Schweiz haben, bei denen ein oder beide Elternteile ausländischer Herkunft sind, unabhängig von deren Geburtsort, Aufenthaltsstatus und -dauer in der Schweiz" (Eidgenössische Koordinationskommission für Familienfragen EKFF, 2002, S. 7).

Die Resultate der vorliegenden Studie legen die Vermutung nahe, dass die Kategorisierungen aufgrund des Herkunftslandes ungenügend sind, um Unterstützungsbeziehungen zwischen den verschiedenen Migrantengenerationen zu verstehen, und dass vielmehr der Migrationshintergrund der älteren Migrantinnen und Migranten und ihrer Familien genauer analysiert werden muss, um Unterstützungsbeziehungen im Alter detailliert zu erfassen. Im Folgenden wird diese Annahme anhand einzelner ausgewählter Themen genauer illustriert.

Migration als Familienprojekt

In den Interviews fällt auf, dass die Migrationsfamilien der vorliegenden Untersuchung in der Regel häufige intergenerationelle Kontakte pflegen und die Beziehung zwischen Eltern und Kindern generell als emotional nah beschrieben wird (sowohl von Seiten der älteren Migrantinnen und Migranten als auch von Seiten der zweiten Generation). Die erwähnte emotionale Nähe kommt erstaunlicherweise tendenziell auch dann zustande, wenn die einzelnen Familienmitglieder über längere Zeit getrennt waren. Auffallend ist, dass insbesondere in Familien aus dem ehemaligen Jugoslawien, in welchen die Kinder oft über Jahre oder sogar Jahrzehnte getrennt von ihren Eltern lebten, trotz dieser Trennung die aktuelle Beziehung zwischen den Generationen als sehr nah erlebt wird und zahlreiche Unterstützungsleistungen in beide Richtungen (von den Kindern zu den Eltern, von den Eltern zu den Kindern) erfolgen.

Bei Personen aus Italien findet sich eher eine Problematisierung dieser Trennungserfahrung durch die Bezugspersonen, insbesondere auch kürzere Trennungen im Säuglingsalter werden von den zwei davon betroffenen Bezugspersonen aus Italien retrospektiv negativ bewertet, was einen Einfluss auf die aktuelle Beziehung zu den Eltern hat, wie bereits in Kapitel 4.4 gezeigt werden konnte. Eine Problematisierung der Trennungserfahrung findet sich bei den interviewten Personen aus dem ehemaligen Jugoslawien nicht (siehe Tabelle 35).

Tabelle 35:   *Anzahl der untersuchten Migrationsfamilien nach Migrationshintergrund und emotionaler Nähe zwischen den Generationen*

Migrationshintergrund	Emotionale Nähe zwischen den Generationen heute		
	eher konfliktive Beziehung	*neutral geschildertes Verhältnis*	*positiv beurteilte Beziehung*
Kernfamilie zusammen aufgewachsen		5 (3 It, 2 ehJ[10])	13 (11 It, 2 ehJ)
Kurze Trennungen (1 bis 5 Jahre) zwischen Eltern(teilen) und Kindern	2 (2 It)		1 (1 ehJ)
Längere Trennungen (über 5 Jahre) zwischen Eltern und Kindern		2 (1 It, 1 ehJ)	8 (2 It, 6 ehJ)
Insgesamt analysierte Familien: 31[11]	2	7	22

Wie lässt sich dieses Resultat interpretieren? Eine mögliche Erklärung ist die Tatsache, dass Migrationsprojekte vielfach als „Familienprojekte" (vgl. Bundesministerium für Familie, Senioren, Frauen und Ju-

---

10   It = Herkunftsort Italien; ehJ = Herkunftsort ehemaliges Jugoslawien

11   Ein Interviewpartner hat keine Kinder, ein anderer pflegt keinen Kontakt mehr zu diesen. Diese beiden Fälle wurden nicht in die Auswertung einbezogen. Auch die zwei Bezugspersonen, die nicht die Kinder von älteren Migrantinnen und Migranten, sondern deren Schwiegertöchter/Schwiegersöhne sind, wurden nicht in diese Auswertung einbezogen.

gend, 2000a, S. XV) betrachtet werden können. Viele Migrationsziele können nur im Familienverbund erreicht werden. Längere Trennungen zwischen den Generationen lassen sich über das gemeinsame Migrationsziel legitimieren. Meist sind sowohl die Kinder als auch die Eltern Migrantinnen bzw. Migranten. Die Kinderbetreuung und weitere Unterstützungsleistungen finden bei diesen Familien nicht nur zwischen zwei, sondern zwischen drei Generationen statt: Während die Eltern in der Schweiz weilen, werden die Kinder im Herkunftsland z. B. von den Grosseltern oder anderen Verwandten betreut. Wenn letztendlich eine Familienzusammenführung stattfindet, ist der Familienzusammenhalt wieder gefordert, und es werden zahlreiche Unterstützungsleistungen (finanzielle Hilfe, Enkelkinderbetreuung, emotionale Unterstützung u.a.) im Familienverbund erbracht. Lanfranchi betont in seinen Untersuchungen die hohe Kohäsion der Migrantenfamilien:

> Obwohl verschiedenste Probleme durchaus vorhanden sind, kommen einschlägige Untersuchungen zum Ergebnis, dass Migrationsfamilien dank interner Kohäsion und Solidarität für die Lebensbewältigung in zunehmend pluralen und verunsichernden Verhältnissen über besondere Potentiale verfügen – und dies trotz kritischer Startmerkmale und erschwerter gesellschaftlicher Bedingungen wie Marginalisierung, in manchen Fällen Segregation und durchwegs eingeschränkter politischer Partizipation [...] (Lanfranchi, 2002, S. 92).

Ansätze, welche dem Migrationshintergrund der älteren Migrantinnen und Migranten und der Rolle der Familie bei der Verwirklichung des Migrationsprojektes besondere Beachtung schenken, tragen wesentlich zu einem Verständnis der intergenerationellen Beziehungen der älteren Migrantinnen und Migranten im Alter bei.

Migrationsfamilien sind mit kürzeren und längeren Trennungen zwischen den Familienmitgliedern konfrontiert. Wenn die Migration von den Beteiligten als „Familienprojekt" betrachtet wird, können Trennungen rational erklärt werden und unterliegen nicht einer negativen Bewertung.

Umfangreiche Unterstützungsbeziehungen zwischen den Generationen

Die Interviews mit den älteren Migrantinnen und Migranten und der zweiten Generation haben aufgezeigt, dass zwischen den Generationen in der Regel umfangreiche Unterstützungsleistungen zustande kommen. Die wichtigsten intergenerationellen Transferleistungen sind in der folgenden Tabelle 36 zusammengefasst.

Tabelle 36: Intergenerationelle Unterstützungsleistungen

Unterstützungsleistungen der ersten Generation für die zweite Generation	*Unterstützungsleistungen der zweiten Generation für die erste Generation*
administrative Unterstützung	administrative Unterstützung (insbesondere bei der zweiten Generation Italien)
Enkelkinderbetreuung	
Kochen, Wäsche waschen, Kleider flicken	Hilfe beim Einkaufen
	Arbeiten im Haus
emotionale Unterstützung	emotionale Unterstützung
finanzielle Unterstützung	finanzielle Unterstützung

Tabelle 37 schlüsselt die Migrantenfamilien auf nach Migrationshintergrund und der Intensität der Unterstützungsleistungen. Die Tabelle basiert auf den qualitativen Aussagen, welche die älteren Migrantinnen und Migranten und die interviewten Bezugspersonen in den Interviews zu Unterstützungsleistungen gemacht haben.

Tabelle 37: *Untersuchte Migrationsfamilien nach Migrationshintergrund und Unter-*
stützungsleistungen zwischen den Generationen

Migrationshintergrund	Unterstützungsleistungen zwischen den Generationen		
	niedrig (keine oder wenige Unterstützungs- leistungen)	*mittel (einzelne Unter- stützungsleistun- gen in beide Rich- tungen)*	*hoch (umfangreiche Unterstützungs- leistungen in beide Richtun- gen)*
Eltern sind „Migranten", Kinder sind mehrheitlich in der Schweiz aufgewachsen	2 (1 It, 1 chJ)	14 (11 It, 3 chJ)	5 (4 It, 1 chJ)
Eltern und Kinder (Söhne/Töchter, Schwiegersöhne/Schwieger- töchter) sind „Migranten"	1 (2 It)	2 (2 It)	8 (1 It, 7 chJ)
Eltern und Kinder leben in unterschiedlichen Ländern	1 (1 It)		
Insgesamt analysierte Familien: 33[12]	4	16	13

Die Aufteilung in Familien, bei welchen nur die Eltern einen Migrationshintergrund haben und die Kinder mehrheitlich in der Schweiz
aufgewachsen sind (siehe erste Zeile in Tabelle 37), und in Familien,
bei welchen Eltern und Kinder einen Migrationshintergrund haben,
zeigt ein erstaunliches Bild: Familien, bei welchen beide Generationen
einen Migrationshintergrund haben, zeichnen sich durch ein besonders
hohes Mass an Unterstützungsleistungen aus, die in beide Richtungen
gehen. Insbesondere genannt werden kann an dieser Stelle die hohe
Bedeutung der Enkelkinderbetreuung, die bereits in Kapitel 4.4 im
Abschnitt „Der Grosselternservice" detailliert beschrieben wurde.
Auch das Bundesministerium für Familie, Senioren, Frauen und Jugend (2000a, S. 174) betont die hohe Bedeutung der Grosseltern in
Migrantenfamilien.

Bei den in der vorliegenden Studie befragten Personen zeigen
sich Familiensolidaritäten, die sich über mehrere Generationen er-
strecken. Während die Eltern der älteren Migrantinnen und Migranten

---

12   Ein Interviewpartner hat keine Kinder, ein anderer pflegt keinen Kontakt mehr
      zu diesen. Diese beiden Fälle wurden nicht in die Auswertung einbezogen.

die Betreuung der Enkel im Herkunftsland übernommen haben, übernehmen nun die Migrantinnen und Migranten die Betreuung ihrer eigenen Enkelkinder im Aufnahmeland. Dieses Arrangement des Grosselternservices hat mehrere Auswirkungen, z. B.:

– Das Arrangement erlaubt es den erwachsenen Kindern, einer Erwerbsarbeit nachzugehen, ohne die Kinder in eine familienexterne Betreuung geben zu müssen. Diese Grosselternbetreuung von Migrantenkindern führt zu einem Dilemma: Wenn davon ausgegangen werden muss, dass familienexterne Betreuung von Kindern im Vorschulalter in Zusammenhang mit dem späteren Schulerfolg der Migrantinnen und Migranten steht (vgl. Lanfranchi, Gruber & Gay, 2003, S. 482), sind auf der einen Seite negative Folgen zu befürchten, wenn Migrantenkinder ausschliesslich von ihren Grosseltern betreut werden. Auf der anderen Seite würde eine Förderung der externen Kinderbetreuung bei Migrantenfamilien zu einer Schwächung der familiären Kohäsion führen. Dies hätte unter Umständen einen Einfluss auf das Unterstützungspotential der Migrantenfamilien in Bezug auf pflegebedürftige Eltern.

– Das Arrangement führt dazu, dass die erwachsenen Kinder aufgrund der umfangreichen Unterstützungsleistungen, die sie von ihren Eltern erhalten, deren Pflege im Alter als Selbstverständlichkeit erachten. Dieses Thema wird im nächsten Kapitel noch weiter ausgeführt.

Bei Familien, bei welchen die zweite Generation in der Schweiz aufgewachsen ist, zeigt sich ebenfalls ein hohes Mass an Unterstützungsleistungen. Die zweite Generation der Italienerinnen und Italiener leistet insbesondere eine grosse Unterstützung für die Eltern in Bezug auf administrative Fragen, was v.a. auf die eher schlechten Sprachkenntnisse der älteren Migrantinnen und Migranten aus Italien zurückzuführen ist. Der Bedarf an administrativer Unterstützung wird hauptsächlich von den erwachsenen Kindern gedeckt, wobei in verschiedenen Fällen auch die Einbeziehung familienexterner Unterstützung in diesen Fragen sichtbar ist.

Die Unterstützungsleistungen, welche die älteren Migrantinnen und Migranten in Bezug auf die Enkelkinderbetreuung erbringen, sind möglicherweise Teil eines Arrangements von Leistungen und Gegenleistungen. Dieses erstreckt sich über mehrere Generationen (vor allem bei Personen, bei welchen sowohl die erste als auch die zweite Generation „Migranten" sind).

Zukünftige pflegerische Unterstützung der Eltern als Gegenleistung?

Die interviewten älteren Migrantinnen und Migranten mit erwachsenen Kindern äussern im Interview eher selten, dass sie Erwartungen an ihre Kinder bezüglich pflegerischer Unterstützung haben (siehe Tabelle 38). Wenn Erwartungen bestehen, dann sind diese eher an Töchter als an Söhne gerichtet. Zu diesem Ergebnis bezüglich geschlechtsspezifischer Erwartungen kommt auch der sechste Familienbericht des Bundesministeriums für Familie, Senioren, Frauen und Jugend (2000a, S. 99), in welchem für „alle Migrantennationalitäten" von höheren Unterstützungserwartungen an die Töchter ausgegangen wird.

Als Begründungen dafür, dass man keine Erwartungen an die Kinder hat, werden die berufliche und die familiäre Einbindung der erwachsenen Kinder, das getrennte Wohnen und die eigene Unabhängigkeit („wenn ich etwas möchte, muss ich schauen…") erwähnt. Die Migrantinnen und Migranten betonen im Interview ausserdem den beruflichen Erfolg ihrer Kinder, was möglicherweise auch ein Grund dafür ist, dass keine Pflegeerwartungen bestehen, da die Interviewten den beruflichen Erfolg ihrer Kinder nicht gefährden möchten.

Tabelle 38:   *Anzahl der interviewten älteren Migrantinnen und Migranten mit Kindern nach Pflegeerwartungen*

	Pflegeerwartungen an erwachsene Kinder		
Gruppe	Ja	Nein	Gesamt
Ältere Migrantinnen und Migranten Italien	1	9	10
Ältere Migrantinnen und Migranten Serbien/Montenegro	3	6	9
Gesamt	4	15	19

Tabelle 39 zeigt die Bereitschaft der zweiten Generation, bei Pflege-bedarf der Eltern/Schwiegereltern Unterstützung zu geben. Auffallend ist bei den interviewten Personen die hohe Unterstützungsbereitschaft in Bezug auf eine *Organisation* der Pflege. Bei sechs Interviewten be-steht sogar die Bereitschaft, Pflegeleistungen zu übernehmen. Zum Teil wird in Erwägung gezogen, die Unterstützung innerhalb der Fa-milie (insbesondere unter den Geschwistern) aufzuteilen. Auch im siebten Familienbericht des Bundesministeriums für Familie, Senio-ren, Frauen und Jugend (2006, S. 97) wird davon ausgegangen, dass Hilfeleistungen oft aufgeteilt werden. Es wird diesbezüglich eine Stu-die zitiert, die zum Ergebnis kommt, dass in nur 37% der privaten Pflegearrangements die Betreuung nur durch eine einzige Person er-folgt.

Tabelle 39:   *Anzahl der Personen der zweiten Generation nach Migrationshintergrund und Unterstützungsbereitschaft bei Pflegebedarf der Eltern/Schwieger-eltern*

	Unterstützungsbereitschaft bei Pflegebedarf		
Migrationshintergrund	*niedrig (keine Unterstüt-zung vorgese-hen)*	*mittel (Organisation der Pflege)*	*hoch (teilweise oder vollständige Übernahme der Betreuung)*
Eltern sind „Migranten", Kinder sind mehrheitlich in der Schweiz aufgewachsen	1 (1 chJ)	9 (8 It, 1 chJ[13])	2 (2 It)
Eltern und Kinder (Söhne/Töchter, Schwieger-söhne/Schwiegertöchter) sind „Migranten"		3 (3 ehJ[14])	4 (2 It, 2 chJ)
Gesamt	1	12	6

Intergenerationelle Unterstützungsleistungen kommen meist aufgrund einer Kombination von Motiven (Künemund & Motel, 2000, S. 134) zustande. Laut Hollstein und Bria (1998) kann insbesondere das Kon-

13   Die Schwester der Interviewpartnerin wird wahrscheinlich die Betreuung der El-tern übernehmen.
14   In einem Fall ist die Unterstützungsbereitschaft der befragten Person vorhanden, aufgrund ihrer Krankheit ist es ihr aber nicht möglich, die Eltern zu betreuen.

zept der „Norm der Reziprozität" zum besseren Verständnis von familiären Unterstützungsleistungen im Alter beitragen. Die Autorinnen erläutern in einem Artikel das Konzept am Beispiel der Phase, in der Eltern chronisch krank bzw. pflege- und unterstützungsbedürftig sind. Es geht ihnen im Text darum, zu untersuchen, weshalb Kinder ihre Eltern pflegen (ebd., S. 8). Die beiden Autorinnen verstehen unter „Reziprozität" eine „universelle, sozialen Austausch und soziale Beziehungen strukturierende Norm", die insbesondere wirksam wird in unbestimmten und unklaren Situationen (ebd., S. 8). Kinder beziehen sich auf die Norm zur Reziprozität, wenn sie die Pflegeleistungen als „Rückzahlung" für frühere elterliche Hilfen betrachten (ebd., S. 15). Insbesondere zwei Kernaussagen lassen sich bei Hollstein und Bria (ebd.) ausmachen:

– *Orientierung an der Norm der Reziprozität*: Lange zurückliegende Leistungen der Eltern haben einen Einfluss auf das Verpflichtungsgefühl zur Rückgabe bei den Kindern: „Kinder fühlen sich verpflichtet, ihre Eltern zu unterstützen" (ebd., S. 17).

– *Faktische Umsetzung der Norm der Reziprozität*: Die Orientierung an der Reziprozität determiniert nicht unbedingt das Handeln. Die faktische Umsetzung von Reziprozität wird von weiteren Faktoren beeinflusst (gesellschaftliche Rahmenbedingungen u.a.) (ebd., S. 17). Hollstein und Bria (ebd., S. 16) gehen davon aus, dass die Orientierung an Reziprozität zum Beispiel in Konflikt geraten kann mit Werten der Individualisierung und Selbstentfaltung.

Bei den in dieser Untersuchung geführten Interviews mit der zweiten Generation zeigt sich, dass die *Orientierung* an der Norm der Reziprozität in mehreren Gesprächen vorkommt.
In der vorliegenden Untersuchung konnten diesbezüglich folgende Muster ausgemacht werden:

– *Verpflichtet der Grosselternservice?* Hauptsächlich bei Migrantenfamilien, bei welchen die Kinder nach den Eltern eingewandert sind, bestehen umfangreiche Unterstützungsleistungen seitens der Eltern, insbesondere bei der Enkelkinderbetreuung, die dazu führen, dass die Kinder diese Leistungen „zurückzahlen" möchten. Die umfangreichen Unterstützungsleistungen sind bei diesen

Migrantenfamilien jedoch nicht nur auf den „Grosselternservice" beschränkt, sie umfassen viele weitere Hilfen, die in der Regel zum Zeitpunkt der Gespräche noch mehrheitlich von den Eltern zu den Kindern erfolgen (finanzielle Unterstützung u.a.). Im Rahmen dieser Arbeit wird deshalb die These formuliert, dass sich das „Migrationsprojekt" über umfangreiche Unterstützungsleistungen überhaupt erst realisieren lässt. Die hohen aktuellen Unterstützungsleistungen der Eltern führen zum Wunsch der Kinder, diese zu einem späteren Zeitpunkt zurückzugeben, woraus sich die hohe Unterstützungsbereitschaft der Kinder in Bezug auf eine etwaige Pflegebedürftigkeit der Eltern möglicherweise erklären lässt. Die Norm der Reziprozität wird sicherlich auch von normativen Zuständigkeitsregelungen (wer ist generell zuständig für die Pflege) verstärkt. Von der Studie nicht beantwortet werden konnte die Frage, wie den im Herkunftsland verbliebenen Eltern der älteren Migrantinnen und Migranten die Unterstützungsleistungen[15] „zurückbezahlt" werden. Dieser Frage könnte in zukünftigen Forschungsprojekten nachgegangen werden.

– *Entbindet der administrative Service von weiteren Leistungen?* In den Gesprächen mit Töchtern und Söhnen älterer Migrantinnen und Migranten aus Italien, die hier in der Schweiz aufgewachsen sind, wurde die hohe Intensität der administrativen Unterstützung hervorgehoben, welche die erwachsenen Kinder aktuell für ihre Eltern leisten. Kann nun davon ausgegangen werden, dass die erwachsenen Kinder durch die hohen administrativen Unterstützungsleistungen bereits nicht mehr in der „Schuld der Eltern" stehen und sich nicht mehr zu weiteren Leistungen im Sinne der Reziprozität verpflichtet fühlen? Die Interviews zeigen, dass auch bei den interviewten Personen, die ein hohes Mass an administrativer Unterstützung für die Eltern leisten, nach wie vor eine hohe Unterstützungsbereitschaft bei einem Pflegebedarf der Eltern besteht. Diese Bereitschaft bezieht sich jedoch weniger auf pflegeri-

---

15 Diese bestanden u.a. darin, dass die Kinder der älteren Migrantinnen und Migranten im Herkunftsland betreut wurden, da die älteren Migrantinnen und Migranten die Betreuung selber nicht übernehmen konnte, da sie bereits im Aufnahmeland weilten.

sche Leistungen, sondern eher auf die „Organisation" der Pflege. Wir können deshalb nicht davon ausgehen, dass die aktuellen Leistungen der Interviewten dazu führen, dass ihre Unterstützungsbereitschaft für die Eltern im Alter sinkt. Entweder kann davon ausgegangen werden, dass die Norm zur Reziprozität nach wie vor orientierungsleitend ist und die Kinder davon ausgehen, dass trotz der momentanen hohen administrativen Unterstützung noch viel bleibt, das zurückbezahlt werden muss. Möglicherweise kann das Ergebnis aber auch auf Normen der Zuständigkeit zurückgeführt werden, die unabhängig von Reziprozität bestehen (z. B. „es ist ‚normal', dass Kinder ihren Eltern helfen"). Im Falle der in der Schweiz aufgewachsenen Interviewten kann aber davon ausgegangen werden, dass die „Normen der Zuständigkeit" (Künemund & Motel, 2000, S. 126) aufgrund eines transnationalen Bezugsrahmens nicht mehr eindeutig sind.

– *Unrealisierbare Reziprozität, wenn keine Enkelkinder vorhanden sind*: In einem Interview mit der Tochter von italienischen Migrantinnen und Migranten, die selber keine Kinder hat, wird sichtbar, dass von Seiten der älteren Personen der Wunsch besteht, den erwachsenen Kindern das zurückzugeben, was diese an administrativer Unterstützung leisten. In diesem Fall wäre insbesondere die Enkelkinderbetreuung dafür geeignet. Wenn die Kinder jedoch noch keine eigenen Kinder haben, ist das „Zurückzahlen" für den Moment nicht möglich, was im folgenden Zitat sichtbar wird: „Also sie [die Eltern] haben auch schon gesagt, wenn wir Kinder hätten, dann würden sie auch zum Teil auf sie schauen und… also das würden sie uns dann schon zurückgeben" (Tochter, Italien).

– *asymmetrische Reziprozität als Ursache von Ambivalenzen*: Die Rolle der Norm der Reziprozität zeigt sich besonders deutlich in einem Interviewbeispiel: Die ältere Migrantin ist der Ansicht, dass ihre Tochter sie im Alter unterstützen sollte, da sie selber alleine drei Kinder grossgezogen hat. Die Tochter selbst nimmt die früheren Unterstützungsleistungen der Mutter nicht in derselben Art wahr: „Und ich habe nicht das Gefühl, dass sie [die Mutter] mir viel gegeben hat" (Tochter, Italien). Aus diesem Grund ist sich die Interviewpartnerin auch nicht sicher, ob sie ihre Mutter im Falle einer Pflegebedürftigkeit unterstützen möchte. Das explizite Einfordern der Unterstützung durch die Mutter aufgrund früherer Leistungen hat bei der erwähnten Interviewpartnerin eher zur Folge, dass sie sich von ihrer Mutter abgrenzt und ambivalent eingestellt ist bezüglich der Frage, ob sie selber eine pflegerische Unterstützung der Mutter übernehmen würde oder nicht.

Das Konzept der Norm der Reziprozität trägt zu einem besseren Verständnis des Unterstützungspotentials von Migrationsfamilien bei, vor allem bei Personen, die angesichts des gemeinsamen „Migrationsprojektes" durch intensive Unterstützungsleistungen aneinander gebunden sind. Wichtig ist ausserdem, dass Unterstützungsleistungen von Familien im zeitlichen Verlauf analysiert werden.

5.4 Bedarf nach familienexternen Unterstützungsangeboten

Die meisten befragten Migrantinnen und Migranten stellen sich vor, dass sie so lange wie möglich zu Hause bleiben möchten, wenn nötig mit externer Unterstützung. Wenn es aufgrund einer zu hohen Pflegebedürftigkeit zu Hause nicht mehr geht, könnten sie sich unter Umständen eine stationäre Betreuung vorstellen.

Die „Pflege zu Hause" ist demnach das Ideal, welches die Interviewpartnerinnen und Interviewpartner möglichst lange beibehalten möchten. In den folgenden Unterkapiteln werden die Pflege zu Hause und die stationäre Betreuung anhand der Interviews mit älteren Migrantinnen und Migranten und der zweiten Generation diskutiert.

5.4.1 Pflege zu Hause als Ideal

Wie bereits erwähnt, besteht bei den meisten befragten älteren Personen nicht mehr die Vorstellung, dass sie von ihren eigenen Kindern gepflegt werden, insbesondere bei denjenigen Migrantenfamilien nicht, deren Kinder bereits in der Schweiz aufgewachsen sind. Bei Personen, bei denen die Kinder erst nach den Eltern in die Schweiz migriert sind, kann von höheren Unterstützungserwartungen der Eltern und einer höheren Unterstützungsbereitschaft der Kinder ausgegangen werden.

In Zusammenhang mit einer Pflege zu Hause wird Bezug genommen auf die irregulären Pflegearrangements, die in den Herkunftsländern bereits praktiziert werden und eine 24h-Betreuung zu einem erschwinglichen Preis ermöglichen. Eine 24h-Betreuung zu Hause durch externe Betreuerinnen und Betreuer könnten sich vereinzelte Interviewpartnerinnen und Interviewpartner (ältere Migrantinnen bzw. Migranten und die zweite Generation) durchaus vorstellen; es besteht jedoch die Angst, dass ein solches Angebot in der Schweiz zu teuer wäre (dieses Argument wird von den Interviewten eingebracht), wenn es „legal" zur Verfügung stehen würde.

Die offiziellen ambulanten Betreuungsformen, wie sie z. B. die Spitex bietet, werden von den Interviewpartnerinnen und Interviewpartnern nur selten als Option erwähnt. Zur Akzeptanz der Spitex bei der Migrationsbevölkerung lassen sich in den Interviews nur wenige Aussagen finden. Weiterführende Untersuchungen sind nötig, um die Einstellung zu dieser Betreuungsform zu ermitteln.

Aufgrund des Ideals, zu Hause gepflegt zu werden, ist davon auszugehen, dass der Bedarf der Migrantinnen und Migranten nach einer professionellen Betreuung in den eigenen vier Wänden zunehmen wird.

5.4.2 Stationäre Alters- oder Pflegeeinrichtungen

Viele der interviewten älteren Personen ziehen ein Alters- und Pflegeheim als Option in Betracht, allerdings nur als Notlösung. Dieses Ergebnis findet sich auch in Studien, die sich auf die gesamtschweizerische Bevölkerung beziehen. Eine grosse Mehrheit findet, dass Alters- und Pflegeheime Wohnformen darstellen, die akzeptiert werden müssen (nur, wenn es sein muss) (vgl. Höpflinger, 2004, S. 92).

In den Gesprächen mit Personen der zweiten Generation wird sichtbar, dass diese sich ein Alters- und Pflegeheim für ihre Eltern weniger vorstellen können als die ältere Generation selbst. Es wird als „Abschieben" empfunden, wenn man die Eltern in ein Alters- oder Pflegeheim einweisen muss. Besonders bei den Interviewpartnerinnen und -partnern, die erst nach ihren Eltern in die Schweiz eingewandert sind, zeigt sich ein Unbehagen in Bezug auf den Schritt, die Eltern in ein Alters- oder Pflegeheim einweisen zu müssen („ich möchte meine Eltern nicht in einem Altersheim ‚verrotten' lassen").

Da der „Ernstfall" bei den Eltern noch nicht eingetreten ist, haben sich die erwachsenen Kinder auch meist noch nicht konkret mit den verschiedenen Betreuungsangeboten in der Schweiz auseinander gesetzt. Es ist deshalb sicher sinnvoll, die Söhne und Töchter der Migrantinnen und Migranten (und nicht nur die Migrantinnen und Migranten selbst) über Angebote der Altershilfe zu informieren.

In der Stadt Zürich gibt es – wie bereits erwähnt – mehrere stationäre Angebote, die sich speziell an die Migrationsbevölkerung aus Italien und Spanien richten (z. B. die Pflegewohnung OASI bzw. die mediterrane Abteilung Erlenhof in Zürich). Die befragten älteren Migrantinnen und Migranten wurden zum Teil bereits über diese Institutionen informiert. Vor allem bei denjenigen Personen, die die Altersnachmittage der Missione Cattolica nutzen, sind Kenntnisse und auch Meinungen zu den bestehenden Angeboten vorhanden. Man diskutiert untereinander die Vor- und Nachteile der neuen Wohnformen. Es wird deutlich, dass die italienischen Vereine und die Missione Cattolica eine wichtige Brückenfunktion bei der Vermittlung von Informationen einnehmen.

In der vorliegenden Untersuchung finden sich Personen, die sich eine Betreuung in einer speziellen Einrichtung vorstellen könnten, während andere lieber in einem regulären Alters- oder Pflegeheim wohnen würden. In der Fachwelt werden Fragen rund um „kultursensible" Pflege bzw. „kulturunbewusste" oder „neutrale Pflege" diskutiert, ausserdem ist die „interkulturelle Öffnung" von Angeboten (vgl. Baric-Büdel, 2001) bzw. das Konzept „Managing diversity" oder „Transkulturelle Kompetenz" im Gespräch (vgl. Saladin, 2006). Der Diskurs hierzu kann im Rahmen dieser Arbeit leider nicht weiter ausgeführt werden. Es kann einzig darauf hingewiesen werden, dass ein Ergebnis der vorliegenden Untersuchung die Erkenntnis ist, dass das Kriterium der gleichen Herkunft nur zum Teil Gemeinsamkeiten schafft. Auch eine Studie des Bundesministeriums für Familie, Senioren, Frauen und Jugend (2004, S. 231) kommt zum Schluss, dass die „individuellen und sozialen Unterschiede, die sich in den Lebensweisen, Gewohnheiten, Einstellungen und Interessenlagen manifestieren [...] nicht durch die gleiche Nationalitätszugehörigkeit überdeckt oder überwunden" werden. In der erwähnten Studie des Bundesministeriums für Familie, Senioren, Frauen und Jugend (ebd., S. 232) wird für Ansätze plädiert, die „auf der Individualebene ansetzen und nicht auf Gruppenbezügen".

In der vorliegenden Arbeit zeigen sich in Bezug auf die Frage nach speziellen stationären Angeboten zusammengefasst die folgenden zentralen Ergebnisse zu Heterogenität und Homogenität:

– Die älteren Migrantinnen und Migranten unterscheiden sich voneinander durch ihre individuellen Migrationsgeschichten (unterschiedlicher Migrationszeitpunkt, unterschiedliche Migrationserfahrungen) (*Heterogenität*).

– Die älteren Migrantinnen und Migranten unterscheiden sich ausserdem in den momentanen Lebensbedingungen und den Erwartungen und Plänen für die Zukunft (unterschiedliche Erwartungen an die Kinder, unterschiedliche Wünsche in Bezug auf eine stationäre Betreuung) (*Heterogenität*).

– Die älteren Migrantinnen und Migranten unterscheiden sich in ihren familiären Beziehungen (Trennungserfahrung, Migration als Familienprojekt oder nicht usw.) (*Heterogenität*).

- Die Migration führt zu gemeinsamen Erfahrungen der Migrantinnen und Migranten (z. B. Ausschlusserfahrungen, Diskriminierungserfahrungen u.a.) (*Homogenität*).

- Den als „Gastarbeiterinnen" und „Gastarbeitern" in den 1950er bis 1960er Jahren eingewanderten Italienerinnen und Italienern ist in der Regel gemeinsam, dass sie aus eher bildungsferneren sozialen Schichten eingewandert sind, den Aufenthalt in der Regel als „temporär" erachteten und aus diesen Gründen die deutsche Sprache in vielen Fällen nur schlecht lernten (*Homogenität*).

Das Alters- und Pflegeheim ist für einzelne Migrantinnen und Migranten (insbesondere aus Italien), ähnlich wie bei Einheimischen, ein vorstellbares – wenn auch nicht ein gewünschtes – Szenario. Die zweite Generation hingegen hat eher Schwierigkeiten mit der Vorstellung, die Eltern in ein Alters- und Pflegeheim bringen zu müssen, weil sie diese Handlung mit „Abschieben" in Verbindung bringt.

Spezifisch auf Migrantinnen und Migranten ausgerichtete Angebote werden von den italienischen Personen zum Teil als Option betrachtet, zum Teil aber auch explizit abgelehnt.

6. Schlussfolgerungen

Zum Abschluss erfolgt eine Zusammenfassung der wichtigsten Ergebnisse dieser Arbeit (Kapitel 6.1). In einem zweiten Teil werden offene Fragen aufgeführt, die in zukünftigen Studien vertieft werden könnten (Kapitel 6.2).

6.1 Zusammenfassung

Die vorliegende Arbeit befasste sich theoretisch und empirisch mit den Lebensbedingungen älterer Migrantinnen und Migranten und den familiären Unterstützungsbeziehungen dieser Personen. Es konnte explorativ erforscht werden, welches die Kernthemen im Leben der älteren Migrantinnen und Migranten sind und waren, welchen Unterstützungsbedarf diese Personen im Moment haben, wie das Unterstützungspotential der Familie einzuschätzen ist, falls eine Pflegebedürftigkeit der Migrantinnen und Migranten eintreten sollte, und welche Aussagen über einen etwaigen Bedarf nach ausserfamiliärer Unterstützung gemacht werden können.

Der empirische Teil beinhaltete drei Elemente: Eine sekundärstatistische Auswertung der Volkszählungsdaten 1990 und 2000 zeigte die demographische Entwicklung und die Haushalts- und Wohnsituation älterer Ausländerinnen und Ausländer mit italienischer oder serbischer Nationalität, die in der Stadt Zürich wohnhaft sind, auf. Gespräche mit 21 Expertinnen und Experten aus dem Alters- und Migrationsbereich ermöglichten es, Informationen über die Zielgruppe zu vertiefen, einen zukünftigen Unterstützungsbedarf besser abschätzen zu können und den Zugang zum Feld (für die Interviews mit den älteren Personen und der zweiten Generation) zu vereinfachen. Anschliessend an die Expertengespräche wurden mit 20 älteren Migrantinnen und mit 19 Personen, deren Eltern oder Schwiegereltern einen Migrationshintergrund haben, qualitative Interviews geführt. Die Gespräche mit den älteren Personen fanden alle in der Muttersprache der betreffenden Interviewten statt. Hierfür wurden externe Interviewerinnen und Interviewer hinzugezogen, die für diese Aufgabe speziell geschult wurden.

Das Forschungsprojekt befasste sich mit der Hauptfrage, welchen gedeckten und ungedeckten Unterstützungsbedarf die in die Untersuchung einbezogenen älteren Migrantinnen und Migranten momentan haben und in Zukunft möglicherweise haben werden.

Die Arbeit zeigt auf, dass in Zukunft mit einer grösseren Anzahl von älteren Migrantinnen und Migranten zu rechnen ist, die ihr Alter in der Schweiz verbringen werden. Dabei handelt es sich bezüglich verschiedener Variablen um eine sehr heterogene Gruppe, die sich sowohl im Hinblick auf ihre Erwartungen an familiäre Unterstützung als auch in Bezug auf die Einschätzung von Angeboten der Altershilfe unterscheidet. Personen, deren Migrationsprojekt als „Familienprojekt" konzipiert war und bei welchen die zweite Generation selbst auch Migrationserfahrung hat, können bei einer Pflegebedürftigkeit vermutlich eher damit rechnen, dass Familienmitglieder Betreuung und Pflege übernehmen, als Personen ohne diese beiden Charakteristika. Doch auch bei der erstgenannten Gruppe kann nicht davon ausgegangen werden, dass ein Unterstützungsbedarf ausschliesslich von der Familie gedeckt wird. Ausserfamiliäre Unterstützung ist für beide Migrantengruppen als Betreuungsszenario vorstellbar.

Die transnationalen Bezugspunkte der Migrantinnen und Migranten prägen deren Überlegungen zu diesen ausserfamiliären Betreuungsmöglichkeiten, so zum Beispiel neue Trends der Altersbetreuung, die in den Herkunftsländern bereits praktiziert werden (beispielsweise die 24h-Betreuung zu Hause durch externe Pflegekräfte). Das Alters- und Pflegeheim ist für Einzelne ein vorstellbares – wenn auch nicht ein gewünschtes – Szenario.

6.2 Ausblick

Die theoretischen und empirischen Überlegungen der vorliegenden Arbeit haben Fragen aufgeworfen, die im Rahmen dieser Untersuchung nicht alle beantwortet werden konnten, aber in zukünftigen Untersuchungen vertieft werden könnten. Solche Themen und Fragen werden im Folgenden ausgeführt.

Reziprozitätsbeziehungen in Migrationsfamilien im zeitlichen Verlauf
Die vorliegende Arbeit hat gezeigt, dass austauschtheoretische Ansätze zum Verständnis der Unterstützungsbereitschaft von Familienmitgliedern beitragen können. Es scheint wichtig, dass in kommenden Studien der Frage der Reziprozität in Migrantenfamilien nachgegangen wird. Dabei sollte die Analyse nicht auf zwei Generationen beschränkt werden, sondern sich auf drei Generationen beziehen. Die Ergebnisse haben gezeigt, dass die Reziprozitätsbeziehungen zum Teil sogar drei Generationen umfassen. Ausserdem wäre es sinnvoll, nicht nur die Kinder als mögliche Unterstützungspersonen, sondern vielleicht auch Geschwister bzw. Enkel einzubeziehen. Laut dem siebten Familienbericht aus Deutschland (vgl. Bundesministerium für Familie, Senioren, Frauen und Jugend, 2006, S. 97) wird Pflege und Betreuung nur in ca. 36% der Fälle durch eine einzige Person geleistet. Meist ist die Hilfe auf mehrere Personen aufgeteilt.

Im soeben erwähnten siebten Familienbericht (ebd., S. 37) wird ebenso darauf hingewiesen, dass es bisher nur wenige Studien gibt, in denen Betreuungsleistungen im Lebenslauf von Familienmitgliedern betrachtet werden. Auch Bengtson (2001, S. 1), Lowenstein (1999, S. 402), Lüscher und Pillemer (1998, S. 423), Mancini und Blieszner (1989, S. 285) sowie Markides et al. (1990, S. 118) betonen die Wichtigkeit, dass über die Kernfamilie hinausgeschaut und eine „life course perspective" eingenommen werde.

Die aufgegebene Rückkehrorientierung
Die Interviews mit den älteren Migrantinnen und Migranten zeigten, dass die meisten Befragten nicht mehr „rückkehrorientiert" sind. Wenn Rückkehrorientierung eine Ressource für die Phase des Alters betrachtet wird (vgl. Dietzel-Papakyriakou, 1993b), stellt sich die

Frage, wie ältere Migrantinnen und Migranten mit dem Aufgeben dieser Orientierung umgehen und ob der definitive Verbleib in der Schweiz, der meist mit der „Familie" begründet wird, mit Erwartungen an die „Familie", d.h. insbesondere an die zweite Generation, verbunden ist.

Wohnentfernung zwischen älteren Migrantinnen und Migranten und ihren erwachsenen Kindern
Entscheidend für die Möglichkeiten, Hilfeleistungen zu erbringen, die an den direkten persönlichen Kontakt gebunden sind, ist die geographische Distanz zwischen Eltern und erwachsenen Kindern (Bundesministerium für Familie, Senioren, Frauen und Jugend, 2006, S. 138).

Um das „strukturelle Unterstützungspotential" noch besser erfassen zu können, könnte in einer Folgestudie ein besonderes Augenmerk auf die Wohnsituation der älteren Migrantinnen und Migranten bezüglich Nähe zu ihren Kindern analysiert werden. Es stellen sich diesbezüglich vor allem folgende Fragen: Wohnen ältere Migrantinnen und Migranten näher bei ihren Kindern als Einheimische? Bei welchen Personengruppen ist Koresidenz mit den Kindern vor allem verbreitet? Wie häufig leben die älteren Migrantinnen und Migranten in der Schweiz, ihre Kinder aber im Herkunftsland? Wie gestalten sich in diesen Fällen Unterstützungsbeziehungen? Die Auswertungen sollten sich, wenn möglich, nicht nur auf Personen ausländischer Nationalität beziehen, sondern auf Migrantinnen und Migranten generell, unabhängig davon, ob sie eingebürgert sind oder nicht.

Informelle Pflegearrangements
Im Rahmen der Untersuchung thematisierten die befragten älteren Personen und die interviewte zweite Generation informelle Pflegearrangements, bei denen insbesondere Migrantinnen und Migranten aus osteuropäischen Ländern in Privathaushalten die Pflege unterstützungsbedürftiger Personen übernehmen (vgl. von Kondratowitz, 2005). Von Kondratowitz (ebd., S. 419) beschreibt diese Art von Arrangements als „Pflege älterer Menschen in Privathaushalten durch, aufenthaltsrechtlich gesprochen, illegale Pflegekräfte, die vor allem aus den osteuropäischen Ländern stammen." Diese Betreuungsform wird sowohl in Italien als auch im ehemaligen Jugoslawien bereits praktiziert. Vereinzelt scheint dieses Pflegearrangement auch in der

Schweiz Einzug zu halten, wie den geführten Interviews zu entnehmen ist. In Fortführung der Überlegungen des Autors von Kondratowitz (2005) wäre es sicher hilfreich, die Verbreitung und Entwicklung dieser neuen Arrangements und deren sozialpolitische Bedeutung zu erforschen.

Neuzuziehende Personen
Aufgrund fehlender zeitlicher und finanzieller Ressourcen war es im empirischen Teil dieser Arbeit nicht möglich, die so genannten „Neuzuziehenden", d.h. Personen, die erst im Alter in die Schweiz eingewandert sind, verstärkt zu berücksichtigen. Nur eine der befragten Migrantinnen und Migranten ist erst im Alter in die Schweiz eingewandert; dies nach dem Tod ihres Ehemannes und aufgrund des Umstandes, dass ihr Sohn in der Schweiz lebt.

Obschon gemäss der Analyse der Volkszählungsdaten und der Auswertung weiterer statistischer Daten nicht von einer hohen Anzahl offiziell gemeldeter Neuzuziehender ausgegangen werden kann, ist nicht auszuschliessen, dass die Anzahl aller Neuzuziehenden höher ist, als dies die Statistiken zeigen, da möglicherweise nicht alle Personen offiziell gemeldet sind, sondern im „Touristenstatus" über längere Zeit in der Schweiz weilen. Während der Phase des Feldzugangs erhielten die Forschenden Informationen zu einem solchen Fall. Offen bleibt die Frage, ob dieser Fall eine Ausnahme darstellt oder nicht. Unabhängig von dieser Frage ist es aber sicher erstrebenswert, die Lebenssituation der neu Zugewanderten besser zu verstehen, da bei dieser Gruppe davon ausgegangen werden kann, dass ihre Bezugspunkte hauptsächlich im familiären System liegen. Ob die Familie in der Lage ist, die nötige Unterstützung zu geben, wäre ebenfalls eine zu beantwortende Frage.

Situation pflegender Angehöriger
Die vorliegende Arbeit hat prospektiv das mögliche Unterstützungspotential von Migrantenfamilien untersucht. Interessant wäre, die Situation der tatsächlich pflegenden Angehörigen zu analysieren, um sich zum Beispiel der Frage zu nähern, ob pflegende Angehörige aus „Migrantenfamilien" die Situation der Pflege anders wahrnehmen als Personen aus Nicht-Migrantenfamilien.

Einstellungen zu ambulanten Angeboten und deren Nutzung
In der vorliegenden Arbeit lag der Fokus auf dem familiären Unterstützungspotential und dem familienexternen Betreuungsbedarf, wobei
hier insbesondere die stationären Angebote im Fokus standen. In zukünftigen Studien könnte der Inanspruchnahme ambulanter Angebote
(z. B. Spitex) sowie den Einstellungen diesen gegenüber eine grössere
Aufmerksamkeit gewidmet werden, insbesondere auch wegen der
hohen Bedeutung, welche für die älteren Migrantinnen und Migranten
eine „Pflege zu Hause" hat.

Sozialpolitische Bedeutung der Grosseltern-Enkelkinder-Beziehungen
Die vorliegende Untersuchung hat die hohe Bedeutung der Gross-
eltern-Enkelkinder-Beziehung in Migrantenfamilien aufgezeigt und
daraus die Annahme formuliert, dass aus diesen Unterstützungsleistungen der ersten Generation für die zweite Generation Ansprüche
auf eine familiäre Betreuung im Alter entstehen. Der „Grosselternservice" ist ein Garant für spätere Hilfeleistungen.

Auf der anderen Seite hat der Grosselternservice für die Migrantenkinder nicht einen uneingeschränkt positiven Einfluss, wie dies
Lanfranchi et al. (2003, S. 495) in ihrer Studie zum Schulerfolg von
Migrantenkindern belegen. Es ist zu überlegen, wie diesem Dilemma
auf sozialpolitischer Ebene begegnet werden könnte.

Literaturverzeichnis

Adolph, H. (2001). *Die Situation älterer Migranten in Deutschland im Spiegel des 3. Altenberichts der Bundesregierung. Vortrag vom 5. Juli 2001 für die Fachtagung der Caritas Berlin und des Zentrums für Türkeistudien.* Unveröffentlichtes Manuskript, Deutsches Zentrum für Altersfragen, Berlin.

Amos, S. K. (2006). Assimilations-Theorie(n) re-visited: Anmerkungen zum Sprachgebrauch. *Neue Praxis, Sonderband 8,* 71–84.

Antonucci, T. C., Fuhrer, R. & Jackson, J. S. (1990). Social support and reciprocity: A cross-ethnic and cross-national perspective. *Journal of Social and Personal Relationships, 7,* 519–530.

Attias-Donfut, C. & Arber, S. (2000). Equity and solidarity across the generations. In S. Arber & C. Attias-Donfut (Hrsg.), *The myth of generational conflict. The family and state in aging societies* (S. 1–21). London: Routledge.

Baldassar, L. (2007). Transnational families and aged care: The mobility of care and the migrancy of ageing. *Journal of Ethnic and Migration Studies, 33* (2), 275–297.

Baldassar, L. & Baldock, C. (2000). Linking migration and family studies: Transnational migrants and the care of ageing parents. In B. Agozino (Hrsg.), *Theoretical and methodological issues in migration research. Interdisciplinary, intergenerational and international perspectives* (S. 61–89). Aldershot: Ashgate.

Baric-Büdel, D. (2001). *Spezifika des Pflegebedarfs und der Versorgung älterer Migranten. Konzeptentwicklung zur interkulturellen Öffnung des Pflegeversorgungssystems am Beispiel der Stadt Dortmund.* Köln: Kuratorium Deutsche Altershilfe.

Baros, W. (2006). Neo-Assimilation: Das Ende des Konzeptes der Interkulturellen Öffnung. *Neue Praxis, Sonderheft 8,* 61–70.

Becker, H. S. (2000a). *Die Kunst des professionellen Schreibens. Ein Leitfaden für die Geistes- und Sozialwissenschaften* (2. Aufl.). Frankfurt: Campus Verlag.

Becker, S. (1993). Ansätze und Probleme einer Bildungsarbeit mit älteren MigrantInnen. *iza Zeitschrift für Migration und Soziale Arbeit* (3), 61–65.

Becker, S. (2000b). Ältere Migranten. In S. Becker, L. Veelken & K. P. Wallraven (Hrsg.), *Handbuch Altenbildung. Theorien und Konzepte für Gegenwart und Zukunft* (S. 318–325). Opladen: Leske und Budrich.

Becker, S. & Heiko, D. (1991). Ansätze einer multikulturellen Seniorenarbeit. Bildungsangebote für ältere AusländerInnen und Deutsche. *iza Zeitschrift für Migration und Soziale Arbeit* (1), 62–63.

Bengtson, V. L. (1975). Generation and family effects in value socialization. *American Sociological Review, 40*, 358–371.

Bengtson, V. L. (2001). Beyond the nuclear family: The increasing importance of multigenerational bonds. *Journal of Marriage and the Family, 63* (1), 1–16.

Bengtson, V. L., Giarrusso, R., Mabry, J. B. & Silverstein, M. (2002). Solidarity, conflict, and ambivalence: Complementary or competing perspectives on intergenerational relationships? *Journal of Marriage and the Family, 64* (3), 568–576.

Bengtson, V. L. & Martin, P. (2001). Families and intergenerational relationships in aging societies: Comparing the United States with German-speaking countries. *Zeitschrift für Gerontologie und Geriatrie, 34*, 207–217.

Bengtson, V. L. & Roberts, R. E. L. (1991). Intergenerational solidarity in aging families: An example of formal theory construction. *Journal of Marriage and the Family, 53* (4), 856–870.

Bengtson, V. L. & Schrader, S. S. (1982). Parent-child relations. In D. J. Mangen & W. A. Peterson (Hrsg.), *Research instruments in social gerontology. Social roles and social participation* (Bd. 2, S. 115–185). Minneapolis: University of Minnesota Press.

Bernardot, M. (2001). Les vieux, le fou et l'autre, qui habite encore dans les foyers? *Revue Européenne des Migrations Internationales, 17*, 151–164.

Bilal, H. (1993). Seniorenarbeit mit MigrantInnen in Berlin-Spandau. *iza Zeitschrift für Migration und Soziale Arbeit* (3), 58.

Blaumeiser, H. & Klie, T. (2002). Zwischen Mythos und Modernisierung – Pflegekulturelle Orientierung im Wandel und die Zukunft der Pflege. In A. Motel-Klingebiel, H.-J. Kondratowitz & C. Tesch-Römer (Hrsg.), *Lebensqualität im Alter. Generationenbeziehungen und öffentliche Servicesysteme im sozialen Wandel* (S. 159–173). Opladen: Leske und Budrich.

Bolzman, C., El-Sonbati, J., Fibbi, R. & Vial, M. (1999a). Liens intergénérationnels et formes de solidarité chez les immigrés: quelles implications pour le travail social? In C. Bolzman & J. Tabin (Hrsg.), *Populations immigrées: quelle insertion? Quel travail social?* (S. 77–90). Genève: ies éditions.

Bolzman, C., Fibbi, R. & Guillon, M. (2001a). Editorial. *Revue Européenne des Migrations Internationales, 17* (1), 7–9.

Bolzman, C., Fibbi, R. & Vial, M. (1993). Les immigrés face à la retraite: rester ou retourner? *Schweizerische Zeitschrift für Volkswirtschaft und Statistik, 129* (3), 371–384.

Bolzman, C., Fibbi, R. & Vial, M. (1996). La population âgée immigrée face à la retraite: problème social et problématiques de recherche. In H.-R. Wicker, J.-L. Alber, C. Bolzman, K. Imhof & A. Wimmer (Hrsg.), *Das Fremde in der Gesellschaft* (S. 123–142). Zürich: Seismo.

Bolzman, C., Fibbi, R. & Vial, M. (1999b). Les Italiens et les Espagnols proches de la retraite en Suisse: situation et projets d'avenir. *Gérontologie et Société, 91,* 137–151.

Bolzman, C., Fibbi, R. & Vial, M. (1999c). Les migrants âgés en Suisse. In EURAG (Hrsg.), *Personnes âgées – solidaires, autonomes, participantes. 1999: Année internationale des personnes âgées* (S. 223–231). o. O.: Groupe EURAG, Pays de langues romanes.

Bolzman, C., Fibbi, R. & Vial, M. (2001b). Der Ruhestand – eine neue Grenze für Migranten? *iza Zeitschrift für Migration und Soziale Arbeit* (3/4), 96–101.

Bolzman, C., Fibbi, R. & Vial, M. (2001c). La famille: une source de légitimité pour les immigrés après la retraite? Le cas des Espagnols et Italiens en Suisse. *Revue Européenne des Migrations Internationales, 17* (1), 55–78.

Bolzman, C., Fibbi, R. & Vial, M. (2001d). Les immigrés vieillissent aussi... De nouveaux défis pour la prise en charge. *Nova, 32* (2), 21–25.

Bolzman, C., Poncioni-Derigo, R. & Vial, M. (2002). *Les immigrés âgés et les services socio-sanitaires. Une analyse exploratoire.* Abgerufen am 3.8.2004 unter: <http://www.alter-migration.ch/fachthemen/r_f.html>. Hinweis: Der Link ist leider nicht mehr verfügbar.

Bommes, M. (2005). Transnationalism or assimilation. *Sowi-Online Journal* (1). Abgerufen am 12.6.2008 unter: <http://www.sowi-onlinejournal.de/2005-1/transnationalism_assimilation_bommes.htm>

Bourdieu, P. (1987). *Die feinen Unterschiede. Kritik der gesellschaftlichen Urteilskraft.* Frankfurt am Main: Suhrkamp.

Bourdieu, P. (1992). Praxis der reflexiven Anthropologie. Einleitung zum Seminar an der École des hautes études en sciences sociales, Paris, Oktober 1987. In P. Bourdieu & L. Wacquant (Hrsg.), *Reflexive Anthropologie* (S. 251–294). Frankfurt am Main: Suhrkamp.

Bourdieu, P. (2005). Verstehen. In P. Bourdieu (Hrsg.), *Das Elend der Welt. Gekürzte Studienausgabe* (S. 393–426). Konstanz: UVK Verlagsgesellschaft.

Bourdieu, P., Chamboredon, J.-C. & Passeron, J.-C. (1991). *Soziologie als Beruf. Wissenschaftstheoretische Voraussetzungen soziologischer Erkenntnis.* Berlin: Walter de Gruyter.

Bourdieu, P. & Wacquant, L. (1992). Die Ziele der reflexiven Soziologie. In P. Bourdieu & L. Wacquant (Hrsg.), *Reflexive Anthropologie* (S. 95–249). Frankfurt am Main: Suhrkamp.

Brockhaus. (2005). *Jugoslawien* (21. neu bearbeitete Aufl.). Mannheim: F.A. Brockhaus 2005 bis 2007.

Brubaker, T. H. (1990). Families in later life: A burgeoining research area. *Journal of Marriage and the Family, 52,* 959–981.

Bukow, W.-D. & Llaryora, R. (1998). *Mitbürger aus der Fremde. Soziogenese ethnischer Minoritäten.* Opladen: Westdeutscher Verlag.

Bundesamt für Gesundheit. (2002). *Migration und Gesundheit. Strategische Ausrichtung des Bundes 2002–2006. Kurzfassung.* Bern: Bundesamt für Gesundheit.

Bundesamt für Statistik. (2001). *Ausländerinnen und Ausländer in der Schweiz. Bericht 2001.* Neuenburg: Bundesamt für Statistik.

Bundesamt für Statistik. (2004). *Ausländerinnen und Ausländer in der Schweiz. Bericht 2004.* Neuenburg: Bundesamt für Statistik.

Bundesamt für Statistik. (2005). *Eidgenössische Volkszählung 2000. Haushalte und Familien.* Neuenburg: Bundesamt für Statistik.

Bundesministerium für Familie, Senioren, Frauen und Jugend. (2000a). *6. Familienbericht: Familien ausländischer Herkunft in Deutschland: Leistungen – Belastungen – Herausforderungen.* Berlin: Bundesministerium für Familie, Senioren, Frauen und Jugend.

Bundesministerium für Familie, Senioren, Frauen und Jugend. (2000b). *Ältere Ausländer und Ausländerinnen in Deutschland. Abschlussbericht zur wissenschaftlichen Begleitung der Modellprojekte: Adentro! Spanisch sprechende Seniorinnen und Senioren mischen sich ein. Deutsche und Ausländer gemeinsam: Aktiv im Alter.* Stuttgart: Kohlhammer.

Bundesministerium für Familie, Senioren, Frauen und Jugend. (2000c). *Ältere Ausländer und Ausländerinnen in Deutschland. Dokumentation der Fachtagung „Ausländische und deutsche Seniorinnen und Senioren gemeinsam: Modelle und Perspektiven gesellschaftlicher Partizipation und Integration".* Berlin: Kohlhammer.

Bundesministerium für Familie, Senioren, Frauen und Jugend. (2001). *Alter und Gesellschaft. Dritter Altenbericht.* Berlin: Bundesministerium für Familie, Senioren, Frauen und Jugend.

Bundesministerium für Familie, Senioren, Frauen und Jugend. (2004). *Lebenssituation der älteren alleinstehenden Migrantinnen.* Berlin: Bundesministerium für Familie, Senioren, Frauen und Jugend.

Bundesministerium für Familie, Senioren, Frauen und Jugend. (2006). *Siebter Familienbericht. Familie zwischen Flexibilität und Verlässlichkeit. Perspektiven für eine lebenslaufbezogene Familienpolitik.* Berlin: Bundesministerium für Familie, Senioren, Frauen und Jugend.

Bungard, W. (1979). Methodische Probleme bei der Befragung älterer Menschen. *Zeitschrift für experimentelle und angewandte Psychologie, 26* (2), 211–237.

Burr, J. A. & Mutchler, J. E. (1999). Race and ethnic variation in norms of filial responsibility among older persons. *Journal of Marriage and the Family*, *61* (3), 674–687.

Ciarlo, J. A., Tweed, D. L., Shern, D. L., Kirkpatrick, L. A. & Sachs-Ericsson, N. (1992). Validation of indirect methods to estimate need for mental health services. Concepts, strategy, and general conclusions. *Evaluation and Program Planning*, *15*, 115–131.

Connidis, I. A. & McMullin, J. A. (2002). Sociological ambivalence and family ties: A critical perspective. *Journal of Marriage and the Family*, *64* (3), 558–567.

Cryns, M. & Gülay, K.-S. (1993). „Lebenssituation älterer Ausländer". Zentrale Ergebnisse eines Forschungsprojekts. *iza Zeitschrift für Migration und Soziale Arbeit* (4), 117–120.

D'Amato, G. (1998). *Vom Ausländer zum Bürger. Der Streit um die politische Integration von Einwanderern in Deutschland, Frankreich und der Schweiz*. Münster: Lit Verlag.

Dederer, R. (1988). Defizite im deutschen Rentenversicherungsrecht für Ausländer? *Informationsdienst zur Ausländerarbeit* (2), 55–58.

Deutscher Verein für öffentliche und private Fürsorge. (2002). *Fachlexikon der sozialen Arbeit* (5. Aufl.). Frankfurt am Main: Deutscher Verein für öffentliche und private Fürsorge.

Dietzel-Papakyriakou, M. (1988). Eine Gerontologie der Migration? *Informationsdienst zur Ausländerarbeit* (2), 42–45.

Dietzel-Papakyriakou, M. (1993a). Ältere Ausländer in der Bundesrepublik Deutschland. Zwischen Ausländersozialarbeit und Altenhilfe. *iza Zeitschrift für Migration und Soziale Arbeit* (3), 43–53.

Dietzel-Papakyriakou, M. (1993b). *Altern in der Migration. Die Arbeitsmigration vor dem Dilemma: zurückkehren oder bleiben?* Stuttgart: Ferdinand Engke Verlag.

Dietzel-Papakyriakou, M. (2001). Elderly foreigners, elders of foreign heritage in Germany. *Revue Européenne des Migrations Internationales*, *17* (1), 79–99.

Dietzel-Papakyriakou, M. (2005). Potentiale älterer Migranten und Migrantinnen. *Zeitschrift für Gerontologie und Geriatrie*, *38*, 396–406.

Dietzel-Papakyriakou, M. & Olbermann, E. (1996a). Soziale Netzwerke älterer Migranten. Zur Relevanz familiärer und innerethnischer Unterstützung. *Zeitschrift für Gerontologie und Geriatrie, 29* (1), 34–41.

Dietzel-Papakyriakou, M. & Olbermann, E. (1996b). Zum Versorgungsbedarf und zur Spezifik der Versorgung älterer Migrantinnen und Migranten. *iza Zeitschrift für Migration und Soziale Arbeit* (3/4), 82–89.

Dubus, G. & Braud, F. (2001). Les migrants âgés dans les publications scientifiques francophones. *Revue Européenne des Migrations Internationales, 17* (1), 189–197.

Eckert, J., Rommel, A. & Weilandt, C. (2006). Gesundheitliche Lage und Gesundheitsverhalten in der Migration. Ergebnisse des Gesundheitsmonitorings der schweizerischen Migrationsbevölkerung (GMM) 2004. In Bundesamt für Gesundheit (Hrsg.), *Forschung Migration und Gesundheit. Im Rahmen der Bundesstrategie „Migration und Gesundheit 2002–2007"*. Bern: Bundesamt für Gesundheit.

Eidgenössische Ausländerkommission. (2004). *Zum Integrationsbegriff der EKA*. EKA. Abgerufen am 13.6.2008 unter: <http://www.eka-cfe.ch/d//doku/themen/Integration_Begriff_d.pdf>

Eidgenössische Kommission für Ausländerprobleme. (1976). *EKA Information* (Bd. 3). Bern: EKA.

Eidgenössische Koordinationskommission für Familienfragen EKFF. (2002). *Familien und Migration. Beiträge zur Lage der Migrationsfamilien und Empfehlungen der eidgenössischen Koordinationskommission für Familienfragen*. Bern: BLL.

Elias, N. (1983). *Engagement und Distanzierung*. Frankfurt am Main: Suhrkamp.

Elias, N. & Scotson, J. (1990). *Etablierte und Aussenseiter*. Frankfurt am Main: Suhrkamp.

Enghardt, K. (1993). Knüpfen neuer Netze. Offene Altenhilfe und Ausländersozialarbeit in Diakonie und Innerer Mission in München. *iza Zeitschrift für Migration und Soziale Arbeit* (3), 59–60.

Essen, E. (2002). Ältere Migranten. Vom Ausländer zum Kunden. Für ein interkulturelles Leistungsprofil in der Alten- und Krankenpflege. Ein Berliner Modellprojekt. *iza Zeitschrift für Migration und Soziale Arbeit* (2), 36–38.

Esser, H. (2001). *Integration und ethnische Schichtung.* Mannheim: Mannheimer Zentrum für Europäische Sozialforschung.

Esser, H. (2006). *Sprache und Integration. Die sozialen Bedingungen und Folgen des Spracherwerbs von Migranten.* Frankfurt: Campus.

Fach, C. (1999). „Wer kümmert sich um mich, wenn ich alt bin?" Erfahrungen mit der Umsetzung der Informationsreihe für SeniorInnen türkischer Herkunft in Deutschland. *iza Zeitschrift für Migration und Soziale Arbeit* (4), 111–115.

Fachstelle für interkulturelle Fragen der Stadt Zürich. (2001). *Serbinnen und Serben in der Migration.* Zürich: Fachstelle für interkulturelle Fragen.

Faist, T. (2000). Transnationalization in international migration: Implications for the study of citizenship and culture. *Ethnic and Racial Studies, 23* (2), 189–222.

Federazione Colonie Libere Italiane. (2000). *Lebensbedingungen der betagten italienischen Emigranten in der Schweiz. Ergebnisse der Umfrage 2000 der Federazione Colonie Libere Italiane.* Zürich.

Fibbi, R., Bolzman, C. & Vial, M. (1999). *Alter und Migration: Europäische Projekte mit älteren Migranten und Migrantinnen.* Zürich: Pro Senectute Schweiz.

Flick, U. (1996). *Qualitative Forschung. Theorie, Methoden, Anwendung in Psychologie und Sozialwissenschaften* (2. Aufl.). Reinbek bei Hamburg: Rowohlt.

Frigerio, M. M. (2005, 27. September). Spaghetti ins Altersheim. *Neue Zürcher Zeitung* (225), 85.

Froschauer, U. & Lueger, M. (2003). *Das qualitative Interview.* Wien: Facultas.

Fuchs, C. (2000). Alleinlebende ältere Türkinnen in Berlin. Analyse zum gesundheitlichen Wohlbefinden und der Isolation. *iza Zeitschrift für Migration und Soziale Arbeit* (1), 56–59.

Fuchs, C. (2002). Wie stellen sich türkische Senioren/innen das Leben im Altenheim in Deutschland vor. Eine empirische Erhebung zur Bedürfnissituation türkischer Senioren in Berlin. *iza Zeitschrift für Migration und Soziale Arbeit* (3/4), 75–79.

Gerling, V. (2003). Die britische und deutsche Antwort der Altenhilfe auf zugewanderte Senioren/innen im Vergleich. *Zeitschrift für Gerontologie und Geriatrie, 36* (3), 216–222.

Giarrusso, R., Silverstein, M., Gans, D. & Bengtson, V. L. (2005). Ageing parents and adult children: New perspectives on intergenerational relationships. In M. L. Johnson, V. L. Bengtson, P. G. Coleman & T. B. Kirkwood (Hrsg.), *The Cambridge handbook of age and ageing* (S. 413–421). Cambridge: Cambridge University Press.

Giordano, C. (1984). Zwischen Mirabella und Sindelfingen. Zur Verflechtung von Uniformierungs- und Differenzierungsprozessen bei Migrationsphänomenen. *Schweizerische Zeitschrift für Soziologie, 10* (2), 437–464.

Glaser, B. G. & Strauss, A. (1998). *Grounded Theory. Strategien qualitativer Forschung*. Bern: Huber.

Gläser, J. & Laudel, G. (2004). *Experteninterviews und qualitative Inhaltsanalyse*. Wiesbaden: Verlag für Sozialwissenschaften.

Glick-Schiller, N., Basch, L. & Blanc-Szanton, C. (1992a). Towards a definition of transnationalisms: Introductory remarks and research questions. In N. Glick-Schiller, L. Basch & C. Blanc-Szanton (Hrsg.), *Towards a transnational perspective on migration. Race, class, ethnicity, and nationalism reconsidered* (S. ix–xiv). New York: The New York Academy of Sciences.

Glick-Schiller, N., Basch, L. & Blanc-Szanton, C. (1992b). Transnationalism: A new analytic framework for understanding migration. In N. Glick-Schiller, L. Basch & C. Blanc-Szanton (Hrsg.), *Towards a transnational perspective on migration. Race, class, ethnicity, and nationalism reconsidered* (S. 1–24). New York: The New York Academy of Sciences.

Glick-Schiller, N., Basch, L. & Blanc-Szanton, C. (1995). From immigrant to transmigrant. Theorizing transnational migration. *Anthropological quarterly, 68* (1), 48–63.

Goldberg, A. (1996). The status and specific problems of elderly foreigners in the Federal Republic of Germany. *Journal of Comparative Family Studies*, *27* (1), 129–146.

Gouldner, A. W. (1960). The norm of reciprocity: A preliminary statement. *American Sociological Review*, *25* (2), 161–178.

Grin, F., Rossiaud, J. & Kaya, B. (2003). Immigrationssprachen und berufliche Integration in der Schweiz. In H.-R. Wicker, R. Fibbi & W. Haug (Hrsg.), *Migration und die Schweiz* (S. 421–452). Zürich: Seismo.

Grünendahl, M. & Martin, M. (2005). Intergenerative Solidarität und praktische Implikationen. In U. Otto & P. Bauer (Hrsg.), *Mit Netzwerken professionell zusammenarbeiten. Bd. 1: Soziale Netzwerke in Lebenslauf- und Lebenslagenperspektive* (S. 239–265). Tübingen: dgvt-Verlag.

Guba, E. G. & Lincoln, Y. S. (1994). Competing paradigms in qualitative research. In N. K. Denzin & Y. S. Lincoln (Hrsg.), *Handbook of qualitative research* (S. 105–117). Thousand Oaks: Delhi.

Hamburger, F. (1996). Kommunale Sozialplanung für und mit älteren Migranten. *iza Zeitschrift für Migration und Soziale Arbeit* (3), 47–54.

Hammer, E. (1994). Altenarbeit (auch) mit Ausländern. *iza Zeitschrift für Migration und Soziale Arbeit* (3), 120–123.

Harney, N. & Baldassar, L. (2007). Tracking transnationalism: Migrancy and its futures. *Journal of Ethnic and Migration Studies*, *33* (2), 189–198.

Hashimoto, A. & Ikels, C. (2005). Filial piety in changing Asian societies. In M. L. Johnson, V. L. Bengtson, P. G. Coleman & T. B. Kirkwood (Hrsg.), *The Cambridge handbook of age and ageing* (S. 437–442). Cambridge: Cambridge University Press.

Haug, W. (2003). Vorwort. In H.-R. Wicker, R. Fibbi & W. Haug (Hrsg.), *Migration und die Schweiz. Ergebnisse des Nationalen Forschungsprogramms „Migration und interkulturelle Beziehungen"* (S. 7–11). Zürich: Seismo.

Heinz, M. (2000). Veränderungen der Familienstruktur durch die Migrationssituation – dargestellt am Beispiel serbischer Roma. In H. Buchkremer, W.-D. Bukow & M. Emmerich (Hrsg.), *Die Familie im Spannungsfeld globaler Mobilität. Zur Konstruktion ethnischer Minderheiten im Kontext der Familie* (S. 99–116). Opladen: Leske und Budrich.

Helfferich, C. (2005). *Die Qualität qualitativer Daten. Manual für die Durchführung qualitativer Interviews* (2. Aufl.). Wiesbaden: VS Verlag für Sozialwissenschaften.

Herberhold, M. (2002). *KulturKonstruktionen. Die Auswirkungen der Rede von „verschiedenen Kulturen" auf die Lebensbedingungen alter türkischer Frauen in Deutschland. Eine ethische Auseinandersetzung.* Dissertation, Katholisch-theologische Fakultät der Otto-Friedrich-Universität, Bamberg.

Hettlage, R. (1984). Unerhörte Eintragungen in ein Gästebuch – a propos „Gastarbeiter". *Schweizerische Zeitschrift für Soziologie, 10* (2), 331–354.

Heuer, R. (2004). „Politik" in der Familie des mittleren und höheren Alters. Die Ambivalenz der Macht in Generationenbeziehungen: ein heuristisches Modell. In G. M. Backes, W. Clemens & H. Künemund (Hrsg.), *Lebensformen und Lebensführung im Alter* (S. 87–113). Wiesbaden: Verlag für Sozialwissenschaften.

Hiebert-Gfeller, K. (2004). *Wohnberatung für ältere Migrantinnen und Migranten in der Stadt Zürich.* Diplomarbeit Nachdiplomstudium „Management im Sozial- und Gesundheitsbereich", Hochschule für Soziale Arbeit Luzern.

Hielen, M. (1996). Bildung ethnischer Schwerpunkte in Einrichtungen der stationären Altenhilfe. *iza Zeitschrift für Migration und Soziale Arbeit* (3), 90–92.

Hielen, M. (1998). Möglichkeiten der Öffnung der Altenhilfe für ältere MigrantInnen. *iza Zeitschrift für Migration und Soziale Arbeit* (1), 45–49.

Hillmann, K.-H. (1994). *Wörterbuch der Soziologie* (4. Aufl.). Reinbek bei Hamburg: Rowohlt.

Hoerster, N. (1994). Norm. In H. Seiffert & G. Radnitzky (Hrsg.), *Handlexikon zur Wissenschaftstheorie* (2. Aufl., S. 231–234). München: Deutscher Taschenbuch Verlag.

Hofmann, R. & Issi, S. (1991). Die Lebenssituation altgewordener Ausländer. Türkische Migranten in der Bundesrepublik Deutschland. *iza Zeitschrift für Migration und Soziale Arbeit* (4), 75–77.

Hollstein, B. & Bria, G. (1998). Reziprozität in Eltern-Kind-Beziehungen? Theoretische Überlegungen und empirische Evidenz. *Berliner Journal für Soziologie, 8,* 7–22.

Hollstein, B. & Ullrich, C. G. (2003). Einheit trotz Vielfalt? Zum konstitutiven Kern qualitativer Forschung. *Soziologie, 32* (4), 29–43.

Holz, G. & Scheib, H. (1993). Ältere AusländerInnen im Niemandsland zwischen Altenhilfe und Ausländersozialarbeit; Tagungsbericht und -ergebnisse. *iza Zeitschrift für Migration und Soziale Arbeit* (3), 23–25.

Höpflinger, F. (1999). *Generationenfrage: Konzepte, theoretische Ansätze und Beobachtungen zu Generationenbeziehungen in späteren Lebensphasen.* Abgerufen am 12.6.2008 unter: <http://www.hoepflinger.com/fhtop/Generationenfrage.pdf>

Höpflinger, F. (1999/2000). Ältere Migrantinnen und Migranten in der Schweiz. *Intercura, 68,* 9–18.

Höpflinger, F. (2002a). *Alter und Migration: Zur Lebenssituation älterer AusländerInnen.* Abgerufen am 12.6.2008 unter: <http://www.hoepflinger.com/fhtop/fhalter1.html>

Höpflinger, F. (2002b). *Retrospektive Fragen: Probleme und mögliche Strategien.* Abgerufen am 13.6.2008 unter: <http://www.hoepflinger.com/fhtop/fhmethod1D.html>

Höpflinger, F. (2004). *Traditionelles und neues Wohnen im Alter.* Zürich: Seismo.

Höpflinger, F. & Hugentobler, V. (2004). *Pflegebedürftigkeit in der Schweiz. Prognosen und Szenarien für das 21. Jahrhundert.* Bern: Hans Huber.

Höpflinger, F. & Stuckelberger, A. (1999). *Demographische Alterung und individuelles Altern. Ergebnisse aus dem nationalen Forschungsprogramm NFP 32.* Zürich: Seismo.

Hummel, K. (1988). Fremd im Alter? Aspekte zu einem „Minderheitenproblem" unserer Altenhilfe. *Informationsdienst zur Ausländerarbeit* (2), 45–47.

Imbusch, P. & Rucht, D. (2005). Integration und Desintegration in modernen Gesellschaften. In W. Heitmeyer & P. Imbusch (Hrsg.), *Integrationspotentiale einer modernen Gesellschaft* (S. 13–71). Wiesbaden: Verlag für Sozialwissenschaften.

Jackson, J. S., Brown, E., Antonucci, T. C. & Daatland, S. O. (2005). Ethnic diversity in ageing, multicultural Societies. In M. L. Johnson, V. L. Bengtson, P. G. Coleman & T. B. Kirkwood (Hrsg.), *The Cambridge handbook of age and ageing* (S. 476–481). Cambridge: Cambridge University Press.

Jacobs Schmid, I. (2001). *Migration und Spitex Basel*. Basel: Fachhochschule für Soziale Arbeit beider Basel.

Johnson, C. (1995). Cultural diversity in the late-life family. In R. Bliezner, V. Hilkevitch Bedford & L. E. Troll (Hrsg.), *Handbook of aging and the family* (S. 307–331). Westport: Greenwood Press.

Jurecka, P. (1998). Ausländische Arbeitnehmer der ersten Generation im Saarland. Eine empirische Untersuchung zu ihrer Lebenslage im Alter. *iza Zeitschrift für Migration und Soziale Arbeit* (1), 64–67.

Jureit, U. (2006). *Generationenforschung*. Göttingen: Vandenhoeck & Ruprecht.

Kalter, F. (2003). Stand und Perspektiven der Migrationssoziologie. In B. Orth, T. Schwietring & J. Weiss (Hrsg.), *Soziologische Forschung: Stand und Perspektiven. Ein Handbuch* (S. 323–337). Opladen: Leske und Budrich.

Karrer, D. (2000). *Die Last des Unterschieds. Biographie, Lebensführung und Habitus von Arbeitern und Angestellten im Vergleich* (2., vollständig überarbeitete Aufl.). Wiesbaden: Westdeutscher Verlag.

Karrer, D. (2002). *Der Kampf um Integration. Zur Logik ethnischer Beziehungen in einem sozial benachteiligten Stadtteil*. Wiesbaden: Westdeutscher Verlag.

Karrer, D. (2006). *Transnationale Laufbahn und Habitus*. Unveröffentlichtes Manuskript, Hochschule für Soziale Arbeit Zürich.

Katz, R., Lowenstein, A., Phillips, J. & Daatland, S. O. (2005). Theorizing intergenerational relations. Solidarity, conflict, and ambivalence in cross-national contexts. In V. L. Bengtson, A. Acock, C., K. R. Allen, P. Dilworth-Anderson & D. M. Klein (Hrsg.), *Sourcebook of familiy theory & research* (S. 393–407). Thousand Oaks: Sage.

Kauth-Kokshoorn, E.-M. (1998). Wohn- und Lebenssituation älterer ausländischer Hamburgerinnen und Hamburger. *iza Zeitschrift für Migration und Soziale Arbeit* (4), 93–99.

Kelle, U. & Erzberger, C. (2000). Qualitative und quantitative Methoden: kein Gegensatz. In U. Flick, E. von Kardorff & I. Steinke (Hrsg.), *Qualitative Forschung. Ein Handbuch* (S. 299–309). Reinbek bei Hamburg: Rowohlt.

Kelle, U. & Kluge, S. (1999). *Vom Einzelfall zum Typus*. Opladen: Leske und Budrich.

Klein Ikkink, K. & van Tilburg, T. (1999). Broken ties: reciprocity and other factors affecting the termination of older adults relationships. *Social Networks, 21*, 131–146.

Kobi, S. (2004). *DORE-Gesuch „Unterstützungsbedarf älterer Migrantinnen und Migranten: Die Sicht der Betroffenen"*. Dübendorf: Hochschule für Soziale Arbeit Zürich.

Kobi, S. (2007a). *... und wenn sie alt werden? Studie „Unterstützungsbedarf älterer Migrantinnen und Migranten: Die Sicht der Betroffenen". Kurzfassung*. Dübendorf: Hochschule für Soziale Arbeit Zürich.

Kobi, S. (2007b). *Unterstützungsbedarf älterer Migrantinnen und Migranten: Die Sicht der Betroffenen. Schlussbericht*. Hochschule für Soziale Arbeit. Abgerufen am 13.6.2008 unter: <http://www. sozialearbeit.zhaw.ch/>

Kohli, M. (2000). Der Alters-Survey als Instrument wissenschaftlicher Beobachtung. In M. Kohli & H. Künemund (Hrsg.), *Die zweite Lebenshälfte. Gesellschaftliche Lage und Partizipation im Spiegel des Alters-Survey* (S. 10–32). Opladen: Leske und Budrich.

Kohli, M. & Künemund, H. (2003). Intergenerational transfers in the family. What motivates giving? In V. L. Bengston & A. Lowenstein (Hrsg.), *Global Aging and challenges to families* (S. 123–142). New York: Aldine de Gruyter.

Krüger, D. (1995). Pflege im Alter: Pflegeerwartungen und Pflegeerfahrungen älterer türkischer Migrantinnen – Ergebnisse einer Pilotstudie. *Zeitschrift für Frauenforschung, 13* (3), 159–172.

Krumme, H. (2004). Fortwährende Remigration: Das transnationale Pendeln türkischer ArbeitsmigrantInnen und Arbeitsmigranten im Ruhestand. *Zeitschrift für Soziologie, 33* (2), 138–153.

Kühn, K. & Porst, R. (1999). *ZUMA-Arbeitsbericht 99/03: Befragung alter und sehr alter Menschen. Besonderheiten, Schwierigkeiten und methodische Konsequenzen. Ein Literaturbericht.* Mannheim: ZUMA.

Künemund, H. & Hollstein, B. (2000). Soziale Beziehungen und Unterstützungsnetzwerke. In M. Kohli & H. Künemund (Hrsg.), *Die zweite Lebenshälfte. Gesellschaftliche Lage und Partizipation im Spiegel des Alters-Survey* (Bd. 1, S. 212–276). Opladen: Leske und Budrich.

Künemund, H. & Motel, A. (2000). Verbreitung, Motivation und Entwicklungsperspektiven privater intergenerationeller Hilfeleistungen und Transfers. In M. Kohli & M. Szydlik (Hrsg.), *Generationen in Familie und Gesellschaft* (S. 122–137). Opladen: Leske und Budrich.

Künemund, H. & Rein, M. (1999). There is more to receiving than needing. Theoretical arguments and empirical explorations of crowding in and crowding out. *Ageing and Society, 19*, 93–121.

Kürsat-Ahler, E. (1990). Zur Lebenssituation älterer MigrantInnen. *iza Zeitschrift für Migration und Soziale Arbeit* (4), 58–60.

Lanfranchi, A. (2002). Zur psychosozialen Situation von Migrationsfamilien. In Eidgenössische Koordinationskommission für Familienfragen EKFF (Hrsg.), *Familien und Migration. Beiträge zur Lage der Migrationsfamilien und Empfehlungen der Eidgenössischen Koordinationskommission für Familienfragen* (S. 77–97). Bern: Eidgenössische Kommission für Familienfragen.

Lanfranchi, A., Gruber, J. & Gay, D. (2003). Schulerfolg bei Migrationskindern dank transitorischer Räume im Vorschulbereich. In H.-R. Wicker, R. Fibbi & W. Haug (Hrsg.), *Migration und die Schweiz* (S. 481–506). Zürich: Seismo.

Lauria-Perricelli, A. (1992). Towards a transnational perspective on migration: Closing remarks. In N. Glick-Schiller, L. Basch & C. Blanc-Szanton (Hrsg.), *Towards a transnational perspective on migration. Race, class, ethnicity, and nationalism reconsidered* (S. 251–258). New York: Academy of Sciences.

Longino, C. F. & Bradley, D. E. (2006). Internal and international migration. In R. H. Binstock & L. K. George (Hrsg.), *Handbook of aging and the social sciences* (S. 76–93). Amsterdam: Elsevier.

Lorenz-Meyer, D. & Grotheer, A. (2000). Reinventing the generational contract. Anticipated care-giving responsibilities of younger Germans and Turkish migrants. In S. Arber & C. Attias-Donfut (Hrsg.), *The myth of generational conflict. The family and state in ageing societies* (S. 190–208). London: Routledge.

Lowenstein, A. (1999). Intergenerational family relations and social support. *Zeitschrift für Gerontologie und Geriatrie, 32*, 398–406.

Lowenstein, A. (2002). Solidarity and conflicts in coresidence of three-generational immigrant families from the former Soviet Union. *Journal of aging studies, 16*, 221–241.

Lowenstein, A. (2005). Global ageing and challenges to families. In M. L. Johnson, V. L. Bengtson, P. G. Coleman & T. B. Kirkwood (Hrsg.), *The Cambridge handbook of age and ageing* (S. 403–412). Cambridge: Cambridge University Press.

Lowenstein, A. (2007). Solidarity-conflict and ambivalence: Testing two conceptual frameworks and their impact on quality of life of older family members. *Journal of Gerontology: Social Sciences, 62B* (2), 100–107.

Lowenstein, A. & Daatland, S. O. (2006). Filial norms and family support in a comparative cross-national context: Evidence from the OASIS study. *Ageing & Society, 26*, 203–223.

Lowenstein, A. & Ogg, J. (2003). *OASIS. Old age and autonomy: The role of service systems and intergenerational family solidarity.* Haifa: Center for Research and Study of Aging, the University of Haifa.

Lüscher, K. (2000). Die Ambivalenz von Generationenbeziehungen: eine allgemeine heuristische Hypothese. In M. Kohli & M. Szydlik (Hrsg.), *Generationen in Familie und Gesellschaft* (S. 138–237). Opladen: Leske und Budrich.

Lüscher, K. (2002). Intergenerational ambivalence: Further steps in theory and research. *Journal of Marriage and the Family*, *64* (3), 585–593.

Lüscher, K. & Liegle, L. (2003). *Generationenbeziehungen in Familie und Gesellschaft*. Konstanz: UVK Verlagsgesellschaft mbH.

Lüscher, K. & Pillemer, K. (1998). Intergenerational Ambivalence: A new approach to the study of parent-child relations in later life. *Journal of Marriage and the Family*, *60*, 413–425.

Mäder, U. (2005). Exklusion – die neue soziale Frage. *Widerspruch*, *25*, 95–104.

Mahnig, H. & Piguet, E. (2003). Die Immigrationspolitik der Schweiz von 1948 bis 1998: Entwicklung und Auswirkungen. In H.-R. Wicker, R. Fibbi & W. Haug (Hrsg.), *Migration und die Schweiz* (S. 65–108). Zürich: Seismo.

Mancini, J. A. & Blieszner, R. (1989). Aging parents and adult children. Research themes in intergenerational relations. *Journal of Marriage and the Family*, *51* (2), 275–290.

Markides, K. S., Liang, J. & Jackson, J. S. (1990). Race, ethnicity, and aging: conceptual and methodological issues. In R. H. Binstock & L. K. George (Hrsg.), *Handbook of aging and the social sciences* (3. Aufl., S. 112–129). San Diego: Academic Press.

Matthews, S. H. (2005). Crafting qualitative research articles on marriages and families. *Journal of Marriage and Family*, *67*, 799–808.

Mauss, M. (1994). *Die Gabe. Form und Funktion des Austauschs in archaischen Gesellschaften* (2. Aufl.). Frankfurt am Main: Suhrkamp.

Mayring, P. (1997). *Qualitative Inhaltsanalyse: Grundlagen und Techniken* (6. durchgesehene Aufl.). Weinheim: Deutscher Studien Verlag.

Mayring, P. (2002). *Einführung in die qualitative Sozialforschung: Eine Anleitung zu qualitativem Denken*. Weinheim: Beltz.

McKillip, J. (1987). *Need Analysis. Tools for the Human Sevices and Education*. Newbury Park: Sage Publications.

Mecheril, P. (2006). Die Unumgänglichkeit und Unmöglichkeit der Angleichung. Herrschaftskritische Anmerkungen zur Assimilationsdebatte. *Neue Praxis, Sonderheft 8*, 124–140.

Menke, B. (1998). Verständigung über die Altersgrenzen hinweg. Das Modellprojekt „Deutsche und Ausländer gemeinsam: Aktiv im Alter". *iza Zeitschrift für Migration und Soziale Arbeit* (1), 54–56.

Meuser, M. & Nagel, U. (2005). ExpertInneninterviews – vielfach erprobt, wenig bedacht. Ein Beitrag zur qualitativen Methodendiskussion. In A. Bogner, B. Littig & W. Menz (Hrsg.), *Das Experteninterview. Theorie, Methode, Anwendung* (S. 71–93). Wiesbaden: Verlag für Sozialwissenschaften.

Meyer-Fehr, P. & Bösch, J. (1988). Gesundheitseffekte sozialer Unterstützung und sozialer Belastung bei der einheimischen Bevölkerung und bei Immigranten. *Medizinsoziologie, 2* (2), 151–167.

Mikic, D. & Sommer, E. (2003). *Als Serbe warst du plötzlich nichts mehr wert. Serben und Serbinnen in der Schweiz.* Zürich: Orell-Füssli.

Miles, M. B. & Huberman, M. A. (1994). *Qualitative data analysis. An expanded sourcebook.* Thousand Oaks: Sage Publications.

Morgenroth, O. & Merkens, H. (1997). Wirksamkeit familialer Umwelten türkischer Migranten in Deutschland. In B. Nauck & U. Schönpflug (Hrsg.), *Familien in verschiedenen Kulturen* (S. 303–323). Stuttgart: Ferdinand Enke Verlag.

Nationales Forum Alter & Migration. (2004). *Nationales Forum Alter & Migration. Unterlagen zur Tagung vom 1.10.2004 in Bern.* Bern: Nationales Forum Alter & Migration.

Nauck, B. (1990). Eltern-Kind-Beziehungen bei Deutschen, Türken und Migranten. Ein interkultureller Vergleich der Werte von Kindern, des generativen Verhaltens, der Erziehungseinstellungen und Sozialisationspraktiken. *Zeitschrift für Bevölkerungswissenschaft, 16*, 87–120.

Niederberger, J. M. (2004). *Ausgrenzen, Assimilieren, Integrieren. Die Entwicklung einer schweizerischen Integrationspolitik.* Zürich: Seismo.

Nieke, W. (2006). Anerkennung von Diversität als Alternative zwischen Multikulturalismus und Neo-Assimilationismus? *Neue Praxis, Sonderheft 8*, 40–48.

Nohl, A.-M. (2006). *Interview und dokumentarische Methode. Anleitungen für die Forschungspraxis.* Wiesbaden: VS Verlag für die Sozialwissenschaften.

Olbermann, E. (2003). *Soziale Netzwerke, Alter und Migration: Theoretische und empirische Explorationen zur sozialen Unterstützung älterer Migranten.* Dissertation, Universität Dortmund.

Olbermann, E. & Dietzel-Papakyriakou, M. (1995). *Entwicklung von Konzepten und Handlungsstrategien für die Versorgung älterwerdender und älterer Ausländer. Abschlussbericht der wissenschaftlichen Begleitung und Beratung. Forschungsprojekt.* Bonn: Bundesministerium für Arbeit und Sozialordnung.

Olbermann, E. & Dietzel-Papakyriakou, M. (2000). Entwicklung von Konzepten und Handlungsstrategien für die Versorgung älter werdender und älterer Ausländer. In Bundesministerium für Familie, Senioren, Frauen und Jugend (Hrsg.), *Ältere Ausländer und Ausländerinnen in Deutschland* (S. 73–87). Stuttgart: Bundesministerium für Familie, Senioren, Frauen und Jugend.

Opielka, M. (2006). Culture matters – aber wie? Zur Kritik von Kulturkonzepten. *Neue Praxis, Sonderheft 8,* 28–40.

Pfister, M. & Wicki, W. (2001). *Handlungsbedarf für Organisationen im Alters- und Migrationsbereich in der Stadt Bern.* Bern: Berner Fachhochschule, Hochschule für Sozialarbeit.

Pillemer, K. & Suitor, J. J. (2002). Explaining mothers' ambivalence toward their adult children. *Journal of Marriage and Family, 64,* 602–613.

Pohlreich, N. (1988). Ein türkischer Altenclub in Bielefeld. *Informationsdienst zur Ausländerarbeit* (2), 40–42.

Polimeni, V. (1988). Senioren im Centro Italiano in Stuttgart. Grundlagen und Ziele der Arbeit mit italienischen Senioren. *Informationsdienst zur Ausländerarbeit* (2), 38–40.

Polimeni, V. (1993). Ältere Ausländer und Ausländerinnen: Ihre Lebenssituation, Aktivitäten für italienische Senioren und Ansätze kommunaler Altenarbeit mit MigrantInnen. *iza Zeitschrift für Migration und Soziale Arbeit* (3), 54–57.

Portes, A., Guarnizo, L. E. & Landolt, P. (1999). The study of transnationalism: Pitfalls and promise of an emergent research field. *Ethnic and Racial Studies, 22* (2), 217–237.

PRIAE Policy Research Institute on Ageing and Ethnicity. (2004). *Summary findings of the minority elderly care (MEC) project in the United Kingdom, France, Germany, Netherlands, Spain, Finland, Hungary, Bosnia-Herzegovina, Croatia and Switzerland.* Abgerufen am 13.6.2008 unter: <http://www.priae.org/docs/MEC%20European%20Summary%20Findings2.pdf>

Pries, L. (2006). Verschiedene Formen der Migration – verschiedene Wege der Integration. *Neue Praxis, Sonderheft 8,* 19–28.

Pyke, K. D. & Bengtson, V. L. (1996). Caring More or Less: Invidualistic and Collectivist Systems of Family Eldercare. *Journal of Marriage and the Family, 58,* 379–392.

Rawen, U. & Huismann, A. (1999). Demenzkranke Migranten und deren Pflege. Ausgewählte Ergebnisse einer Recherche zur Situation in der BRD. *iza Zeitschrift für Migration und Soziale Arbeit* (2), 54–59.

Reinprecht, C. (1998). *Pilotstudie zur Betreuungssituation von älteren Migrantinnen und Migranten in Wien.* Wien: Senior Plus.

Reinprecht, C. (1999). *Ältere MigrantInnen in Wien. Empirische Studien zu Lebensplanung, sozialer Integration und Altersplanung.* Wien: Senior Plus.

Reinprecht, C. (2000). Alte MigrantInnen und einheimische SeniorInnen. *SWS-Rundschau, 40* (1), 63–80.

Reinprecht, C. (2006). *Nach der Gastarbeit. Prekäres Altern in der Einwanderungsgesellschaft.* Wien: Braumüller.

Repond, J. & Werder, C. (2002). Alter und Migration: Erste Schritte auch in der Schweiz. *iza Zeitschrift für Migration und Soziale Arbeit* (2), 28–32.

Reviere, R., Berkowitz, S. & Carolyn, C. (1996). *Needs assessment. A creative and practical guide for social scientists.* Washington: Taylor & Francis.

Rossi, A. S. & Rossi, P. H. (1990). *Of human bonding. Parent-child relations across the life course.* New York: Aldine de Gruyter.

Rothe, A. (1993). Altern in der Fremde. Neue Herausforderungen an die Soziale Arbeit. Zusammenfassung der wichtigsten Untersuchungsergebnisse. *iza Zeitschrift für Migration und Soziale Arbeit* (3), 66–67.

Saladin, P. (2006). Unternehmerische Herausforderungen durch Diversität und Migration. In P. Saladin (Hrsg.), *Diversität und Chancengleichheit. Grundlagen für erfolgreiches Handeln im Mikrokosmos der Gesundheitsinstitutionen* (S. 35–39). Bern: Bundesamt für Gesundheit.

Samaoli, O. (1989a). Immigrants d'hier, vieux d'aujourd'hui: La vieillesse des Maghrébins en France. *Hommes & Migrations* (1126), 9–28.

Samaoli, O. (1989b). Un autre regard sur les maghrébiens âgés. Un entretien avec Omar Samaoli. *Hommes & Migrations* (1126), 15–24.

Samaoli, O. (1999a). Considérations gérontologiques autour de l'immigration en France. *Gérontologie et Société*, *91*, 79–92.

Samaoli, O. (1999b). Mourir dans la différence. *Gérontologie et Société*, *91*, 153–155.

Samaoli, O. (1999c). Vieillesse et immigration en France. In EURAG (Hrsg.), *Personnes âgées. Solidaires, autonomes, participantes. 1999 – année internationale des personnes âgées* (S. 209–220).

Samaoli, O. (2001). Alter und Einwanderung in Frankreich. *Eurag* (S1), 5–14.

Samaoli, O., Lindblad, P., Amstrup, K., Patel, N. & Mirza, N. R. (2000). *Vieillesse, démence et immigration. Pour une prise en charge adaptée des personnes âgées migrantes en France, au Danemark et au Royaume-Uni.* Paris: L'Harmattan.

Sayad, A. (2001). La vacance comme pathologie de la condition d'immigré. Les cas de la retraite et de la pré-retraite. *Revue Européenne des Migrations Internationales*, *17* (1), 11–36.

Scheib, H. (1995). Ältere MigrantInnen und die Altenhilfe. Ergebnisse einer Untersuchung zur Nutzung von Einrichtungen der Altenhilfe durch ältere MigrantInnen in Frankfurt am Main. *iza Zeitschrift für Migration und Soziale Arbeit* (2), 46–51.

Schleicher, F. (1996). Ältere Migrantinnen und Migranten in der Altenplanung am Beispiel der Stadt Köln. *iza Zeitschrift für Migration und Soziale Arbeit* (3), 93–95.

Schooler, C., Revell, A. J. & Caplan, L. J. (2007). Parental practices and willingness to ask for children's help later in life. *Journal of Gerontology: Psychological Sciences*, *62B*, 165–170.

Schopf, C. & Naegele, G. (2005). Alter und Migration – ein Überblick. *Zeitschrift für Gerontologie und Geriatrie, 38,* 384–395.

Schulte, A. (1993). Zur spezifischen Lebenssituation älterer MigrantInnen in der Bundesrepublik Deutschland- ein problematisierender Überblick. *iza Zeitschrift für Migration und Soziale Arbeit* (3), 26–35.

Schulte, A., Schumacher, R., Buz, P., Glinowiecki, B., Kavci, I., Fischer, L., Wessels, H., Widdel, G. & Tan, D. (1990). Ältere Ausländer als Problemgruppe? Projektgruppe ältere Ausländer Hannover. *iza Zeitschrift für Migration und soziale Arbeit* (3), 35–45.

Schweizerischer Bundesrat. (1964). Botschaft des Bundesrates an die Bundesversammlung betreffend die Genehmigung des Abkommens zwischen der Schweiz und Italien über die Auswanderung italienischer Arbeitskräfte nach der Schweiz (vom 4. November 1964). *Bundesblatt, 116* (2), 1001-1047.

Schweizerisches Rotes Kreuz. (2006). *Projekt „Gesundheitsförderung bei älteren MigrantInnen – Informationsarbeit". Zwischenbericht 1.* o.O.: Schweizerisches Rotes Kreuz.

Seifert, K. (2005, 27. September). Nach der Pensionierung bleiben viele hier. *Neue Zürcher Zeitung* (225), 87.

Silverstein, M. (2006). Intergenerational family transfers in social context. In R. H. Binstock & L. K. George (Hrsg.), *Handbook of aging and the social sciences* (6. Aufl., S. 165–180). Amsterdam: Elsevier.

Silverstein, M., Chen, X. & Heller, K. (1996). Too much of a good thing? Intergenerational social support and the psychological well-being of older parents. *Journal of Marriage and The Family, 58,* 970–982.

Silverstein, M., Gans, D. & Yang, F. M. (2006). Intergenerational support to aging parents – The role of norms and needs. *Journal of Family Issues, 27* (8), 1068–1084.

Spector, M. & Kitsuse, J. I. (1987). *Constructing social problems.* New York: Aldine de Gruyter.

Steiner, E. (2006). Den Ausländer nicht assimilieren, sondern „eingliedern". *Terra cognita* (9), 94–96.

Steinke, I. (2000). Gütekriterien qualitativer Forschung. In U. Flick, E. von Kardorff & I. Steinke (Hrsg.), *Qualitative Forschung. Ein Handbuch* (S. 319–331). Reinbek bei Hamburg: Rowohlt.

Suitor, J. J., Pillemer, K., Keeton, S. & Robison, J. (1995). Aged parents and aging children: Determinants of relationship quality. In R. Blieszner & V. Hilkewitch Bedford (Hrsg.), *Handbook of aging and the family* (S. 223–242). Westport: Greenwoood Press.

Szydlik, M. (2000). *Lebenslange Solidarität. Generationenbeziehungen zwischen erwachsenen Kindern und Eltern.* Opladen: Leske und Budrich.

Tan, D. (1993). Anforderungen an das Altenhilfe-System aus der Sicht Betroffener. Ein synoptischer Überblick. *iza Zeitschrift für Migration und Soziale Arbeit* (3), 36–42.

Taskin, A. & Bisig, B. (2004). Nationalität und Inanspruchnahme von Gesundheitsleistungen. In B. Bisig & F. Gutzwiller (Hrsg.), *Gesundheitswesen Schweiz: Gibt es Unter- oder Überversorgung? Die Bedeutung von Sozialschicht, Wohnregion, Nationalität, Geschlecht und Versicherungsstatus* (S. 83–118). Zürich: Rüegger.

Tesch-Römer, C. (2001). Intergenerational solidarity and caregiving. *Zeitschrift für Gerontologie und Geriatrie, 34*, 28–33.

Treibel, A. (1988). *Engagement und Distanzierung in der westdeutschen Ausländerforschung. Eine Untersuchung ihrer soziologischen Beiträge.* Stuttgart: Enke.

Treibel, A. (1999). *Migration in modernen Gesellschaften. Soziale Folgen von Einwanderung, Gastarbeit und Flucht.* Weinheim: Juventa.

Tufan, I. (1999). Über die gesundheitliche Lage der älteren türkischen MigrantInnen in Deutschland. *iza Zeitschrift für Migration und Soziale Arbeit* (2), 50–53.

Universität Zürich. (2006). *Leitfaden zur sprachlichen Gleichbehandlung von Frau und Mann.* Abgerufen am 13.6.2008 unter: <http://www.frauenstelle.uzh.ch/themen/sprache/Leitfaden2006.pdf>

van den Hoonaard, D. K. (2004). „Am I doing it right?“: Older widows as interview participant in qualitative research. *Journal of aging studies, 19*, 393–406.

von Kardorff, E. (1991). Qualitative Sozialforschung: Versuch einer Standortbestimmung. In U. Flick, E. von Kardorff, H. Keupp, L. Von Rosenstiel & S. Wolff (Hrsg.), *Handbuch qualitative Sozialforschung: Grundlagen, Konzepte, Methoden und Anwendungen* (S. 3–8). München: Psychologie Verlags Union.

von Kondratowitz, H.-J. (2005). Die Beschäftigung von Migrant/innen in der Pflege. *Zeitschrift für Gerontologie und Geriatrie, 38,* 417–423.

Wanner, P. (2005). *Eidgenössische Volkszählung 2000. Migration und Integration. Ausländerinnen und Ausländer in der Schweiz.* Neuenburg: Bundesamt für Statistik.

Wanner, P., Sauvain-Dugerdil, C., Guilley, E. & Hussy, C. (2005). *Eidgenössische Volkszählung 2000. Alter und Generationen. Das Leben in der Schweiz ab 50 Jahren.* Neuenburg: Bundesamt für Statistik.

Warnes, A. & Williams, A. (2006). Older migrants in Europe: A new focus for migration studies. *Journal of Ethnic and Migration Studies, 32* (8), 1257–1281.

Wedell, M. (1993). „Nur Allah weiss, was aus mir wird...". Alter, Familie und ausserfamiliäre Unterstützung aus der Sicht älterer Türkinnen. *iza Zeitschrift für Migration und Soziale Arbeit* (4), 60–67.

Weiss, R. (2004). *Macht Migration krank? Eine transdisziplinäre Analyse der Gesundheit von Migrantinnen und Migranten.* Zürich: Seismo.

Wentowski, G. J. (1981). Reciprocity and the coping strategies of older-people. Cultural dimensions of network building. *Gerontologist, 21* (6), 600–609.

Wicker, H.-R. (1996). Einleitung. In H.-R. Wicker, J.-L. Alber, C. Bolzman, R. Fibbi, K. Imhof & A. Wimmer (Hrsg.), *Das Fremde in der Gesellschaft. Migration, Ethnizität und Staat* (S. 11–37). Zürich: Seismo.

Wicker, H.-R. (2003). Einleitung: Migration, Migrationspolitik und Migrationsforschung. In H.-R. Wicker, R. Fibbi & W. Haug (Hrsg.), *Migration und die Schweiz. Ergebnisse des Nationalen Forschungsprogramms „Migration und interkulturelle Beziehungen"* (S. 12-62). Zürich: Seismo.

Wietert-Wehkamp, H. (1996). Potentiale der Selbsthilfe von Migrantengruppen. Erfahrungen aus einem Forschungsprojekt. *iza Zeitschrift für Migration und Soziale Arbeit* (3), 96–99.

Wimmer, A. (2003). Etablierte Ausländer und einheimische Aussenseiter. Soziale Kategorienbildung und Beziehungsnetzwerke in drei Immigrantenquartieren. In H.-R. Wicker, R. Fibbi & W. Haug (Hrsg.), *Migration und die Schweiz* (S. 207–236). Zürich: Seismo.

Winkler, B. (1988). Älterwerden in der Bundesrepublik. *Informationsdienst zur Ausländerarbeit* (2), 36–37.

Wittchen, H.-U. (1988). Follow-up investigations as a basis for need evaluation: An empirical approach to patient-oriented psychiatric need evaluation. In P. H. Zweifel (Hrsg.), *Bedarf und Angebotsplanung im Gesundheitswesen. Neue Ansätze der Bedarfsforschung und neue Formen der Angebotsplanung* (S. 115–159). Gerlingen: Bleicher.

Wolff, S. (2000). Wege ins Feld und ihre Varianten. In U. Flick, E. von Kardorff & I. Steinke (Hrsg.), *Qualitative Forschung. Ein Handbuch* (S. 334–349). Reinbek bei Hamburg: Rowohlt.

Wong, S. T., Yoo, G. J. & Stewart, A. L. (2006). The changing meaning of family support among older Chinese and Korean immigrants. *Journal of Gerontology: Social Sciences, 61B* (1), 4–9.

Zentrum für Türkeistudien. (1993). Lebenssituation und spezifische Probleme älterer Ausländer in ländlichen Regionen Nordrhein-Westfalens. *iza Zeitschrift für Migration und Soziale Arbeit* (3), 67–68.

Anhang

Tabellen zur sekundärstatistischen Auswertung

A 1: *Prozentzahl der Personen nach Staatsangehörigkeit, Alter und Geschlecht im Jahr 2000, Stadt Zürich*

Staatsangehörigkeit	Mann/ Frau	55– 59	60– 64	65– 69	70– 74	75– 79	80– 84	85– 89	99+	Gesamt
CH	Mann	45.4	43.0	40.9	38.3	36.6	33.5	27.1	22.9	38.3
	Frau	54.6	57.0	59.1	61.7	63.4	66.5	72.9	77.1	61.7
		100	100	100	100	100	100	100	100	100
Italien	Mann	58.8	58.7	55.8	49.3	42.3	43.7	32.9	22.2	55.2
	Frau	41.2	41.3	44.2	50.7	57.7	56.3	67.1	77.8	44.8
		100	100	100	100	100	100	100	100	100
Serbien/ Montenegro	Mann	54.7	53.6	57.8	47.1	48.0	40.0	0		53.8
	Frau	45.3	46.4	42.2	52.9	52.0	60.0	100		46.2
		100	100	100	100	100	100	100		100

Quelle: VZ 2000

A 2: *Prozentzahl Personen 65+ nach Zivilstand und Staatsangehörigkeit im Jahr 2000, Stadt Zürich*

Zivilstand	Staatsangehörigkeit		
	CH	Italien	Serbien/ Montenegro
Ledig	11.6	15.4	4.1
Verheiratet	46.6	58.0	58.4
Verwitwet	31.6	19.5	25.0
Geschieden	10.2	7.2	12.5
	100.0	100.0	100.0

Quelle: VZ 2000

A 3: Prozentzahl der Personen 55+ nach Zivilstand Staatsangehörigkeit und Geschlecht im Jahr 2000, Stadt Zürich

| | Staatsangehörigkeit | | | | | |
| | CH | | Italien | | Serbien/ Montenegro | |
Zivilstand	Mann	Frau	Mann	Frau	Mann	Frau
Ledig	11.4	14.6	10.7	12.6	2.9	5.8
Verheiratet	68.1	39.2	77.7	61.3	86.2	60.8
Verwitwet	9.8	32.0	3.9	19.4	4.4	20.0
Geschieden	10.6	14.2	7.7	6.7	6.5	13.4
	100	100	100	100	100	100

Quelle: VZ 2000

A 4: Prozentzahl der Personen 55+ nach Religion und Staatsangehörigkeit im Jahr 2000, Stadt Zürich

| | Staatsangehörigkeit | | |
Religion	CH	Italien	Serbien/ Montenegro
o.A.	4.0	5.6	13.9
Keine	10.9	2.9	4.1
Diverse	1.7	0.1	0.3
Protestantisch	51.3	3.4	0.7
Katholisch	31.3	87.6	3.0
Christlich-orthodox	0.6	0.2	53.8
Islamische Gemeinschaften	0.2	0.1	24.3
	100	100	100

Quelle: VZ 2000

A 5: Absolute Anzahl der Personen 55+ nach Staatsangehörigkeit in den Jahren 1990 und 2000, Stadt Zürich

Staatsangehörigkeit	VZ 1990	VZ 2000	Zunahme/ Abnahme in%[1]
CH	102 538	89 112	-13.09
Italien	3 933	4 414	12.23
Eh. Jugoslawien	790	2 187	176.84

Quelle: VZ 1990 und VZ 2000

A 6: Altersquotienten in % nach Staatsangehörigkeit in den Jahren 1990 und 2000, Stadt Zürich

Staatsangehörigkeit	Altersquotient VZ 1990 in %	Altersquotient VZ 2000 in %	Zunahme/ Abnahme in %
CH	38.61	37.96	-1.68
Italien	6.62	14.84	124.16
Eh. Jugoslawien	0.84	3.53	320.24

Quelle: VZ 1990 und VZ 2000

A 7: Verteilung nach Altersklassen (in Prozent) für Staatsangehörigkeit „Serbien/ Montenegro" und „ehemaliges Jugoslawien Übrige" im Jahr 2000, Stadt Zürich

Altersklassen	Serbien/ Montenegro	eh. Jugoslawien Übrige[2]	Gesamt
55–59	43.93	46.83	45.04
60–64	28.85	28.50	28.72
65–69	16.12	11.50	14.36
70–74	7.69	8.14	7.86
75–79	1.85	3.35	2.42
80–84	1.11	1.44	1.23
85–89	0.44	0.12	0.32
90+	0.00	0.12	0.05
	100	100	100

Quelle: VZ 2000

1   Die Zunahme/Abnahme in % wurde wie folgt berechnet:
    [(VZ 2000-VZ 1999)/VZ 1999] x 100.
2   Kroatien, Slowenien, Bosnien-Herzegowina und Mazedonien.

A 8: *Prozentzahl der Personen 65+ nach höchster abgeschlossener Ausbildung und Staatsangehörigkeit im Jahr 2000, Stadt Zürich*

	Staatsangehörigkeit		
Ausbildung	CH	Italien	Serbien/Monte-negro
o.A.	13.0	17.1	27.7
Niedrig: Sek I	31.3	63.3	47.8
Mittel: Sek II	45.0	16.5	17.1
Hoch: tertiär	10.7	3.1	7.3
	100.0	100.0	100.0

Quelle: VZ 2000

A 9: *Prozentzahl der Personen 55+ nach Haushaltssituation, Geschlecht und Staatsangehörigkeit im Jahr 2000, Stadt Zürich*

	Staatsangehörigkeit					
	CH		Italien		Serbien/ Montenegro	
Haushaltssituation	Mann	Frau	Mann	Frau	Mann	Frau
Alleine alt werden	24.5	46.9	20.1	28.7	13.5	20.3
Als Paar alt werden (ohne Kinder)	59.4	35.7	44.1	40.0	43.7	41.4
Mit Kindern alt werden	9.4	5.1	30.9	24.3	37.3	32.0
Übrige Privathaushalte	2.0	3.4	2.4	4.4	1.2	1.8
Kollektiv- und Sammelhaushalte	4.6	8.9	2.5	2.6	4.3	4.5
	100	100	100	100	100	100

Quelle: VZ 2000

A 10: *Prozentzahl der Personen 55+ in Paar- und Familienhaushalten nach Geschlecht und Staatsangehörigkeit im Jahr 2000, Stadt Zürich*

| | Staatsangehörigkeit | | | | | |
| | CH | | Italien | | Serbien/ Montenegro | |
Haushaltssituation	Mann	Frau	Mann	Frau	Mann	Frau
Paare ohne Kinder	84.4	85.2	55.5	57.5	47.9	47.5
Kernfamilien	12.6	11.3	36.8	32.4	25.0	15.0
Erweiterte Paar- und Familienhaushalte	3.0	3.5	7.7	10.1	27.2	37.5
	100	100	100	100	100	100

Quelle: VZ 2000

A 11: *Prozentzahl der Personen 55+ nach Haushaltstyp und Staatsangehörigkeit im Jahr 2000, Stadt Zürich*

| Staats-ange-hörig-keit | Wohn-fläche pro Kopf und m^2 | Haushaltstyp | | | | |
		PH^3 Ein-perso-nen	PH Paare ohne Kinder	PH Kern-familien	PH Paar- oder erweiterte Familien	PH Andere
CH	Bis 30.0	4.4	16.1	47.9	64.4	22.6
	30.1–40.0	9.5	41.9	27.2	20.4	35.3
	40.1–60.0	32.5	32.3	18.2	10.9	30.3
	60.0+	53.6	9.7	6.7	4.3	11.8
		100	100	100	100	100
Italien	Bis 30.0	14.4	26.1	79.5	93.1	43.0
	30.1–40.0	12.8	50.5	16.0	5.1	34.2
	40.1–60.0	36.1	21.5	3.9	1.9	20.2
	60.0+	36.7	1.9	0.6	0	2.6
		100	100	100	100	100
Serbien/ Monte-negro	Bis 30.0	35.2	70.7	93.4	97.0	63.2
	30.1–40.0	24.7	20.5	5.5	2.6	21.1
	40.1–60.0	27.8	7.2	1.1	0.4	10.5
	60.0+	12.3	1.6	0	0	5.3
		100	100	100	100	100

Quelle: VZ 2000

3   PH = Privathaushalt.

A 12: Prozentzahl der Personen nach „Wohnort vor 5 Jahren" (d.h. im Jahr 1995) und Staatsangehörigkeit, Stadt Zürich

Staatsange-hörigkeit	Wohnort vor 5 Jahren	Alterskategorien			
		55–64	*65–74*	*75–84*	*85+*
Italien	*o.A.*	4.8	5.9	8.1	7.2
	Ausland	1.0	1.5	1.3	1.0
	CH ohne Stadt Zürich	2.1	1.8	1.3	0.0
	Stadt Zürich	92.0	90.8	89.2	91.8
		100.0	100.0	100.0	100.0
Serbi-en/Monte-negro	*o.A.*	7.0	9.0	5.0	16.7
	Ausland	5.9	10.6	17.5	33.3
	CH ohne Stadt Zürich	5.7	3.4	5.0	0.0
	Stadt Zürich	81.4	77.0	72.5	50.0
		100.0	100.0	100.0	100.0

Quelle: VZ 2000

A 13: Absolute Anzahl der Personen nach „Wohnort vor 5 Jahren" (d.h. im Jahr 1995) und Staatsangehörigkeit, Stadt Zürich

Staatsange-hörigkeit	Wohnort vor 5 Jahren	Alterskategorien			
		55–64	*65–74*	*75–84*	*85+*
Italien	*o.A.*	126	79	30	7
	Ausland	27	20	5	1
	CH ohne Stadt Zürich	55	24	5	0
	Stadt Zürich	2 403	1 211	332	89
	Gesamt	2 611	1 334	372	97
Serbien/ Montenegro	*o.A.*	69	29	2	1
	Ausland	58	34	7	2
	CH ohne Stadt Zürich	56	11	2	0
	Stadt Zürich	801	248	29	3
	Gesamt	984	322	40	6

Quelle: VZ 2000

A 14: Prozentzahl der Personen 55+ nach "Wohnort für 5 Jahren", Aufenthaltsbewilligung und Staatsangehörigkeit im Jahr 2000, Stadt Zürich

Staatsan-gehörigkeit	Wohnort 5 Jahre vor VZ 2000	Aufenthaltsbewilligung			
		diverses	*Ausweis B*	*Ausweis C*	*Gesamt*
Italien	o.A.	0.1	0.0	5.4	
	Ausland	0.1	0.7	0.4	
	CH ohne Stadt ZH	0.0	0.0	1.9	
	Stadt ZH	0.0	0.5	90.8	100.0
Serbi-en/Monte-negro	o.A.	0.3	0.4	6.8	
	Ausland	1.6	3.0	2.8	
	CH ohne Stadt ZH	0.0	0.7	4.4	
	Stadt ZH	1.2	4.3	74.5	100.0

Quelle: VZ 2000

Informationsflyer für ältere Migrantinnen und Migranten (deutsche Version, Gruppe Italien)

Fachhochschule **Hochschule**
Zürich **für Soziale Arbeit**

Forschung und
Entwicklung

Forschungsprojekt zur Lebenssituation älterer Migrantinnen und Migranten

Informationsblatt für Personen aus Italien

Was will die Studie?

Die Studie soll zu einem besseren Verständnis der Lebenssituation von älteren Migrantinnen und Migranten beitragen.
Wir hoffen, dass die gewonnenen Erkenntnisse zu einer wichtigen Grundlage bei der Planung von Angeboten im Migrations- und Altersbereich werden.

Wie sieht die Befragung aus?

Wir möchten mit Ihnen ein persönliches Gespräch führen, in dem Sie uns ausführlich von Ihren Erfahrungen erzählen können.
Das Gespräch wird in der von Ihnen gewünschten Sprache stattfinden. Den Interviewort können Sie selber bestimmen. Selbstverständlich kommen wir auch gerne zu Ihnen nach Hause. Das Gespräch dauert etwa eineinhalb Stunden.

Wen möchten wir befragen?

Wir befragen Personen aus Italien, Spanien und Serbien/Montenegro, die
- in der Stadt Zürich wohnen
- nicht in einem Heim, sondern bei sich zuhause leben
- nicht mehr im Erwerbsleben stehen
- im Alltag hauptsächlich Italienisch sprechen.

Wer steht hinter der Studie?

Die Untersuchung wird von einer Gruppe von Sozialwissenschaftlerinnen und -wissenschaftlern durchgeführt, die an der Forschungsabteilung der Hochschule für Soziale Arbeit Zürich tätig sind. Hauptverantwortlich ist Frau Sylvie Kobi. Das Projekt wird von den Altersheimen und Pflegezentren der Stadt Zürich unterstützt.

Datenschutz

Wir sichern Ihnen Anonymität zu. Das heisst, Ihre Aussagen werden später so verwendet, dass keinerlei Rückschlüsse auf Ihre Person möglich sind.

Kontakt

Wir würden uns sehr über ein Gespräch mit Ihnen freuen. Bitte füllen Sie die folgende Seite aus, wenn Sie interessiert sind an einer Teilnahme. Eine Mitarbeitende der Hochschule für Soziale Arbeit Zürich wird Sie dann baldmöglichst kontaktieren.

Falls Sie an weiteren Informationen zu unserer Studie interessiert sind, setzen Sie sich bitte mit der Projektleiterin in Verbindung:

Hochschule für Soziale Arbeit Zürich
Sylvie Kobi, lic. phil
Auenstrasse 4, Postfach, 8600 Dübendorf
Tel. 043 446 88 48
E-Mail: skobi@hssaz.ch

Forschungsprojekt zur Lebenssituation älterer Migrantinnen und Migranten

Migrantinnen und Migranten aus Italien

Ich bin einverstanden, dass mit mir Kontakt aufgenommen wird, um einen Gesprächstermin zu vereinbaren.

Name:

Vorname:

Adresse:

Telefonnummer:

Gewünschte Sprache im Interview:

Heutiges Datum:

Unterschrift:

Herzlichen Dank! Wir werden uns demnächst bei Ihnen melden.

302

Leitfaden für die Interviews mit älteren Migrantinnen und Migranten

Einleitung

- Danken für Interviewbereitschaft
- Falls nötig, nochmals kurz über Studie informieren
- Erwähnen, dass wir auch kritische Meinungen hören möchten
- Anonymität zusichern und erklären: Ihr Name wird nirgendwo erwähnt. Ihre Aussagen werden so verwendet, dass keine Rückschlüsse auf die Person möglich sind
- Tonbandaufnahme: Erklären, dass wir das Gespräch gerne aufnehmen möchten. Darüber informieren, dass die Aufnahme nach dem Projekt wieder gelöscht wird. Einverständnis zur Aufnahme erfragen
- Ansprechen des Leitfadens: z. B. „Ich habe hier meine Fragen aufgeschrieben, damit ich sicher nichts vergesse"
- Fragen? Interviewte Person fragen, ob sie noch Fragen hat zur Studie
- (Tonband einschalten)

Migration in die Schweiz

An welchem Ort sind Sie aufgewachsen? (Karte des entsprechenden Landes mitnehmen. IP den Ort auf der Karte zeigen lassen)

- War das eher auf dem Land oder ist das eine Stadt?
- Sind Sie von diesem Ort (d.h. dem Ort, an dem der/die IP aufgewachsen ist) in die Schweiz gekommen? Falls nein: Wo haben Sie sonst noch gelebt und von welchem Ort sind Sie in die Schweiz gekommen?

Wann sind Sie in die Schweiz gekommen?

– Was ist der Grund gewesen, weshalb Sie Ihr Herkunftsland verlassen haben?

– Was waren damals Ihre Pläne (Dauer des Aufenthaltes?)?

– Sind diese Pläne heute anders?

Sind Sie manchmal in Ihre Heimat zurückgegangen?

– Für längere Zeit?

– Wie häufig?

– Wie geht es Ihnen dann jeweils dort in Ihrem Herkunftsland?

Momentane Lebenssituation

Leben Sie mit jemandem zusammen? Mit wem?

– Wie lange leben Sie schon in dieser Wohnung? An diesem Wohnort?

– Wie fühlen Sie sich in Ihrer Wohnumgebung? Was schätzen Sie? Was stört Sie?

– Wie fühlen Sie sich in Ihrer Wohnung? In Ihrem Haus/Wohnblock? Sind Sie zufrieden hier? Gibt es etwas, was Ihnen fehlt oder was Sie stört?

Gibt es aktuell Dinge, die Ihnen Sorgen machen?

– Gibt es ganz allgemein Dinge, die Ihnen Sorgen machen?

– Gibt es ganz allgemein etwas, was Ihnen Ihre jetzige Situation erleichtern würde?

Soziale Netzwerke

Welche Personen spielen in Ihrem Leben eine wichtige Rolle?

– Wer ist das?
    – Verwandtschaft
    – Wohnort
    – Herkunft der Person

– Was ist für Sie besonders wichtig an dieser Beziehung?

- Was ist schön, was ist vielleicht auch schwierig?

Haben Sie Kinder? (Wohnort, Alter, Geschlecht, Anzahl)
- Wie erleben Sie die Beziehung zu Ihren Kindern? Was ist schön, was ist schwierig?

Sind Sie Mitglied in einem Verein, einer kirchlichen Gemeinschaft oder sonst einer Gruppe?
- Können Sie mir etwas über diese Gruppe sagen? Was macht man dort?
- Wie geht es Ihnen dort? Was erleben Sie als besonders schön? Was ist eher schwierig?
- Wie haben Sie von dieser Gruppe erfahren? Wie sind Sie zur Gruppe gekommen?
- Was sind das für Leute, die in diese Gruppe gehen? (nachfragen nach Alterszusammensetzung, Herkunft, Sprache, die gesprochen wird)

Soziale Unterstützung

Gibt es jetzt im Alltag Situationen, in welchen Sie auf andere Menschen angewiesen sind?
- In welchen Situationen brauchen Sie Hilfe?
- Erhalten Sie diese Hilfe auch?
- Von wem, welcher Stelle? (wenn Personen genannt werden, nachfragen nach Verwandtschaftsgrad, Herkunft der Person, Wohnort)
- Wie erleben Sie diese Hilfe? Was ist gut? Fehlt etwas?

Sind Sie auch schon einmal in der Situation gewesen, dass Sie krank waren und auf Hilfe angewiesen waren?
- Wer hat Ihnen in dieser Situation geholfen? (wenn Personen genannt werden, nachfragen nach Verwandtschaftsgrad, Herkunft der Person, Wohnort)
- Wie haben Sie die Hilfe erlebt? Was war gut? Was war schwierig?

Sind Sie schon einmal in der Situation gewesen, dass Sie ein persönliches Problem mit jemandem besprechen wollten?

– An wen haben Sie sich in dieser Situation gewendet? (wenn Personen genannt werden, nachfragen nach Verwandtschaftsgrad, Herkunft der Person, Wohnort)
– Wie erleben Sie diese Hilfe?

Sind Sie schon einmal in der Situation gewesen, dass Sie ein Problem / eine Frage hatten mit einem Formular oder einem Amt?

– Wie sind Sie da vorgegangen? (alleine, mit Hilfe von jemandem anderen)
– An wen haben Sie sich in dieser Situation gewendet? (wenn Personen genannt werden, nachfragen nach Verwandtschaftsgrad, Herkunft der Person, Wohnort)

Werden Sie selbst auch nach Hilfe gefragt?

– Von welchen Personen?
– Für welche Art von Hilfe?
– Wie erleben Sie es, Hilfe zu geben?

Hilfeerwartungen im Alter

Wenn Sie irgendwann einmal länger krank wären und Pflege brauchen würden, was würden Sie dann tun?

– Gibt es Momente, in denen Sie schon einmal über diese Fragen nachgedacht haben? Falls Gedanken gemacht: Was sind das für Gedanken, die Sie sich hierzu bereits gemacht haben?
– Von wem würden Sie am liebsten gepflegt werden? Aus welchem Grund?
– Würden Sie diese Person/Stelle konkret auch um Hilfe anfragen? Falls nein: Aus welchen Gründen würden Sie diese Person nicht um Hilfe fragen?
– Gibt es andere Personen/Stellen, die Sie anfragen würden? Aus welchen Gründen?
– Vom wem / von welcher Stelle möchten Sie eher nicht gepflegt werden? Aus welchen Gründen nicht?

Wenn es einmal nicht mehr alleine geht zu Hause in Ihrer Wohnung, wie sieht dann Ihr Leben aus?
- Haben Sie diesbezüglich Pläne?

Kurzangaben

- Staatsbürgerschaft (CH, andere, Doppelbürgerschaft)
- Aufenthaltsstatus
- Schul- und Berufsbildung (Anzahl Schuljahre, was gearbeitet)
- Berufliche Tätigkeit
- Alter (Jahrgang)
- Sprache, die hauptsächlich gesprochen wird
- Selbsteinschätzung der Deutschkenntnisse
- Zivilstand
- Gesundheitszustand (Wie beurteilen Sie Ihren Gesundheitszustand? Gab es in der letzten Zeit Veränderungen?)

Abschluss

Möchten Sie noch etwas anfügen, was bisher nicht zur Sprache gekommen ist?

Informationsflyer für die zweite Generation (deutsche Version, Gruppe Italien)

Fachhochschule **Hochschule**
Zürich **für Soziale Arbeit**

Forschung und
Entwicklung

Forschungsprojekt zur Lebenssituation älterer Migrantinnen und Migranten und deren Familien

Informationsblatt für Bezugspersonen von älteren MigrantInnen (Söhne/Töchter oder Schwiegersöhne/Schwiegertöchter)

Was will die Studie?	Die Studie soll zu einem besseren Verständnis der Lebenssituation von älteren Migrantinnen und Migranten und deren Familien beitragen. Wir hoffen, dass die gewonnenen Erkenntnisse zu einer wichtigen Grundlage bei der Planung von Angeboten im Migrations- und Altersbereich werden.
Wie sieht die Befragung aus?	Wir möchten mit Ihnen ein persönliches Gespräch führen, in dem Sie uns ausführlich von Ihren Erfahrungen als Sohn/Tochter (bzw. Schwiegersohn/Schwiegertochter) erzählen können. Den Interviewort können Sie selber bestimmen. Selbstverständlich kommen wir auch gerne zu Ihnen nach Hause. Das Gespräch dauert etwa eine Stunde und wird mit Fr. 50 entschädigt.
Wen möchten wir befragen?	Wir möchten gerne Personen befragen, *deren Eltern/Schwiegereltern*
	- aus Italien oder Serbien/Montenegro stammen,
	- in der Stadt Zürich oder der näheren Umgebung wohnen
	- und 65 jährig oder älter sind.
Wer steht hinter der Studie?	Die Untersuchung wird von einer Gruppe von Sozialwissenschaftlerinnen und -wissenschaftlern durchgeführt, die an der Forschungsabteilung der Hochschule für Soziale Arbeit Zürich tätig sind. Hauptverantwortlich ist Frau Sylvie Kobi. Das Projekt wird von den Altersheimen und Pflegezentren der Stadt Zürich unterstützt.
Datenschutz	Wir sichern Ihnen Anonymität zu. Das heisst, Ihre Aussagen werden später so verwendet, dass keinerlei Rückschlüsse auf Ihre Person möglich sind.
Kontakt	Wir würden uns sehr über ein Gespräch mit Ihnen freuen. Bitte füllen Sie die folgende Seite aus, wenn Sie interessiert sind an einer Teilnahme. Eine Mitarbeitende der Hochschule für Soziale Arbeit Zürich wird Sie dann baldmöglichst kontaktieren.

Falls Sie an weiteren Informationen zu unserer Studie interessiert sind, setzen Sie sich bitte mit der Projektleiterin in Verbindung:

Hochschule für Soziale Arbeit Zürich
Sylvie Kobi, lic. phil
Auenstrasse 4, Postfach, 8600 Dübendorf
Tel. 043 446 88 48
E-Mail: skobi@hssaz.ch

Forschungsprojekt zur Lebenssituation älterer Migrantinnen und Migranten und deren Familien

Ich bin einverstanden, dass mit mir Kontakt aufgenommen wird, um einen Gesprächstermin zu vereinbaren.

Name:

Vorname:

Adresse:

Telefonnummer:

Heutiges Datum:

Unterschrift:

Herzlichen Dank! Wir werden uns demnächst bei Ihnen melden.

310

Leitfaden für die Interviews mit der zweiten Generation

Einleitung

- Danken für Interviewbereitschaft
- Kurze Information über Studie: Unterstützungsbedarf der Migrantinnen und Migranten im (oder kurz vor dem) Pensionsalter besser verstehen. Wir führen deshalb zum einen Gespräche mit den älteren Personen selbst. Zum anderen sind uns aber auch die Gespräche mit der zweiten Generation, d.h. den erwachsenen Kindern der älteren Migrantinnen und Migranten, sehr wichtig. Wir gelangen auf diese Weise zu einem besseren und vollständigeren Bild/Verständnis der Lebenssituation von älteren Personen...
- Anonymität zusichern und erklären: Ihr Name wird nirgendwo erwähnt. Ihre Aussagen werden so verwendet, dass keine Rückschlüsse auf die Person möglich sind
- Tonbandaufnahme: Erklären, dass ich das Gespräch gerne aufnehmen möchte, damit ich jetzt nicht so viel schreiben muss. Darüber informieren, dass niemand ausser mir das Tonband anhört. Einverständnis zur Aufnahme erfragen
- Angaben zum Leitfaden: Zuerst kurze Fragen zur eigenen Person und Kurzangaben zu den Eltern. Danach Fragen, bei welchen Sie ausführlich antworten können
- Fragen? Interviewte Person fragen, ob sie noch Fragen hat zur Studie
- (Tonband einschalten)

Kurzangaben

An welchem Ort sind Sie aufgewachsen?
- Schweiz oder Ausland? Falls im Ausland aufgewachsen: wann in die CH gekommen? In welchem Alter? Können Sie etwas mehr über diese Zeit (d.h. Migration) erzählen?

- Wo genau? (Dorf, Stadt)
- Bei wem aufgewachsen? (Eltern, Grosseltern etc.)

Wohnort jetzt? Seit wann?

Kinder:
- Anzahl
- Alter
- Leben die Kinder mit Ihnen in demselben Haushalt?

Haushaltszusammensetzung: Wer lebt sonst noch alles mit Ihnen im selben Haus / derselben Wohnung?

Zivilstand (falls verheiratet oder mit Partner/in zusammenlebend: Herkunft des Partners/der Partnerin)

Alter

Berufliche Tätigkeit und sonstige Aktivitäten:
- Sind Sie im Moment beruflich tätig?
- Ausbildung?
- In welchem Bereich?
- Prozentanteil der beruflichen Tätigkeit
- Gehen Sie neben der beruflichen Tätigkeit anderen Aktivitäten nach (Kirche, Vereine, Freiwilligenarbeit u.a.)?

Geschwister? (Anzahl? Geschlecht? Jünger/älter? Wohnort der Geschwister?)

Art der Beziehung zur Zielgruppe (ältere Migrantin / älterer Migrant)
- Verwandtschaftsgrad: Tochter/Schwiegertochter, Sohn/Schwiegersohn

Kurzangaben zur Zielgruppe
- Herkunftsland der Eltern, Herkunftsort (Region)
- Alter der Mutter / des Vaters / der Eltern
- Wohnort

- Lebens- und Wohnform (mit wem zusammenlebend, verwitwet? [seit wann])
- Seit wann pensioniert?
- Schul- und Berufsbildung der Eltern
- Deutschkenntnisse
- Soziale Netzwerke (eigene Ethnie, gemischt?)
- Einschätzung des Gesundheitszustandes der Eltern
- Wie schätzen Sie die Rückkehrpläne der Eltern bzw. Schwiegereltern ein?
- Finanzielle Situation

Beziehung zur Zielgruppe

Wie häufig stehen Sie in Kontakt mit Ihrer Mutter/Schwiegermutter, Ihrem Vater/Schwiegervater bzw. Ihren Schwiegereltern? (sei es telefonisch, persönlich etc.)?

- Hat sich die Häufigkeit Ihrer Kontakte in den letzten Jahren verändert? (mehr, weniger Kontakt).
- Falls Veränderungen vorhanden: Weshalb denken Sie, hat sich etwas verändert in der Häufigkeit, in der Sie mit Ihrer Mutter/Schwiegermutter, Ihrem Vater/Schwiegervater in Kontakt stehen?

Wie würden Sie Ihre Beziehung zu Ihrer Mutter/Schwiegermutter, Ihrem Vater/Schwiegervatger bzw. Ihren Eltern/Schwiegereltern beschreiben?

- Was sind schöne Momente und was sind eher schwierige Momente?
- Hat sich die Beziehung zu Ihren Eltern/Schwiegereltern verändert? Wie war das früher? Wie ist es heute?

Pflegerische Unterstützung und Alltagsbewältigung

Haben Sie schon einmal jemanden über längere Zeit bei der Bewältigung des Alltags unterstützt?

- Wen haben Sie unterstützt?
- Können Sie die Situation ein wenig beschreiben?

Hat es schon Situationen bei Ihren Eltern/Schwiegereltern gegeben, in welchen diese Unterstützung bei der Bewältigung des Alltags brauchten?

– Können Sie solche Situationen beschreiben?
– Wer hat geholfen?
– Falls IP half:
  – Wie ist es dazu gekommen, dass Sie die Betreuung/Pflege übernommen haben?
  – Helfen ausser Ihnen noch andere Personen?
  – Hat es schwierige Momente gegeben in der Unterstützung? Falls ja: Können Sie das etwas ausführen?

Gibt es zurzeit Situationen, bei denen Sie selber Unterstützung und Hilfe von Ihren Eltern/Schwiegereltern erfahren (z. B. Kinderbetreuung u.a.)?

– Können Sie solche Situationen beschreiben?
– Wie erleben (erlebten) Sie diese Hilfe/Unterstützung?

Wenn Eltern/Schwiegereltern älter werden, stellt sich vielfach die Frage, was getan werden soll, wenn der Alltag *permanent* nicht mehr alleine bewältigt werden kann…Gibt es Momente, in denen Sie schon einmal an diese Frage gedacht haben?

– Was sind das für Gedanken, die Sie sich gemacht haben bzw. machen?
– Haben Sie eventuell schon mit anderen Personen darüber diskutiert?
– Mit wem haben Sie schon darüber diskutiert?
– Gibt es Erwartungen an Sie in diesem Zusammenhang? Wenn ja: von wem?
– Falls Altersheim/Pflegeheim nicht genannt wird, explizit nachfragen: Haben Sie als Option auch schon einmal an ein Alters- oder Pflegeheim gedacht? Welche Gedanken machen Sie sich diesbezüglich?

Passive Unterstützungserfahrungen

– Unterstützung/Pflege von Grosseltern u.a. allenfalls miterlebt? Wie war das genau?
– Freundeskreis/Bekanntenkreis: Erfahrungen von Bekannten mit pflegebedürftigen Eltern? Wie sieht die Situation aus?

Abschluss

Möchten Sie noch etwas anfügen, was bisher nicht zur Sprache gekommen ist?

Social Strategies

Monographien zur Soziologie und Gesellschaftspolitik
Monographs on Sociology and Social Policy

Die Zielsetzung der Reihe *Social Strategies* ist es, Theorie und Praxis in soziologischen und gesellschaftspolitischen Problemstellungen zu verbinden. Dabei interessieren fundierte Analysen sowie konkrete Lösungsansätze und Handlungsvorschläge. Inhaltliche Schwerpunkte bilden die Bereiche soziale Ungleichheit sowie Konflikt und Kooperation im Kontext globaler Prozesse. Eine enge Zusammenarbeit besteht mit der Hochschule für Soziale Arbeit (Fachhochschule Nordwestschweiz), dem Basler Institut für Soziologie (Universität Basel) und dem dort angesiedelten Zentrum für Konfliktforschung. Daneben nimmt die Reihe aber auch Manuskripte von anderen Forscherinnen und Forschern auf. Die sozialwissenschaftlich orientierten Arbeiten sollen neben dem wissenschaftlichen auch ein breiteres, an soziologischen und gesellschaftspolitischen Fragen interessiertes Publikum ansprechen.
Publiziert werden Kongressberichte, Festschriften, Dissertationen und weitere Arbeiten, die sich interdisziplinär mit sozialen Fragen und Strategien auseinander setzen. Die Publikationssprachen sind deutsch, englisch und französisch.

Verlag / Editions Peter Lang AG
Bern, Berlin, Bruxelles, Frankfurt/M., New York, Oxford, Wien
Hochfeldstrasse 32, Postfach 746, CH-3000 Bern 9
info@peterlang.com, www.peterlang.com, www.peterlang.net
Postgirokonto CH: Bern 30-2699-7
Postgirokonto BRD: D-60288 Frankfurt/M. Kto. 300593-604

Social Strategies Monographien zur Soziologie und Gesellschaftspolitik

Social Strategies Monographien zur Soziologie und Gesellschaftspolitik

Vol. 22: **Paul Trappe, ed.,** Politische und gesellschaftliche intermediäre Gewalten im sozialen Rechtsstaat. Basel 1990. X + 340 Seiten.

Vol. 23: **Ueli Mäder et al.,** Armut im Kanton Basel-Stadt. Basel 1991. XII + 672 Seiten.

Vol. 24: **Marco Nese** Soziologie und Positivismus im präfaschistischen Italien (1870–1922). Basel 1993, IX + 184 Seiten.

Vol. 25: **Urs Fazis und Jachen C. Nett, eds.,** Gesellschaftstheorie und Normentheorie. Symposium zum Gedenken an Theodor Geiger, 9.11.1891–16.6.1952. Basel 1993. VIII + 319 Seiten.

Vol. 26: **Urs Fazis** «Theorie» und «Ideologie» der Postmoderne. Studien zur Radikalisierung der Aufklärung aus ideologiekritischer Perspektive, Basel 1994. IV + 322 Seiten. ISBN 3-908243-01-7

Vol. 27: **Karlheinz Hottes, Werner Gocht, Paul Trappe, eds.,** Krisenkontinent Afrika – Ansätze zum Krisenmanagement, IAfEF-Klausurtagung 1994, Basel 1995, VII + 320 Seiten. ISBN 3-908243-02-5

Vol. 28: **Christoph Bosshardt, ed.,** Beiträge zu Transformationsprozessen und Strukturanpassungsprogrammen, i. A. des Interdisziplinären Arbeitskreises für Entwicklungsländerforschung (IAfEF), Basel 1997; VIII + 362 Seiten. ISBN 3-908243-04-1

Vol. 29: **Christoph Bosshardt, ed.,** Problembereiche interdisziplinärer Forschung; 30 Jahre IAfEF; Klausurtagungen in Freiburg i. Br. 1997 und Wien 1998, Bern 1999; VI + 380 Seiten. ISBN 3-906763-29-3

Vol. 30: **Ueli Mäder,** Subsidiarität und Solidarität, Bern 2000; 304 Seiten. ISBN 3-906765-36-9

Vol. 31: **Hans Neuhofer, Victoria Jäggi-Torra, eds.,** Aktuelle Probleme der Stadt- und Landplanung; Bodenordnung in städtischen Verdichtungsgebieten und alpinen Regionen; im Auftrag der Europäischen Fakultät für Bodenordnung, Bern 2000; 260 Seiten. ISBN 3-906765-45-8

Vol. 32: **Willy Kraus, Paul Trappe, eds.,** Nachhaltige räumliche Entwicklung auf dem europäischen Kontinent – Interdisziplinäre Ansätze; im Auftrag der Europäischen Fakultät für Bodenordnung (FESF) und des Interdisziplinären Arbeitskreises für Entwicklungsländerforschung (IAfEF), Bern 2000; X + 458 Seiten. ISBN 3-906766-25-X

Vol. 33: **Christoph Bosshardt,** Homo Confidens; Eine Untersuchung des Vertrauensphänomens aus soziologischer und ökonomischer Perspektive, Bern 2001; 285 Seiten. ISBN 3-906767-12-4

Vol. 34: **Piotr Salustowicz, ed.,** Civil Society and Social Development; Proceedings of the 6th Biennial European IUCISD Conference in Krakow 1999, Bern 2001; 422 pages. ISBN 3-906767-21-3 / US-ISBN 0-8204-5343-9

Vol. 35: **Victoria Jäggi, Ueli Mäder und Katja Windisch, eds.,** Entwicklung, Recht, Sozialer Wandel; Festschrift für Paul Trappe zum 70. Geburtstag, Bern 2002; 701 Seiten. ISBN 3-906767-96-5

Vol. 36: **Erich Weiss und Tanja Zangger, éds,** 31ᵉ Symposium International FESF Strasbourg; Les régions en face de l'aménagement du territoire, du droit foncier et de la protection de l'environnement / Functions of the regions in the realms of spatial planning, landed property and environmental protection/Aufgaben der Regionen im Hinblick auf Raumplanung, Bodenrecht und Umweltschutz, Bern 2002; 473 Seiten. ISBN 3-906769-38-0 / US-ISBN 0-8204-5936-4

Social Strategies Monographien zur Soziologie und Gesellschaftspolitik

Lebenslauf der Autorin

Ich, Sylvie Adrienne Kobi, aus Zürich, bin am 13. Januar 1975 in Zürich geboren. Von 1982 bis 1988 besuchte ich die Primarschule in Zürich-Höngg, anschliessend das Gymnasium in Zürich-Oerlikon, welches ich im Jahr 1994 mit der Matura Typus B abschloss. Das Jahr 1992 verbrachte ich als Austauschschülerin in La Paz, Bolivien.

Von 1995 bis 2001 studierte ich an der Universität Fribourg Soziale Arbeit, Heilpädagogik und Ethnologie. Diesen Studiengang schloss ich 2001 mit dem Lizentiat der Philosophischen Fakultät der Universität Fribourg und einem Diplom in Sozialarbeit ab. Von 2004 bis 2008 war ich als Doktorandin an der Universität Basel immatrikuliert. Meine Dissertation betreute Prof. Dr. Ueli Mäder als Referent und PD Dr. Johanna Rolshoven als Koreferentin. Die mündliche Doktoratsprüfung hat am 10. März 2008 im Fach Soziologie der Philosophisch-Historischen Fakultät der Universität Basel stattgefunden.

Seit Anfang 2002 arbeite ich als wissenschaftliche Mitarbeiterin am Departement Soziale Arbeit der Zürcher Hochschule für Angewandte Wissenschaften. Dort bin ich insbesondere im Bereich Forschung und Entwicklung tätig.